丝绸之路上的
新疆古村落

著 | 毕然

广东旅游出版社

中国·广州

图书在版编目（CIP）数据

丝绸之路上的新疆古村落 / 毕然著. — 广州：广东旅游出版社，2024.3

ISBN 978-7-5570-3096-4

Ⅰ.①丝… Ⅱ.①毕… Ⅲ.①散文集－中国－当代Ⅳ.①I267

中国国家版本馆CIP数据核字(2023)第124498号

出 版 人：刘志松
责任编辑：陈　吉
装帧设计：艾颖琛
责任校对：李瑞苑
责任技编：冼志良

丝绸之路上的新疆古村落
SI CHOU ZHI LU SHANG DE XIN JIANG GU CUN LUO

广东旅游出版社出版发行

（广州市荔湾区沙面北街71号首、二层）
邮编：510130
电话：020-87347732（总编室）　020-87348887（销售热线）
投稿邮箱：2026542779@qq.com
印刷：佛山家联印刷有限公司
　　　（佛山市南海区桂城街道三山新城科能路10号自编4号楼三层之一）
开本：889毫米×1260毫米　32开
字数：224千字
印张：8.625
版次：2024年3月第1版
印次：2024年3月第1次
定价：68.00元

[版权所有 侵权必究]
本书如有错页倒装等质量问题，请直接与印刷厂联系换书。

前言

"三山两盆"间的桃花源

在历史长河的版图中,有一条流溢着七彩之光的长路横贯东西。自汉代开启,叮咚的驼队载着丝绸、音乐、歌舞、动植物、诗歌文学、思想及真理,一路蜿蜒,从长安到罗马,从八百里秦川到地中海沿岸……创造了人类交往史上瑰丽的文化奇迹。

德国学者李希霍芬将"从公元前114年至公元127年,中国与中亚、中国与印度间,以丝绸贸易为媒介的这条西域交通道路"命名为"丝绸之路"。在地图上复原这条连接东西方文化交流的商贸文化大动脉,在其错综复杂的脉络中,清晰可见交错在"三山两盆"间通往丝路两端的道路。那些路被一个又一个在山峦、沙漠、湖泊中穿插着的绿洲、城郭、古村连接着,在新疆这片高地形成了密集的路网。那些散落在山峦盆地间的古村,自古就是丝绸之路上重要的驿站、枢纽,以这些村落为圆心向前延伸的道路,一直前行着,亘古不变。

丝绸之路穿越新疆境内的这片网状线路,可用"疆"字右半部笔画象形地概括:三山夹两盆。那一座比一座高而险峻、直插云霄的山脉,支撑起新疆铁骨铮铮的骨架。昆仑山、天山、阿尔泰山山脉架构起新疆巍峨的高度与宏大的格局。而镶嵌于这崇山峻岭间的两个巨大盆地——塔里木盆地与准噶尔盆地,则蕴藏着无尽的宝藏和能源。群山守护着盆

地，盆地则孕育了灿烂的西域文明，铺陈出玉石之路、丝绸之路，连接着东西方文化与物质的交流。

　　自古以来，新疆一直被黄河流域中原地区的古人视为与天相接的地方。那里天高地阔，草长莺飞，孕育出诸多豪迈不羁的游牧民族。在相当长的一段历史岁月，中原先人对于这片神奇土地人文与地理的描绘与记述，无不带有神话、玄幻色彩，如穆天子瑶池会见西王母、张骞通衢丝绸之路、玄奘法师西行取经求法等事状。

　　世界历史学家汤因比说过，如果有来生，他愿意出生在新疆这个多民族共存、多元文化交会的地区；东方学者季羡林则明确指出新疆是古印度、希腊及罗马、波斯、汉唐文明

在世界上唯一的交会地。

　　顺着学者、先哲的指引，我曾无数次深入新疆腹地。这里没有此起彼伏的城市森林，更多的是那些原生态的荒野大漠。那让我迷恋不已的远方究竟蕴藏着什么？其实每一次探寻似乎并没有确切的答案，然而，每一次又都有具体的收获。在路上，漫无边际的戈壁除了石子和低矮灌木，就是单调的地平线；起伏连天的沙漠泛着赭金色的华彩，越野车要跑整整大半天才能看见人烟；浩瀚茂密的林壑幽谷，骑着马任那层林绿野浸透肺腑；深不可测的荒山野岭实则比稠密的人群更为安全和宽容。

　　在西部，所有地理上的物件陈设都是巨大、壮观而广袤的。人在自然面前，则显得渺小而脆弱，油然而生的敬畏感如同一道觉悟的灵符，扫清了内心曾经的浮躁与狂妄。在日后的生活中，它是我自如行走最坚实的一部分。也许，这就是丝路独行给予我的最重要一课。

　　鸟瞰西部大地，高山、大漠间的绿洲如同明珠点缀，自古以来这些绿洲就是人类栖息的家园。自雪山流下的一条条大河，滋养了沿岸的植被绿地，最终流向盆地中的沙漠。而沿河的绿野，是各种动植物的天堂，亦是人神共欢的居所。

　　在路上，那隐在荒野中的绿洲人家成了我关注的焦点。他们从哪里来？为什么要在这里生活？是什么让他们把自己的根深植于这片土地？那些喷香的食物和代代相传的习俗源自何处？那些古老的传说故事萦绕在绿洲上空，和着鲜美的果实散发出醉人的气息。这一切，都让我迷恋，成为我一再上路的动力。

　　地处新疆南部的塔里木盆地，有着世界第一大流动沙漠塔克拉玛干。这片沙漠对周围的生态环境影响极大，经年不

3

绝的肆虐风沙,淹埋了丝绸之路上的诸多古城遗址。许多城池与沙漠仅有1千米之遥,浮尘、扬沙、沙尘暴天气,全年最高纪录竟有102天。我曾在沙尘漫天的塔克拉玛干沙漠边缘的村庄,观看了一场绚丽的歌舞,那些飞舞旋转的红裙曾是唐代诗人欢歌醉舞成诗的灵感。73岁的维吾尔族老妈妈头插一朵鲜红的玫瑰花,两条粗黑的长辫子飞舞回旋,脸上刀刻般的皱纹漾起一朵褐色的花儿。欢乐的歌舞如同一道密不透风的屏障,挡住了严酷的飞沙及寂寥的荒芜。

在塔里木盆地,位于沙漠边缘的地区一年不下雨是司空见惯的事。昆仑山下的一个村落,村民生活用水要去十几千米以外的地方拉运。据有关部门调查检测的结果,此地生态环境恶劣,不适合植被生长,更不适合人类居住。然而,这里的人们却始终固守着自己的家园,不离不弃。红柳和生土铸就的"干打垒"民居旁,栽着遮风挡沙的红柳、梭梭柴。他们还将一种药材大芸成功寄生在红柳的根部。每当花季,艳丽的花朵如火如荼,蜂飞蝶舞。收获时节,果实则从沙土中裂开笑容。

天山以北的伊犁河谷,多民族的古村落交错相邻。蒙古族、锡伯族、维吾尔族、哈萨克族、回族、柯尔克孜族、汉族,每一个村落至少都有几百年甚至更久远的历史遗存和民间传说,每一个民族都有自己独特的文化传承。他们长期共饮伊犁河水,同看天山,彼此为邻,一碗鲜浓的奶茶氤氲着河谷的每个清晨。

东疆哈密的古村落恰在丝绸之路的枢纽处,乃仰望东天山的起点,是自古出入新疆的必经之地。欧罗巴人种的木乃伊在干燥的气候和沙漠的封存下得以完整地保存,其间那些未解的悬疑之谜为古村落笼罩了一层神秘的色彩。土坯民居中的木卡姆艺人打着达普（维吾尔民间乐器），唱着一首爷爷的爷爷流传下来的古歌。他们似乎并不在意历史中的烟尘和变故，只关心树上的红枣、架上的葡萄，还有可以快乐地歌唱、纵情地跳舞和想到什么就画什么的畅快。

在路上，总能遇到坦诚而干净的笑容和眼神，这是我走下去的原因之一。虽然愈来愈多的年轻人离开乡村去城市寻梦，但乡村依然是他们坚实的根和永恒的精神家园。午后，当我走进绿洲村庄的一家农舍，门前的水渠欢畅流淌，院里茂盛的葡萄架正吐露着秋天的丰美，一簇簇花朵鲜艳欲滴，羊儿正安静地在羊圈里吃草，悠闲自处的牛、马、狗、猫，都是家中不可或缺的一员。好客的主人变戏法般地把自己最好的食物、水果都端上来，任你品尝。如果能在葡萄架下的板炕上睡一觉，连时间都会变得甜蜜而静谧。这难道不是梦想中的桃花源？

瑞典探险家斯文·赫定在中亚腹地探险时，认为新疆的维吾尔族人善良、淳朴又热情，是世界上最容易相处的民族之一。我通过丝路古村之旅，切身体验了这一切。一路上，给予我诸多帮助的依然包括这些古朴的不求任何回报的人们。

诚然，这片土地上曾经涌起一些令人不安的波澜，不实的传言余波如沙尘暴般笼罩，让一些人视此地为畏途。但作为数年穿梭其间、以笔为生的我，在这里只想将我亲眼看到的、耳朵听到的、心灵感知到的古村印象呈现给世人。这于我，不仅是完成了一部深入纪实的创作活动，亦可说是达成了一桩使命。

我的父母是20世纪50年代的大学生，他们响应那个时代最激情的呼声：到祖国最需要的地方去。怀揣着建设西部的

5

梦想，从河海大学一路向西，义无反顾地投身到建设边疆、解决西部用水的行动中。这一热血的抉择竟然一晃就六十年，他们把青春年华都献给了新疆这片热土，还有在这里诞生的我。我在天山博格达峰的注视下，喝着天山水长大，在多元文化的晕染中，我的面貌也发生着奇迹般的变化——眉目间的异域风情让我有别于其他的汉族姑娘，以至于人们都认定我的血液里一定有着与新疆关联的基因。

这种奇异的貌似混血现象在新疆的汉人身上似乎随处可见，有的表现在外观，有的则体现在内在——那些离不开拉条子拌面和烤羊肉抓饭的肠胃，那些一听见手鼓就能打起响指跳起舞的步伐，还有割也割不断的新疆情结，等等。

新疆，已经深深地烙进了我的血液中。我和我的新疆彼此见证着成长。在天山脚下的古老牧场，我审视着自己生活的这片土地，除了一次次对地理的探索，我更渴望探寻它的历史，它鲜为人知的辉煌的一面。我一次次走进丝绸之路的传说，史诗般的新疆一次次震撼着我。它呈现给世界的只是冰山一角，而我则通过身体力行，用我有限的笔触告诉世界如今真实的新疆。

有人不断地质疑：新疆古村落真如同你笔下的描述，是一处桃花源吗？我用了三年时间深入丝绸之路，从天山到昆仑山，在大漠、雪山、峡谷、戈壁、绿洲中寻访8个独具特色的古村落，在"三山两盆"之间行程约10万千米，通过实地行走，与当地老百姓面对面交流，和他们生活在一起，寻古探今，我看到了新疆不同民族丝路古村的真实面貌。

与中国其他的乡村一样，西部古村落同样正经历着新农村建设的改革与发展，许多游牧民族在古老的转场和牧民定居之间游移，几千年的传承正悄悄地发生着改变。古村落面临着被遗忘和消解的现状，其承载的民族民俗文化正面临着前所未有的巨大冲击，作为古村落历史见证者的老人，随之一个个地逝去……

乡村的变化牵动着社会的内核，虽然乡村在现实中被一再地忽视，而愈来愈多的城市人却在呼吁回归。

呼吸一口新鲜的空气，闻闻泥土和青草的气息，那阳光下的麦田，那弯弯曲曲的乡间小路，仿佛都带有乡愁的味道，当然还有乡恋。

在这社会发展与遗存传承的矛盾间，在这人心离弃与回归本质的纠结间，我尝试用自己的笔和镜头，勉力挽留这些古村落的美好影像，将那"三山两盆"之间的丝路古村落永远定格在桃花源。

毕然

2024年1月

目录

篇一　西天山风景画中的古村
天山下的伊犁特克斯县琼库什台村 /01
　　丝路上的远古传唱 /02
　　房顶上长草的古民居 /09
　　琼库什台的 N 种时间 /15
　　藏在深山的嘉德乐 /22
　　蜜蜂扎进蜜罐里 /29

篇二　火焰山下的葡萄天堂
天山下的吐鲁番鄯善县吐峪沟乡麻扎村 /35
　　火焰山下的传奇 /36
　　峡谷中的翡翠天堂 /43
　　佛教洞窟里的静美时光 /49
　　生者与死者——七圣人墓地 /55
　　吐鲁番的葡萄熟了 /61

篇三　黄金之地的甜蜜宝藏
天山下的哈密市回城乡阿勒屯村 /67
　　黄金之地——阿勒屯 /68

王宫台榭旧繁华——哈密回王府 /73

　　逝者如斯——哈密回王陵 /78

　　幸福底色——哈密农民画 /83

　　甜蜜宝藏——哈密瓜 /89

篇四　东天山盆地萦绕的古歌
天山下的哈密市五堡镇博斯坦村 /95

　　白杨河畔的古遗址 /96

　　古墓中的异乡人 /102

　　拉甫却克古歌的回响 /107

　　指尖上的旅程 /113

　　枣树下的古村传奇 /120

篇五　伊犁河谷的西迁史诗
天山下的伊犁察布查尔锡伯自治县孙扎齐牛录村 /125

　　万里西迁路，屯戍西陲地 /126

　　独与天地精神往来 /132

　　四世同堂的百宝箱 /137

　　锡伯大饼的时间之旅 /142

　　察布查尔的羽毛 /146

篇六　古琴悠扬的东归传奇
天山下的伊犁特克斯县呼吉尔特蒙古民族乡多勒肯村 /151

　　土尔扈特东归的蒙古子民 /152

通往上天的道路 /158

　　像扣子一样的琴——托布秀尔 /164

　　天籁与心籁之混声——蒙古长调 /170

　　好像那苹果到秋天 /175

篇七　昆仑山下的绿洲神话
昆仑山下的和田玉龙喀什镇达瓦巴扎村 /181

　　神山脚下的昆仑神话 /182

　　玉龙喀什河的踩玉之旅 /191

　　人欢马叫逛巴扎 /203

　　铺满锦绣的和田地毯 /210

　　旋转在美味中的饕餮 /216

篇八　与沙共舞的西王母之邦
昆仑山下的且末县托格拉克勒克乡扎滚鲁克村 /225

　　西王母在且末 /226

　　且末古城你在哪里 /232

　　扎滚鲁克古墓的一家人 /237

　　河流的恩泽——车尔臣河 /243

　　火焰中诞生的美味 /248

　　与沙共舞 /253

后记　幸福在路上 /261

篇一

西天山风景画中的古村

天山下的伊犁特克斯县琼库什台村

丝路上的远古传唱

从天山中麓的乌鲁木齐抵达伊犁河谷，总离不开天山这座巨人的目光。那一带巍峨隽秀的山有时如同剪影紧贴着遥遥的地平线，有时却近若咫尺，似乎伸出手就可以触摸到一块斑驳参差的巨石。离山愈近的路愈陡峭，离山愈近的景色却愈绮丽。当踏进苍翠欲滴的伊犁河谷的时候，毡毯一般的大地起伏回旋铺展在眼前。

从乌鲁木齐到伊宁市乘火车需要十多个小时，从伊宁市去特克斯县乘大巴需要三个半小时，从特克斯县乘越野车到喀拉达拉乡琼库什台村需要四个小时，几十个小时的路程是在不停地扎向西天山深处。一个又一个回旋的"S"形弯道，层层山峦尽收眼底。天蓝如洗，白云出浴，棉花糖一般地叠压在黄绿相间的平滑山头。橙黄色的地衣沉在谷底，褐白花色的牛低头吃草，一群珍珠般的小羊在山壁上散落，那倾斜的弧度让看到的人触目惊心，而羊却怡然自得地在绿毯的坡壁上走着自己的路径，这"之"字形的羊道如同画布上动感的笔触。白色的小花星星点点地散开在绿野间，与绿草相杂融于赭红色的山体之上。在低缓的山坡，一棵棵绿树如同为画毯植上了一道道疏密有致的针脚。草渐黄了，八月的风最先悉知季节的变换。

路上的风景无处不美，我的眼睛不知疲倦地观赏着，贪婪地四处张望着，竟然忘却了路途的颠簸和疲倦。白草在黄绿草甸背景下闪着银光，牧人打草的扇镰在阳光下闪闪发光。一车厚墩墩的草料膨大得只能看见旋转的轮子，占据了前方的车道，草的清香一路弥散着。一群群不知躲避的牛站在路中央，痴痴地看着我们，我们的车只好慢下来，静心等待着一头头牛的觉醒，看它们幡然掉头、接二连三地转身走向草滩。

童话乡村曾一次次地出现在梦境中,当它临近眼前的时候,竟然比梦还要美(毕然画)

  两旁的松树又高又直,像比个子似的从幽暗的谷地直插青天。每一株树都有大约五十米的高度,为了争取到阳光的照射,它们要拼命地拔高,才能不被别的树木的阴影所遮蔽。松脂的清香沁人心脾,潺潺的溪流始终萦绕在路边,欢唱着发出清亮的光芒。

  当一座座圆顶毡房和松木小屋出现在视野中,俊美的马匹如同梦境般三三两两地在草甸上悠闲踱步,一座桃花源式的童话村庄在云杉松树的屏障下展现在眼前。特克斯县宣传部的田浩说:"历史文化名村——琼库什台村,塔西巴扎到了。"

  "塔西巴扎?"看到我的疑惑,哈萨克族乡干部居马·别克告诉我,"塔西"是指石头,"巴扎"是集市的意思。这里是当地哈萨克牧民通往冬牧场包扎墩和去往县城乡镇的必经之路,是南北地段的交通枢纽。牧民们经常在此休息落脚、交换物品,久而久之这里就形成了一个集市,有了固定的居民,居民长期聚居在一起,就形成了一个相对封闭、原始的村落,为转场的牧民提供必需的物资。

过去为了给牧民提供方便,这里曾建有一个水磨,并专门建立了一座粮站。老人说,这里过去都是石头,粮站也是用石头垒起来的。牧民打猎、放牧所获得的兽皮、肉食、奶制品也会带到这里来,换取粮食和一些必需的生活用品。

库姆斯河大桥修建之前,牧民沿着河岸,骑着马要绕很大一个圈才能走出山。盘山公路修进山里,将这座过去自给自足、几乎与世隔绝的山村与外界连接起来。如果没有路,也许这座深山里的小村庄,仅仅是挂在特克斯地图上的一个微小的圈。

走进村子,为数不多的木屋房子多半挂着商店、家庭旅社、饭馆的牌子,库什台河水在旁边的林地里哗哗流淌着,溅起白亮的水花。笔直的云杉、松树上几只黑色的乌鸦自娱自乐地飞起,又扑扑啦啦地降落。脚下的土路坑洼不平,树下到处是褐色的松果、玻璃般质感的枯叶和地雷般的牛粪。松香、泥土、青苔和着牛粪的气息袭来,远处的小木屋升起了袅袅炊烟,明亮阳光像给这座静谧的村落涂上了一层亮晶晶的油彩。那含氧量极高的空气,让肺部充满了舒张的愉悦。这简直就是一幅画,似乎一脚就踏进了画中。

琼库什台村由来已久,乌孙王曾在离这里不远的喀拉峻草原游牧定居,据说这里曾是乌孙古国的夏都,虽然如今乌孙王的夏都王城始终是考古界寻找的难定之谜。然而,从琼库什台村穿过包扎墩牧场,抵达海拔3196米的天堂湖,即可翻越天山,到达黑英山后,南疆的拜城县近在眼前。这条2180千米的山路,中途要翻越三座达阪,除了骑马、徒步之外,车辆无法通过。在2400多年前,这条路是乌孙古国与外界沟通联系的唯一通道,是从中原到达此地最快捷的邮路与"和亲之路"。汉家的两位公主细君和解忧就是通过这条路进入乌孙国的草场,下嫁乌孙国后她们就生活在这片古老的土地。

在古代历史文献《史记》《汉书》《唐书》《魏书》等古籍中寻找,公元前2世纪,乌孙人由甘肃河西走廊西迁新疆伊犁河谷,占据了富饶的特克斯河流域的天然大草原,他们在此生息繁衍,一代又一代,长达500余年,建成了当时西域第一大国——乌孙国。追溯源头,乌孙人是当今哈萨克族的主要族源。"乌孙"在哈萨克语中意为"团结、联合",带着这种本意建立起一个部落,逐渐发展为一个强大的国家。

在两位汉家公主下嫁乌孙国之前,开启丝绸之路的使者张骞曾经来到此地寻找大月氏国王,为实现汉武帝"断其匈奴右臂"的战略计划。经过"文景之治",西汉国库充盈,实力大增,曾为匈奴人屡屡进犯而头疼不已的汉武帝,经过深思熟虑,意将与同匈奴有宿仇的大月氏国联手,以东西两面共同抗击匈奴,从而打通中原通往西域的路。

公元前3世纪,在草深及腰的蒙古高原崛起了一支剽悍善战的匈奴部落,在秦始皇一统天下之际,匈奴人在史书中的记载显得面目可憎,寥寥数语中看得出人们对于他们的惧怕。纵观历史,他们不但对秦、汉王朝构成了严重的威胁,也彻底改变了亚欧草原民族迁徙的方向。修筑长城是秦始皇抵御匈奴的消极办法,和亲攀亲是西汉早期的妥协政策,然而这些依然阻挡不了匈奴人大举进犯的铁蹄。在公元前177年至前176年一场大规模征战中,匈奴攻灭了常驻河西走廊的月氏,匈奴王将月氏王的头颅骨制成酒杯喝酒,逃亡的月氏人被迫西迁到伊犁河流域,称为大月氏。

张骞第一次出使西域时,虽然几经周折见到大月氏女王,然而却无功而返,原来被匈奴驱赶的大月氏国选中了一块水草丰茂的地方重建家园,过着安居乐业的生活,他们已经将当初的深仇大恨慢慢淡忘。张骞在大月氏国待了好几个月也没有得到大月氏女王的明确答复,只好黯然离开大月氏国。

公元前119年,张骞再次出使西域。张骞抵达了乌孙国,见识了肥美广阔的草场和牛羊遍地的富足,与乌孙王结成了好朋友。为了永结秦晋之好，汉武帝决定使用和亲的方式与乌孙王结成稳定的政治联盟，据史料记载，乌孙国是汉朝实行通婚外交政策以来，远嫁公主最多的地方。于是，生于中原、长于中原的解忧和细君公主先后远离故土，嫁入乌孙国。

"吾家嫁我兮天一方，远托异国兮乌孙王。穹庐为室旃为墙，以肉为食酪为浆，居常思土兮心内伤，愿为黄鹄兮归故乡。"这首凄婉的哀歌，是细君公主来到异乡的心声，也被称为边塞诗的开山之作，诗中为后人展现了两千多年前生活在此地居民的生活场景——"穹庐为室旃为墙"，如果你来到草原，会发现哈萨克族的毡房如今依然遵循这种习俗，穹顶毛毡几乎不变。"以肉为食酪为浆"，哈萨克族的饮食习惯如今也依然如此，鲜美的羊羔肉、香喷喷的奶茶是每个家庭餐桌上必不可少的食物。

从阳关西出的路上，十八岁的细君公主挥别闺阁，终日弹奏着一只能在马上弹奏的直颈琵琶，以抒解思乡之苦。无法抉择的命运，无力预见的前途，令诗情画意的少女忧心忡忡。据说这琵琶是汉武帝特地命令乐师采古筝、箜篌等多种古乐器的优点制造的，也被称为中国第一只琵琶。元封元年（公元前110年）汉武帝册封皇室江都王刘建的女儿细君为公主，即承认她是皇帝的亲生女儿，将其许配给乌孙王猎骄靡。

当万里关山、千里大漠以广阔荒蛮的姿态呈现在眼前时，那青雾岚云的家园早已遗在身后，望也望不见了。幽思满怀的妙龄少女在路上颠簸了近半年的时间，迎接她的是一场隆重的和亲庆典，她才见到了自己所嫁的夫君——乌孙昆弥（乌孙人的首领称为"昆莫"或"昆弥"）。猎骄靡，眼前的乌孙王虽然雄风犹在，却已是风烛残年的七十老翁，乌孙王将细君公主称为右夫人。语言障碍、水土不服、饮食不适、思乡心切，在举目无亲的乌孙，能诗善文的细君公主，忧肠百转的才女弹奏着琵琶，唱着一曲曲令人泪流不止的思乡之歌。

抱着琵琶满含忧思的细君公主（左图）
喜爱穿民族服饰的解忧公主（右图）

匈奴为了笼络乌孙也派出公主和亲，作为乌孙王的左夫人。和亲是一种外交手段，其间的明争暗斗自然无法避免，尤其是后宫的争斗更有着惨烈的暗箱操作和你死我活的博弈。不谙此道的细君公主由于身体孱弱，终日郁郁寡欢，只在乌孙国生活了五年，就与世长辞了，她成了汉朝与乌孙政治联盟的奠基者。应乌孙王的再次要求，太初年间（公元前104—前101年），汉武帝将楚王刘戊的孙女封为公主，远嫁乌孙王，她就是被誉为"乌孙国母"的解忧公主。

解忧公主虽然生在南方养在深闺，却性格开朗，善解人意。她十九岁来到乌孙国，很快适应了草原游牧生活，学会了骑马打猎，经常头戴孔雀翎羽帽，身着貂狐裘，肩披狼尾，乘坐天马，与乌孙王一起巡视部落。解忧公主来到乌孙国，将汉地先进文化和能工巧匠带入草原，并对乌孙国的民风畜业、外联内务都极为关心，因着她深知乌孙国的兴亡直接关系到汉朝与乌孙联盟抵抗匈奴的成败。

头脑敏锐的解忧公主在乌孙生活了近六十年,送走了两任乌孙昆莫。依照当地风俗,她先后三嫁乌孙昆莫和他的兄弟、侄儿,对乌孙国及整个西域的风土人情非常了解。她才华出众,运筹帷幄,很快成为乌孙王处理军务、政务的得力助手,也是汉朝了解西域动态的重要窗口。她在当地赢得了较高的威望,为乌孙和汉家的友好邦交助燃加力。当匈奴大举进犯乌孙,解忧公主及时飞书汉王朝,请兵出援救急,终使乌孙国转危为安,同时削弱了匈奴的气焰。

解忧公主的贴身侍女冯嫽在随同公主出行西域的行旅中,亦成长为一名得力的汉使。她少女时随公主出塞和亲,并成为乌孙国掌握兵权的右大将夫人。她通晓经史,聪敏多智,曾代表解忧公主的身份,持汉节遍行西域各城郭,深得当地人的敬服,被称为"冯夫人"。侍女的身份并未掩盖她的才华,冯嫽在乌孙国锻造成了一个光芒四射的女外交家。

细君、解忧、冯嫽几位弱女子在西域草原创造了瑰丽的历史篇章,在汉家公主博物馆,她们的传奇经历让每一个瞻仰的人慨叹不已。

在村支书叶尔肯家的客厅,我们意犹未尽地聊着乌孙古国的古老历史。这时,天已经完全黑了下来。繁星满天,夜凉如水,弯月如钩,月华似镜,银亮的月光照耀在青苔上。在青草与松脂的清香混合袭来的夜晚,我蓦然想起一句诗:"明月松间照,清泉石上流。"

如果没有潺潺的流水声,那静止的松枝剪影,衬着湛蓝如绸的幕空,是怎样一幅静美的月光山色图?如果没有两位和亲的汉家公主,历史又将发生怎样的转折?静听着河水流过的声响,也许这样的水声,千年前的公主也曾听过。枕着林壑松涛,我仿佛一次次听到了丝绸古道上远古的传唱。

房顶上长草的古民居

"看,这里连房顶都长草。"虎儿惊奇地指着高处的房顶。可不是啊,木头小屋的顶部,密密匝匝地长满了金黄色的草,它们肆意地相互攀比着,微风拂过发出瑟瑟声响。

哈萨克族乡干部居马·别克说:"这里不挂瓦的房子都是这样,盖房子的时候,会在上面压些土,也许土里有草种,也许是风带来的。总之,一场雨后,草就长出来了,不仅在房顶上长,连石缝也能开出花儿来。"的确,在琼库什台村,房顶上长草的民居随处可见。

这种用木头搭建的小屋采用松木、桦木、云杉等天然材质,走近了,连空气中都散发着浓郁的松脂香气。据说原本哈萨克族的古民居,没有一颗铁钉,这种传统工艺来自木匠的巧手。拱形的屋顶使得雨天屋顶不会积洼雨水,走进里间即可清晰地看到房顶木头紧密有序的排列。曾在琼库什台村小学当老师的马德喜,为了生计不得不干起盖房子的生意,建造一座这样的木头小屋他已轻车熟路。他告诉我,木屋房梁檩子都是单数,这与哈萨克族喜单不喜双的民俗习惯有关,一般厨房用5根,卧室用7根。木头要求两头切齐,大头朝东,小头朝

青山下炊烟袅袅的小木屋

西，寓意着太阳由东方升起，又将从西方落下。

村里的一些木屋的地基是用石头垒成的，还有一些是用木头支撑的，显得摇摇欲坠。一些木屋顶上贴着蓝色、红色的彩钢板，一些屋顶上铺着油木皮，还有一些屋顶长着草。马德喜说："怎样既能保留哈萨克族古老民居的特点，又使房子更加坚固耐用，是这些年一直希望解决和正在解决的问题。"一些用木头支撑的老民居，时间证明不甚牢固，且很容易出现地基下沉。于是逐渐摒弃了曾经采用石头垒筑的方法，现在基本使用水泥地基，为了防雨至少要打50厘米高的水泥台。由于山区经常下雨，平屋顶容易渗漏，时间久了板材会腐烂，有的民居为了防雨铺上塑料布，却依然无法防止房屋的损坏。如今的新型材料彩钢板颜色鲜艳，防雨防漏，可是房顶上却长不了草，又少了古民居特有的韵味。牧民定居使人们对于房屋的要求越来越高，木头小屋在历经一代又一代人的智慧中变得更加适宜居住了。

小木屋的门一般都是向外开，没有门锁。里面的两套间也没有门，只在门楣上挂着绣花门帘。年轻的叶尔肯说："门朝外开，是为了迎接客人。"据说传统的哈萨克族人房子的大门几乎都是敞开的，没有人上锁。村里民风淳朴，没有偷盗丢失财物的现象，几乎是夜不闭户，路不拾遗。哈萨克族群里没有乞丐，如果有人遇到了难处，乡里乡亲都会不遗余力地帮助他渡过难关，被誉为世界上唯一没有乞丐的民族。

叶尔肯的家离水渠最近，他的住房与商店、储藏室连在一起，锅台在外，连着居室与厨房。居室的房顶铺着红色的彩钢板，而厨房的屋顶则长满了金色的草。檐下的木柱和窗户的木框都刷着绿色油漆，门前的馕坑铺着塑料布，看来主人已经好久没有打馕了。一只发亮的铁皮水壶挂在木杆上，上面安着水龙头，这种用流水冲洗的洗漱方式是哈萨克人的传统习惯。

我们被热情的主妇让进了客厅，一进门即被花团锦簇的毡毯包围了，板炕上铺着绣满花朵的羊毛毡毯，三面的木墙上挂着花纹各异的壁毯，两两相对的木窗户上挂着镶有白色花边刺绣花朵的窗帘。居中的白色电视柜上摆着电视、塑料花、瓷瓶、茶具等装饰品，壁毯上面挂着一幅油画框的结婚照，女主人娇羞地披着白色婚纱，男主人身穿蓝色的衬衫深情脉脉，完全是一派都市风格。两边对称的箱子上叠放着厚厚的花被褥，黑色的金丝绒靠垫上绣着两两相对的白天鹅。白天鹅作为哈萨克族人信奉的图腾之一，是族人最喜欢的动物。一个大灯泡突兀地从房顶上吊下来，村里还没有完全通电，用电基本是依靠自制的"土发电机"。

厨房里的土炕稍高些，里面一个铁皮炉子的烟道直通屋顶。脱了鞋坐上去，努尔西亚将花坐垫先铺在小方桌后的主宾座，示意我居中而坐。厨房里有碗柜，摆着生活日用品。坐下来才看到，对面墙上的画是阿拉伯的清真寺，桌子上方挂着电话机，右边嘀嗒嘀嗒走着的是时钟。

炕上的木条桌上铺着素雅的花布，靠墙的一角堆放着一叠花色各异的被褥，上面盖着绣花盖布。努尔西亚说这些漂亮的刺绣织品都是她心灵手巧的嫂子和她一起做的，民间有"姑娘不会绣花，就等于地里不长庄稼"的谚语，能做一手刺绣针线活儿是哈萨克族妇女的传统。

这些美丽的绣花图案一般多用彩色的花线刺绣，牛羊抵角喻示着生命不息；雕鹰与苍天联系在一起，象征着勇敢；"人"字形排列的大雁则是排除千辛万苦奔向远方的幸福象征；卷曲的枝叶、花卉和果实代表着吉祥和美好。哈萨克族人通过自己的世界观和审美观，将日常生活中的图案变形夸张，显示出草原民族粗犷、自由的天性。

鲜艳夺目的地毯衬着素白的绣花窗帘、帷幔、壁挂和盖布，整个房间显得艳丽而和谐。一位哈萨克族艺人说："在没有艳丽和谐的色彩装饰的毡房里弹奏冬不拉，音调是低落阴沉的，没有人愿意和我们一起聚餐和跳舞。"

而哈萨克族传统的毡房更如同一个童话小屋，可以在马背上驮着走。逐水草而居，自古以来在草原上游牧的哈萨克族人就是这样诗意而惬意地生活着。毡房是活动的，随着季节的更替与牲畜一起转场。从夏草场到冬窝子，再从冬窝子赶回夏草场。现在定居的牧民逐渐增多，主要的原因是牧区的畜牧经营无须转场，以及要解决孩子的教育问题，他们希望孩子可以受到更系统完整的教育。一些牧民改变了旧的习俗，定居在古村落，也有一些哈萨克族牧民仍然坚持着祖先千百年留下的传统，背着自己的家，行走在诗意的转场之路上。

草原有开阔的视野、清新的空气、明媚的阳光，也同样有暴风骤雪，有漫长严冬昼夜几十摄氏度的温差。一个理想的居住环境，一个抵御风雪交加夜晚的房屋成为哈萨克人生活的必需。

为了便于折叠拆装，便于牲畜托运，毡房一般会用最少的材料获取最大的面积和空间，用最轻的骨架木撑杆、木栅栏等材料获得最强的韧度。用圆形加柱形体稳固的外形削弱大风的侵扰、暴雨的来袭。无论搬家有多么繁重和麻烦，哈萨克族主妇总是会把自己精心缝制有美丽花朵图案的毡毯、墙围、坐垫、靠垫，布置得满满当当又井然有序，甚至连携绑毡房及物品的织花带都织成鲜艳的二方连续图案，在搬家时作捆扎的带子，而居家时又可用作穹顶的装饰。

毡房里到处都是艺术杰作。床毡、挂毯、地毯上都有妇女用彩色的毛线绣出的美丽花纹，甚至连毡房周围的芨芨草帘、扎围墙的毛绳，都要编织出赏心悦目的彩色图案。床幔、箱套、挂袋、门帘等每一物件上都有精心构思巧心制作的图案，这些图案名目繁多，有几何图形、鹿角、树枝、云纹等，一般使用红、黑、橘红、绿、蓝等对比鲜明的颜色，体现了正反对补、虚实相映的艺术特点，图案粗犷豪放，充满草原文化的气息。

圆形拱顶既是毡房的屋顶，又是天窗，那用木骨架、毡片、花毡和芨芨草帘围成的家园，拉开木门进去，顿觉温暖。进门按逆时针方向摆放家居物品，首先是厨房，那是制作各种食品的地方；然后是主人的卧室；往下铺着大地毯的地方，铺着坐垫，这里既可以接待客人，也是进行礼拜的地方；最后是儿子、儿媳的铺位。毡房的功用是多方面的，除了居住待客外，也是从事生产和娱乐的场所，是接羔的"产房"、孩子的课堂、婚礼的殿堂，也是哈萨克族唱歌、跳舞的俱乐部。毡房的中间支有生铁炉子，围着火炉的故事说也说不完，马奶酒、羊羔肉，欢乐的舞蹈旋起快乐的裙幅，冬不拉悠扬的琴声让草原沉醉不已。

哈萨克族人用谜语的形式具体生动地描绘出一个常用物件的形象：一团灰影，一动不动；只有躯壳，没有生命；骨骼交叉，横七竖八；没有眉毛，一只眼睛。猜猜看，是什么？

是眼前的这一栋毡房子呀。此时，我来到阿拜·沙合木拜家的毡房子。

美须长髯的阿拜·沙合木拜已经80多岁了，他头戴白底黑沿的哈萨克传统毡帽，身穿黑色的中山装，在他家的客厅招待我。老人记忆清晰，思路敏捷，回忆起儿时的琼库什台村仿佛还历历在目。20世纪40年代，他记事不久，那时候村里只有50户左右的人家。1957年，琼库什台村成立了村委会，他曾经当过村干部。山区生活条件艰苦，生活物资短缺，那时村民多以打猎、放牧为生，山里的野羚羊较多，如

老人坐在自己建造的小木屋里，这个遮风挡雨的居所使他气定神闲、心满意足

果打上一只野羚羊能让一家人高兴几个月。妈妈会用羊皮做鞋子、缝衣服和皮帽子，身上被羊皮裹得厚厚实实的感觉很温暖。冬天的雪总是下得很大，有时会连续下两三天，路上常会有两到三米高的积雪。狼和野猪泛滥成灾，为了除害，县委还专门成立了打狼组，他也曾背着猎枪在山里转悠，狼见到人很害怕，因为子弹将狼群撂倒了一片，后来狼越来越少，一般只躲在深山里，不再到人聚集的地方露面。

正聊着，老人的女儿在客厅的花毡上铺了一块干净的餐布，他的孙女赛尔旦是特克斯县小学的学生，汉语说得很流利。她和姐姐帮着妈妈端来馕饼、暖水瓶、茶碗，并将厚馕切成小块散落在餐单上，热气腾腾的奶茶端上来了，聊天的气氛也显得更加活跃了。白色的酸奶是自家制作的，老人示意我一定要吃掉，那是草原上最好的营养品。

得知我远道而来，老人特地为我唱了一首哈萨克族民歌，歌声悠扬动情。翻译家居马·别克告诉我这首歌的歌名为《我爱唱歌》，歌词大意是：生的时候要开开心心地玩儿；因为死的时候，什么都没有了……

与阿拜·沙合木拜老人一家告别，全家人送我们走出绿色的山冈。走了好久，回头看时，发现他们一家还在原地看着我们，挥挥手，那个外形拙朴的木头小屋和金色的草垛，童话般地竖立在绿野之中，还有他们诗一般的生活。

天黑如泼墨，困倦似乎来得也更早些。努尔西亚把他们的卧室让给我和虎儿住，他们一家三口则睡在厨房的板炕上。卧室的木墙上除了挂着壁毯、鹿角之外，还有一张完整的银狐皮毛。铺着簇新干净的花褥子，花被子是那种压得厚实而温暖的棉花被，铺盖在身上，竟然有一种久违的暖实，这样温柔的被窝是容易产生美梦的故乡。

山村的夜晚静谧，偶尔被几声狗叫打破，而那并不犀利的叫声，像投入湖面的一粒石子，漾在山村的夜晚。荡起梦的船桨，此岸是狗叫，彼岸是美梦。

琼库什台的 N 种时间

俗话说：山中一日，人间一年。时间在琼库什台村的山间似乎凝结成了一个点，在这里的一切都变得缓慢而悠长，从容而不迫。虽然我曾经是奔走在城市秒针上的停不下来的疲惫钟摆，可是当被琼库什台的时间浸泡过后，竟然不由自主地慢了下来，不再忧急如焚，不再马不停蹄。也许，琼库什台正是一个让心入境的桃花源。

新疆与内地其他省份有两个小时的时差，虽然自20世纪80年代城市已经统一使用北京时间，而在新疆很多边远地区仍然使用着新疆时间，计算着他们自己的日子。哈萨克族人甚至用茶来记时间，如果他们说"煮一壶茶的时间"，那就是意指"大约15分钟"，当你捧着一碗热乎乎的奶茶品饮，时间正热乎乎地经过你的肠胃。

一轮红日永远不老，千年万年在古村里升起又落下（胡艺橡 9 岁 摄影）

隐隐的鸡鸣声叫醒了山村的清晨，透过窗子看出去，木屋顶上升起袅袅炊烟，骑马的村民"嘚、嘚、嘚"的马蹄声由远及近，从山坡上赶着一群马去河边汲水。太阳先把高处的山峦聚光灯般地照亮，包裹在层层山峦中的村庄除了燃起的炊烟、狗叫鸡鸣，似乎仍在安睡中，未曾醒来。

伴随着晨曦和淙淙流水弹奏声的吸引，我走到库什台河边。那些云杉比肩拔尖，仰着头奋力向上长，哪怕是一种倾斜的姿态，在空中的弧度都是如此优美。在云杉密集的深处，掩盖着绒毯般的青山。在树根错落的间隙闪出的银亮波光是流水的上游。沿河而上，溪水把雪山的气息流淌着带了下来，站在石头边，扑面而来的凉意沁人心脾，那是雪的气息，那是山的气息，还有冰川的气息。溪水无言，清泉淙淙，流水一般的时间覆盖在我的时光年轮上。

当过17年乡村教师的马德喜教过上千个哈萨克族学生，这些学生有的已经为人父母，有的远离山区走进县城，有的仍在这座山里，和那些林木一样年年生长。曾经的琼库什台中心小学加上校长仅有7名教职工，学生有100多名，老师们不分班级不分科目教课，堪为全能教师。牧区里一座毡房与另一座小木屋相隔几千米地，一般8岁以上的孩子才允许骑马上学，有的孩子要骑三个半小时才能到学校；有的孩子要走崎岖的山路，蹚过哗哗流淌的河流。遇到下雨天，河水暴涨有时会把小桥冲垮，老师们会让孩子们提早放学，有的孩子回到家天已经黑了。年龄小的孩子只能骑牛上学，往往是天不亮就从家里出发。憨实的牛只要走过一遍，就记得回家的路，它虽然行走缓慢却很稳妥，即使孩子在牛背上睡着了，也会安然无恙地把孩子驮到学校。牛1个小时只能走4千米的路，比人的速度还慢。可是在上学回家的路上，有牛这个忠实的伙伴，即使走在天黑的树林里，也不会觉得害怕。

乡村教师则是搭乘通往林场拉木头的卡车去学校，有时运气好了可以坐到驾驶室里，有时则是坐在敞篷卡车里同一车木头晃来晃去。走几千米山路对于一个乡村教师而言，是极常见的事。

喜欢当老师的马德喜却终究没能坚持留在石头垒筑的讲台上。17年了，周围很多牧民做生意、放牧、开馆子都富了起来，而他还苦苦等待着，然而有财政供养、在编的教师岗位却始终没有兑现。三个未成年的孩子、家庭的重担，迫使马老师离开了心爱的讲台。他先后花了几千元学开挖掘机、考铲车执照、学电焊，也装修过房子……说起自己的经历，脸上已有岁月风霜的马德喜不禁长吁短叹，可是说到学生却又眉开眼笑。

每年7月，草原都会举行赛马小骑手的比赛，从阿恰布塞赛马场到喀兹拉夹克会诞生很多骑马小能手，你追我赶，加油助力，喊得嗓子都哑了，谁先跑到谁就胜利。这项活动几百年前就有，如今在草原上依然长兴不衰。

说到骑马，20世纪80年代出生的叶尔肯两眼发亮。他说每个哈萨克族男孩都有一匹自己的马，他三四岁就开始学习骑马了。哈萨克族民间谚语说：马是哈萨克人的翅膀。叶尔肯5岁生日的时候，爸爸拉来一匹又高又大的马说：这匹马是你的。他高兴得快要跳起来，和这匹马成为朋友，他们用眼神、抚触和自己熟悉的声音交流。这匹马带着他走遍了琼库什台的每一片林地和草场，最终还是老死了，为此他难过了许久。后来他学会了骑摩托车，可是马在他心里永远都是最值得信赖的朋友，似乎马背上的时间就是自己的青春年少。

18岁的叶尔肯去特克斯县城上高中，才开始接触汉人，学习汉语。他在学校里认识了比自己小5岁的女孩努尔西亚。她在4年后成为叶尔肯的妻子，并跟随他回到了琼库什台村。之后，叶尔肯当了爸爸，儿子去特克斯县城上学前，女儿又出生了。28岁时，叶尔肯当上了村支部副书记，成为村委会最年轻的成员。

传统的哈萨克族妇女的一天是非常辛苦的，她们天不亮就要架

挤牛奶的技术活儿只有当事人才知晓,那是一种人与牛共通的默契

柴烧火熬奶茶,打馕做饭。全家人的一日三餐,哺育带养孩子,收拾整理房间,刺绣擀毡,全靠女人纤细的双手。主妇甚至承担着转场搬家、组装毡房等繁重的体力活儿。

努尔西亚虽然只有20多岁,却已经是个成熟的家庭主妇了。由于手工制品逐渐从更多的妇女手指中退化,年轻的哈萨克族姑娘均受到不同程度的教育,同时也受到更多外来文化的冲击。哈萨克族与其他民族面临着相同的问题:祖先留下来的传统渐渐地在流逝。过去的哈萨克族妇女很多人一辈子连大山都没走出去过,她们世世代代地守候着大山,守护着自己的毡房、丈夫、子女、牲畜,终老一生。

努尔西亚称得上是个美丽时髦的少妇,却依然恪守着一些传统习俗。她会在清晨丈夫起床前悄悄起床,生火烧水;会去牛圈安抚小牛,挤奶牛的新鲜奶汁。虽说这一拉一捋的动作不知已经重复了多少次,可生活中的每一天都和这哗哗四溢的牛奶一般新鲜。当鲜润的奶汁涌向铁桶,她惦记着还未睡醒的丈夫和孩子。

她很少有闲暇时间休息，家务、商店必须都兼顾。在阴凉地聊天的时候，她也好奇地问我：在家做不做饭？她对着小镜子抚着自己眼角的皱纹，问："你的脸上怎么不见皱纹？怎么保养的？"

牧业卫生员张红英是蒙古族男子英克的河南媳妇，一副眼镜，一口蒙古语、哈萨克语、汉语交杂的爽快语速。我带着被烫伤的虎儿去找她的医务所，恰好在大坡上遇到骑着摩托回家的夫妻俩。胖胖的英克将虎子驮在身后，一溜烟地拐进他的"英克家园"家庭旅馆，而张医生则带着我麻利地翻越木栏杆抄近路返回。

张医生是琼库什台村牧业医院中唯一的女卫生员，曾经用一天时间，从琼库什台村骑马到天山深处的包扎墩牧场走访看病。一些牧民的帐房安在山崖斜壁上，山路极其陡峭，马蹄的边缘往往就是万丈悬崖。由于海拔较高，天山上的雪峰常年积雪，有些牧民的帐房下就是一条河，用水要去河里采集冰块，用牛车将冰块驮上来，冰块放在盆子里，化开了才能用。生活条件艰苦，蔬菜等食物也相对匮乏。从一户牧民家去到另一户牧民家，有时骑马需要花上大半天甚至一天的时间。

病人总是等到病情危急的时候才下山求救医生，在大医院凭着化验单看病给药治疗，而在牧区只能凭借着听诊器、血压计、体温表和自己的经验判断。在牧区，马踢、狗咬的外伤处理及产妇接生是主要的危急病情。一些孕妇搞不清自己的预产期，很多孩子都出生在产妇去求助医生的路上，这无疑给产妇和新生儿增添了很多危险和死亡的概率。而骑着马汗流浃背地出现在产妇身边的张医生是牧民的大救星。一次次从产道接生出啼哭的婴孩，给疲惫不堪的她莫大的光荣和欣喜。每一次的生死时速，都让她感到生命的不易和坚韧。

对于杨新城而言，这村落周围的林地是他再熟悉不过的了。当一株株两三米高的树苗移植在此，一茬新苗长成需要3年时间，6年才算栽植成功。树的年龄以年轮计，1圈是1个年轮，1个年轮的增长需要

1年的时间，一棵直径三四十厘米的大树要有80年的生长期。他骑着摩托车转山看林，每次工作15天，再下山休息。如今他已经有30年工龄，却仍喜欢在山林里转悠。要完成2010—2019年第二期天然林防护工程任务，保护这片如同水库般的林带，苜蓿营管护站8个护林员每人负责看管10平方千米的林带。他们没有节假日，每天都要巡山，重点是防火。

作为林业稽查队队员的他能够清晰地叫出眼前每一株植物的名称，并告诉我那些在民居空地上长着的玄麻草不能随便摸，摸了会有针刺的灼痛感。他又指着另一株草说："这种大黄草与玄麻相克，如果不慎被玄麻蜇了，涂上大黄根茎部的透明汁液就好了。"

琼库什台的五六月是最美的花季，五花草甸上盛开着多种多样的野生花卉。淡蓝色的贝母花只开半个月，如果无人采摘，花儿就干枯了。党参开出的灯笼花也是蓝色的，还有蓝色的勿忘我与黄色的小叶金吉尔形成了五颜六色丰富的色带和美丽的花海。

花儿谢了，雨后的蘑菇就多了起来。六月中旬，羊经常卧着的地方，会长出一种叫羊肚菌的蘑菇，由于数量少、营养价值高，目前市场上已经卖到一千克六七千元的天价。七月中旬，野生的草莓熟透了，红艳艳地托出绿叶。八月，草敏感地嗅到了秋的气息，仿佛在一夜之间就相约着变黄了。男人们开始起早贪黑地打草，山谷陡的地方，一个人用扇镰每天只能打5亩地。要准备足够的草料给牲畜，还有一个漫长的大雪封山的冬天等着呢。

九月，白桦树的叶子变得金黄油亮，那洁白的桦树皮是可以用来写情诗的最特别的纸张，细腻优美，散发着树脂的清香，那些落在上面的字也会变得鲜活生动。

十月就开始下雪，树叶落地的声响如同秋天的叹息，还不及有更多的惋惜就被一场劈天盖地的雪封存了。十一月，最后一批牧民转场，将夏草场的帐房、器皿、家什收拾起，捆绑在马背上，赶往冬窝

冰封雪野，却也是一切雪藏的物种等待苏醒的季节

子。山里一年之中雪下得最大的月份是二三月，一场场的大雪如同棉被从天上铺盖下来。虽然是雪野冰封，却也是一切雪藏的物种等待苏醒的季节。

当春天来临，冰雪簌簌消融，等待着孩子们的是新的学期和新的课本，而等待琼库什台的则是又一个簇新的开始。

藏在深山的嘉德乐

第一次见嘉德乐的时候，在她家的厨房，她穿着绣满金边的红裙子和粉红色小皮鞋，似乎还未睡醒，皱皱的小脸蛋微红，泛着倦意，俨然她的美梦被我们几个不速之客搅醒了。

她看我们的样子显得很生疏，藏在妈妈身后，不时地探出头来，小心翼翼地看我一眼。当我得知她的名字的时候，并用妈妈喊她的腔调唤她，她蓦然起身，噔噔地走到我面前，认真地看着我。

这个还不懂汉语的哈萨克族小姑娘只有三岁半，有着一张让人心疼的脸，微白的皮肤显得很薄，干巴巴的脸颊上满是皱裂的红晕，一看即知是由于紫外线太强照射而形成的。她的头发偏黄，毛茸茸的短发随意地搭在额头上。左侧额头上还有一处紫红色的疤痂，两管浓黄的鼻涕让人担心快要掉进嘴巴的"河"里了。

然而，她却是村支部副书记叶尔肯的心肝宝贝。去县城进货的叶尔肯半夜回到村子，我们正围坐在厨房的土炕上，一边吃着胡热达克（一种哈萨克族民间美食），一边聊着村里的事。吃完饭的嘉德乐显得执拗而任性，在板炕上不停地搬运着自己的衣服。努尔西亚只是静静地看着，并不阻止女儿，也不插入我们的谈话。嘉德乐不时地跑出门外，又失望地返回，并用哈萨克语不断地追问："达达（爸爸的意思）——达达——"

伸手不见五指的夜晚，走盘山公路是相当危险的。努尔西亚显然也处于焦虑中，打了几个电话，手机回音说不在服务区。客人们已经将晚饭吃完，等待着男主人回来。嘉德乐连连打着哈欠，揉着眼睛，努尔西亚抱着她，可是她却怎么也不肯睡。

直到听见窗外汽车的鸣笛声，明亮的车灯扫射到外面的墙壁。年

嘉德乐还不会说汉语，
却认真地听我说每一句话

轻的叶尔肯风尘仆仆地走进来，一双褐色的眼睛在灯光下熠熠发光。嘉德乐揉了揉眼睛："达达——"叶尔肯抱着女儿，亲了亲面颊，嘉德乐嘴里唔哝着，一会儿竟在叶尔肯的怀里睡着了。努尔西亚将女儿放在板炕上的褥子上，盖上了被子。

　　有父亲在的嘉德乐几乎就是叶尔肯的小影子，叶尔肯走到哪里都要把这个宝贝女儿带上。哪怕是开村委会，小嘉德乐也坐在叶尔肯的旁边，并不知情地拿着树枝在土炕上划来划去，完全不顾肃然开会的村干部们。无论嘉德乐再调皮，甚至无理取闹，叶尔肯从来不生气、不责怪，总是耐心地抱着女儿，在脸颊上亲了又亲。即使流着鼻涕，脸上有疤，也不妨碍父亲对女儿的疼爱，在父亲的呵护下嘉德乐如同一个骄傲的公主。这个喝着天山雪水、枕着云杉松涛、不知忧愁是何物的小姑娘，那么执拗地展现着自己的性情，这让生在城市有着诸多限制和规矩的虎儿好生羡慕。

为了寻找一名乡村老教师了解当地的教育情况，叶尔肯决定骑摩托车带我上山。从他家到老师的家来回大约有15千米的路途，要顺着山往上走，全部都是盘山土路。顺着叶尔肯指的方向望去，屏障般的青山上，盘山路如同一条回旋起伏的飘带。穿过密密的云杉林地，叮咚的山泉清澈见底，顿感幽凉无比。一只鹰的巨大羽翅划过头顶，掀起一阵凉风。叶尔肯把嘉德乐放在前面，虎儿居中，我坐在后面压阵。阳光把我们的影子快乐地投掷在草地上，两个孩子一路欢呼着。

望着愈加开阔的天空和愈加逼近的松枝，越过一个又一个盘旋的"S"弯道，我们登上了一道平缓的山峦，俯视着山下的村庄，这个角度和刚进山鸟瞰村落的视野大不相同。整个村落的红顶房和褐色小木屋间杂在松柏和云杉之间，宛如沉入山谷中的一个梦，令人不由得想大声呼喊。虎儿率先大声喊道："喂，你好吗——"嘉德乐也学着虎儿的样子张开双手大喊着。

一栋木头小屋建在岩壁上，一棵松树也如此长在崖壁上，孤独而肆意，危险而从容。一间木屋与另一间木屋间隔大约有500米之遥，越往深处走，林木愈加丰茂，而木屋就愈加稀少。等我们走到一栋木屋的尽头，一条路在茂密的树枝掩映下神秘地通向远方。叶尔肯发现这条路完全是坑坑洼洼的土路，路况极差。这时，他看见山梁上有一间破旧的小木屋，旁边还支有一顶蓝色抗震安居帐篷。一个身穿校服的女孩子正在炉子前生火，升起了一阵烟雾衬着绿绒底色，如同涂在翡翠玻璃上的图画一般。叶尔肯大声问道："这里的老师，有没有？"那女孩在这寂无人烟的山间看到我们亦感惊奇，她不住地摆手，表示没有。

叶尔肯说："我去那边一户问问，那条路不好走，你们从这儿爬上去，在平地等我。"我带着两个小孩子走近小屋，那个女孩有十四五岁的模样，个头高挑，面容清秀。我用刚学会的哈萨克语打招呼："佳克斯么（汉语'你好'之意）。"她笑着回敬，微白的脸颊上布满了褐色雀斑。我用汉语问她怎么一个人在这里,不害怕吗?她笑着摇摇头,表示听不懂。很想和这个深山里的小姑娘聊两句,可遗憾的是我除了几句问候语之外,还没能学会说更多的哈萨克语。

  顺着山坡往上走,站在平坡上,四处寻找叶尔肯却不见踪影。远处山谷中央有一汪桃心形状的湖泊,闪闪发光地镶嵌在绿茸茸的草地上,仿佛大地坦露的心脏。草滩上一匹灰色的马,帅气地甩着修长飘逸的马鬃,看到我们扬起马蹄优雅地绝尘而去。一朵云半压住明亮天空的一角,云层飘移得很快,一会儿就遮住了太阳。从云层中过滤下的阳光如同穿透的金线,追光般地打在远处裂开的峰峦上。风带着些凉意袭来,不会下雨吧?我有点担心地四处查看,如果暴雨突降,哪里会有避雨的场所?

  顺着山道朝回去的方向走,一辆大卡车经过,车上所有的人都惊诧地望着我们。的确,在这人迹罕见的深山里,突然出现一个女人和两个孩子的确令人惊讶。车开过,扬起一阵尘烟,走过之后还有诧异的脑袋从车窗内伸出来张望。

远处的心形湖如同镶嵌在翡翠山谷中汩汩欲动的心脏

嘉德乐不知道在哪儿找到一截木棍，像宝贝一样抱着往前走，这个小姑娘总是乖巧地紧紧拉着我的手，当她把完全的信任通过微凉的手指传递给我，我看见她清澈眼眸中微蓝的欣喜。青草的气息混合着马、牛粪的气息，却令人心情愉悦。蓝色的勿忘我疯长在寂静的山谷里，远处的翡翠峰峦叠起，黄绿相间绒毯般的山谷，镶嵌着心形的点点烁金的湖泊，自由地在草滩上吃草的马匹，还有珍珠般的羊群，不知不觉中又像走进了一幅画面的中央。

这时，叶尔肯骑着摩托车出现了，他说："乡村教师找不到，快要下雨了，我们要赶快回去。"坐上叶尔肯的摩托车，下山时，一辆大卡车跟在身后，大家嘻嘻哈哈地说和它比一比，于是叶尔肯加足马力拼命往前开，虎儿和嘉德乐兴奋得大呼小叫，说真正的疯狂过山车原来在这儿。天空阴云密布，风凉飕飕的，隐约中有雨点落下。这时，叶尔肯停下车把嘉德乐抱下来，他的汉语说得不太流利，连说带比画，我就明白了他的意思，原来他让我把嘉德乐反方向脸朝他放在他怀里，并用自己的衣服把她兜住，然后才将迷彩服的拉链拉上。我摸着嘉德乐的胳膊有点凉，才发现叶尔肯用这种方式是为了避免孩子被山风吹感冒了。

雷声在远远的云层轰响着，叶尔肯加快速度一路狂奔，回到了家门口。等摩托车停在小屋前，才发现嘉德乐已经在父亲怀里睡着了。炸雷轰隆，破空而响，巨大的回声在山谷中盘旋，松涛簌簌作响，雨点在雷声滚落之后，哗哗地闪着白亮的光砸向地面。顷刻间的工夫，湿漉漉的地面呈赭褐色，泥土混杂着雨水的味道，还有丝丝凉意扑面而来。远处的山峦松柏隐在一层薄雾中。我和虎儿坐在板炕上听着一阵紧似一阵的雷声，看着银丝乱跳的雨珠，心有余悸地说，幸亏早了一步，没遇上这场大雨，否则可就成了落汤鸡了。看着努尔西亚冒着大雨抱着一堆木柴回来，以及叶尔肯毫不惧怕地到松枝下捡木头，他们对这样的暴雨显得见怪不怪。而小嘉德乐已经在暴雨中酣然入睡。

山雨欲来，一片云的速度比我的判断还要快

在暴雨最肆虐的时候，山坡上冲下一匹马，马上坐着一个穿着短裤、外身穿军大衣的男子，大衣里鼓鼓囊囊地背着大包。他狼狈不堪地翻身下马，把马缰绳拴在门前的柱子上，在叶尔肯家的屋檐下避雨，整理着自己的背囊，佳能摄影包、三脚架，一套专业的摄影器材。随后而来的几匹马背上的人也同样穿着军大衣，被大雨淋得头发湿漉漉地贴在头上。宣传干事孙涛认出来这几个是特克斯县电视台、文物局的人，马蹄踏着泥泞的湿地，嘚嘚嘚地向前奔去，一转弯就不见踪影了。

大雨暴虐地发了一顿脾气后渐渐地息怒了，雨停的时候显得格外寂静，乌云飞快地在天空撒散着铅色的云块，太阳从山峦中跃出，万道霞光映射，将天空染成美丽的调色板。雨水如同珍珠晶莹地披挂在松枝上，雨后的空气格外清新。两道双彩虹架在空蒙的天际间，在一座弧形优美的山坡前拱起，好似一架人神交流的神秘桥梁。

雨后的村庄显得格外静美，我们不由自主地奔向坡地去捕捉夕阳和彩虹。这时，村子里突然多了些陌生人，拿着三脚架、背着相机的人正寻找最佳拍摄角度，虎儿看到其中一个外国人，表示想和他对话练口语。那瘦高的老外有一双蓝色的大眼睛,他沉静地听着一个孩子好奇的问话,从容地说:"我从意大利来。"小个子的男生一口南方口音,他告诉我他还是大二的学生,假期来西部旅游。得知我是作家,兴奋地告诉我他业余时间写小说。

一辆早上出发的中巴停在坡前,车上鱼贯下来很多背包客,男男女女,年轻鲜活,他们与小个子学生打招呼。在这异地的山村相见,大家竟然都觉得很亲切,很快就熟络地聊起来。意大利小伙子从北京到甘肃,在新疆游玩已经有半个月。杭州的大学生则是从西藏到喀什,再来到伊犁河谷。来自台北的女孩李咏平重走丝绸之路,为了圆这个梦,竟然把台北的工作辞掉了。她已经从西安、甘肃到乌鲁木齐、喀什、和田,之后来到伊犁,现计划去乌兹别克斯坦和吉尔吉斯斯坦两个丝绸之路上的重镇。

正说着,坡前又驶来三辆车,车上下来一些更为特别的人,有的扛摄像机,有的搬设备,有的提油画箱,男人长发飘飘,女人留板寸,他们呼呼啦啦的声音在宁静山村掀起了阵阵波澜。孙涛告诉我说,这是北京来此地拍摄微电影的团队。

藏在深山里的琼库什台村,它神秘的盖头一经掀开,美丽的景色让人流连忘返,就会有源源不断的人来到此地寻找梦中的桃花源。藏在深山里的小姑娘嘉德乐,也许长大以后会走出大山和这间小木屋,那美丽山野赋予她明朗灿烂的性情,可否像花儿一般永远明媚?沉静的夜晚,我看见嘉德乐正伴着松香四溢的甜梦酣睡,她还不知道明天我将离开。我在心里默默期待,在不远的将来,转身可以遇见你。

蜜蜂扎进蜜罐里

一只蜜蜂嘤嘤地飞进来，它盘旋式地萦绕在餐桌前。虎儿担心被蜜蜂蜇，有点害怕，一动也不敢动。而努尔西亚则见怪不怪，她为我们一一端上刚熬好的浓香扑鼻的奶茶，素花的方桌布上摆满了切成块的厚馕。用玻璃器皿装着金黄色的蜂蜜、玫红色的黑杏子酱、莹黄色的冰糖，还有一碗黄澄澄的炒黄米。

哈萨克族人的餐桌上一般以肉食为主，由于所居之地夏季干热、冬季寒冷，饮茶成为哈萨克族人的传统习惯。熬制奶茶要用最好的茶叶，那是新疆自产的砖茶和茯茶，茶中含有芳香油，有消食、提神、醒脑的功效。冬能驱寒，夏可除病，又能助消化。有人说：可以一日无食，但不可一日无茶。无论是草原牧区还是深山林野，一碗浓香的奶茶能唤醒美好的早晨和味觉，奶茶已经成为哈萨克族人生活中一日三餐、待客宴会、长年累月的必需品。

起初，我担心从未来过牧区的虎儿喝不惯奶茶，没想到他捧起碗喝了第一口就连赞好喝，几天以后，早上如果没喝上一碗奶茶，似乎还觉得不适应。

仔细观摩了努尔西亚烧奶茶的步骤，打算自己也如法炮制，然而奶茶的简单操作几乎看不出有什么玄妙之处。她先将砖茶捣成碎末，加水放入铜壶熬煮，待沸水卷着茶末哗哗响起，再加上鲜牛奶，牛奶与水的比量一般为1:3。她用汤勺搅动着，让茶水与牛奶充分融合，再加入一勺盐。在等待熬煮的时候，她已经将一家老小的茶碗准备好了。我看到她往每个碗里加一勺乳白色油脂样的东西，她说："这是奶皮子，加进去好喝得很。"当奶茶再次熬沸，就可以倒入碗里喝了，奶皮子似天上的白云在茶汤上漂动。这碗茶褐色的奶茶可以加进一勺炒黄米，也可以把厚馕泡在碗里吃。总之，这浓香不仅让早晨变得生动美好，还引来了蜜蜂。

几只蜜蜂萦绕在餐桌，恋恋不舍地盘旋着，直到其中的一只蜜蜂落在蜂蜜罐的边缘，突然一头扎进了蜜罐，这让我和虎儿大吃一惊。蜜蜂的翅膀在蜜汁里挣扎着，然而愈来愈稠的蜜汁粘溅在它盈盈的翅翼和纤细的肢体上，最终使它精疲力竭艰难爬行。这场景随即萌发了虎儿几个词语：针锋相对、蜜蜂投蜜。看来这些词语在发明创造的时候，的确来源于生活，孩子在生活实践中通过实例认识、刷新了词语的内涵和外延。

努尔西亚将盛蜂蜜的玻璃器皿微微倾斜，这时那只处于绝望的蜜蜂如同绝处逢生，它振起翅膀用力地拍打着，借着倾斜的外力，滑出了蜜罐，跌落在餐布上。虎儿问："这只蜜蜂还能活吗？"努尔西亚说："可以，它的命大得很。"

饱尝了甜蜜的蜜蜂怎能不快乐呢？为了这甜蜜也得好好地活着啊！阳光下，只听见嗡嗡的声响，早已不见蜜蜂飞过的痕迹了。

第一次见努尔西亚在厨房里的炕上和面，一块面团铺展在一块白布上，睡觉、吃饭、聊天、娱乐的板炕此时又成为主妇的案板。她弓着身子揉着面，看到我羞赧地笑着，脸蛋上的两团红晕更加明显了。锅台炉灶里燃着碎木块，火舌舔舐着锅底，闷着的锅盖里冒着香气。炉灶上端挂着几串熏肉和风干肉，这是哈萨克族人为了长时间保持肉质而制作的一种特色肉食。

一场雷电之后，总有枯木被雷电击倒，那随处可见的木头，被牧民捡来当作柴劈。村里坡前两棵姿态优美的枯树是我拍照取景必不可少的布景，线条流畅的枝干将夕阳流云或朝霞初露映衬得更为鲜活而生动，我还不及为之画一张速写，其中的一棵松树竟然在一阵滚雷闪电中，发出皱裂的声响，轰然倒地。暴雨中，我看见努尔西亚抱着几截枯树干回来。也许是受了妈妈的影响，嘉德乐也对地上的枯木枝很在意，看见一截木头会用小手抱着往回走。

"开饭了，"努尔西亚从锅里盛出一大盘面条，"尝尝哈萨克族人的家常饭，胡热达克。"这胡热达克是用手擀面条、风干肉、土豆、皮牙子（即洋葱）等简单的食材制作的哈萨克族民间美食。居马·别克告诉我做这样一顿饭其实很容易，先将风干肉或熏肉和菜下锅炒，加水后将事先擀好的面条放入锅里蒸，20多分钟即可出锅了。这个吃法与中原地区汉族人做的蒸面极为相似。还有一种叫"湿胡热达克"的面食，即面条是带汤的，相当于汉族人的汤面条。对于我和虎儿的频频夸奖，努尔西亚第二天又为我们做了一顿"湿胡热达克"尝鲜。

在她家居住的日子，努尔西亚每天变着花样做好吃的，她总是很担心我们吃不好，悄悄地问居马·别克，城里来的作家吃得惯乡里人的饭吗？我和虎儿连连点头，说好吃好吃。

哈萨克族朋友常常会在节日邀请我们去他们家里做客，在那充满浓郁民族风情的居室里，仿佛进入了金碧辉煌的宝库，他们的房间布置得非常华丽讲究，壁毯、刺绣、手工艺品精美绝伦，大盘的馓子（西北地区少数民族食品）、水果、干果琳琅满目，女人、孩子更是花团锦簇如同画中之人，热奶茶、美酒与笑声歌声不断。入餐前，主人用壶提水和脸盆让客人洗手，然后把盛有羊头、后腿、肋肉的盘子放在客人面前，客人中的长者必须先将羊头上的腮帮肉割一块回敬给年老的主人，再削下羊头上的右耳朵给在座最小的孩子，割一片鼻前肉放进盘内或自己吃。然后把羊头敬还主人，以此向主人表示满意和谢意。城市里的宴会总是充满了戏剧的精彩和程式化的安排，而乡村简单粗犷的民间美食更让人体味食物原本的意义。

快到开饭时间，虎儿总是期待地先去厨房看看，今天中午的饭有点特别，铁锅里咕嘟咕嘟地冒着热气，竟然是一锅色彩纷呈的热粥，绿的是青椒，红的是西红柿，橘黄的是胡萝卜丁，黄的是土豆块，白色的是大米和皮牙子。热腾腾的一碗粥，用小勺吹吹热气，酸辣可口的滋味令人胃口大开。

由于村子处于山谷中，气候的关系无法大规模地种植新鲜蔬菜，除了土豆和胡萝卜自产自销，其他的时令蔬菜都得从县城每周两次运上来，菜价很高。土豆、胡萝卜、皮牙子在这里似乎已经成为一年四季餐桌上的主要菜蔬。

哈萨克族谚语说："奶子是哈萨克的粮食。"可见奶制品在哈萨克族饮食中的分量，牧民的生活离不开奶制品，几乎家家户户都会制作奶制品。夏天的树荫下，铺一块花毡，摆上馕、自制的蜂蜜和果酱，喝罢奶茶，再换饮马奶子，尽情弹唱，直至人醉马归。冬天在毡房欢聚的时候，则捧出奶疙瘩和奶浆共宴亲朋，讲故事、猜谜语不亦乐乎。

奶疙瘩是奶制品的结晶体，一般分为甜奶疙瘩和酸奶疙瘩。新鲜的奶疙瘩充满了奶香味，吃起来既松软又油香，且营养丰富。努尔西亚说做奶疙瘩时，先将牛奶或羊奶发酵，把发酵后的酸奶倒入锅里熬，然后装入布袋吊起来，使其水分滴尽，用手捏成小块，放到用芨

哈萨克美食奶疙瘩，奶疙瘩是游牧民族的创造，这种朴素的干粮陪伴着牧人一季又一季

茂草编制的席子上晾干即成。晒干的奶疙瘩可以存放很长时间，日常可以和奶茶一起食用，到了冬季，酸奶疙瘩还是面条中不可缺少的调味品，是牧民外出放牧或远行携带最方便的干粮。

在进山沿途的木头房子前，我看到一个鲜美的哈萨克族小女孩，她的绿衣和木屋形成了鲜明的对比，并自然而然地成为我相机风景中的主角。她睁着黑亮亮的眼睛问我："相片能不能出来？"我点点头，认真地在本子上记下"巴彦古丽"这个名字和她学校的地址。巴彦古丽告诉我她身边的那个一脸有着灿烂金色笑容的是她的妈妈，旁边的小女孩是她的妹妹。临走时，她彬彬有礼地问我要不要带些奶疙瘩路上吃？还不等我回答，她竟然塞给我一小块乳白色方块状的奶疙瘩。

握着这块奶疙瘩回到车里，居马·别克得知我的偶遇，说："哈萨克族牧民会把奶疙瘩作为馈赠的礼品送给第一次到牧区的客人，这是哈萨克族重视朋友和客人的传统。"

她们在我的镜头下又羞涩又渴望，她们说最喜欢的是童话小魔仙

记得儿时曾经得到这样一块被同桌哈萨克族小男孩描绘得神乎其神的奶疙瘩,他告诉我说他想奶疙瘩想得直流口水。看着他如痴如醉的表情,我也认定那一定是世界上最好吃的美味。然而,当发现硬邦邦的奶疙瘩怎么也咬不动,还有种酸酸涩涩的味道,我皱着眉头吐出来的时候,我看见我的同桌气得小脸通红,甚至有一星期的时间都不和我说话。也许他认为不喜欢吃奶疙瘩的人是不可以做朋友的。

直到我看到在城市丛林里的哈萨克族小伙子欣喜地拿着一块从牧区带来的酸奶疙瘩,放在嘴里咯嘣一声满足地咀嚼着,那陶醉的表情仿佛吃了珍馐佳酿一般。这种表情是可以传染的,那些从小在草原、在山野长大的哈萨克族人,闻到奶疙瘩的味道,如同闻到了乡愁一般。

草原、马匹、鹰翅,手持马鞭的青年纵身飞奔上马,无论崖壁如何陡峭,无论风沙如何刺骨,喝下一碗奶茶,怀里揣着一块奶疙瘩,就充满了力量和踏实。这些朴素的食物是草原、牧野的精华,它们把能量一次次地赋予了人,人的智慧又一次次地转化成了它。

再次想起那只扎进蜜罐里的蜜蜂,也许我就是那只扎进琼库什台的蜜蜂,被美陶醉着,不知退路。

篇二

火焰山下的
葡萄天堂

天山下的吐鲁番鄯善县吐峪沟乡
麻扎村

火焰山下的传奇

提及火焰山,最先联想到的是干热和孙悟空巧借芭蕉扇的故事。古典名著《西游记》中的神话传说,将一座横亘在吐鲁番盆地中部的红色砂岩矮山——火焰山,推至家喻户晓的地步。来到新疆,几乎没有人不到吐鲁番这座风情独特的火洲和葡萄故乡游览;到了吐鲁番盆地,几乎没有人不去拜访这座神乎其神的山,这座山如同儿时的记忆一般与神话相连。

吐鲁番盆地是个出人意料的地方。从地图上看,吐鲁番是天山东部山间地堑盆地,作为世界第二低地,北面遥望终年积雪的天山博格达雪峰,南面与赤黄滚尘的库鲁克塔格沙漠相连,中间低凹处是海拔-154米的艾丁湖,从博格达海拔5445米之高,在这样短的距离内,落差竟有5600米,堪称自然界中的奇观。吐鲁番如同镶嵌在雪山、沙漠间的一片南北走向的绿色条形柳叶。

有人说:没有哪个地方像吐鲁番这样声名赫赫又孤陋寡闻。当现代游客痴迷于葡萄瓜果的甜蜜和维吾尔族人独特的风情,这片土地上的悠久历史则积淀在那生土筑造的废弃城池和舞动飘摇的裙幅中。吐鲁番之奇在于它是连接古丝绸之路上东西南北的枢纽,曾是西域政治、经济、文化的中心之一,有着4000多年文字记载历史。干热的气候完整地保存了古人的尸体,将远古的萨满巫师、部落首领、皇家贵族等生前的模样永远地定格,这些谜一般的木乃伊为研究吐鲁番盆地和丝绸之路提供了丰富的信息和依据。那生土淹埋了从史前到近代的墓穴、干尸、文物,令后人目不暇接,好似一个古代人种标本馆。

在这儿,24种文献文字令人眼花缭乱:希腊斜体文、粟特文、吐蕃文、婆罗迷文、回鹘文、突厥文、安息文、中古波斯文、叙利亚文等，一些古文字随着人种的消失已经变成无人能识的死文字，却在黄土中浮现。学者季羡林认为：吐鲁番是东西方文化的汇集融合地，是中国、印度、伊斯兰、希腊四大文明体系的交会点，汇集了中原文化、波斯文化、印度文化和北方游牧文化的特点。

"吐鲁番"之称，最早见于明代学者陈诚所著《西域番国志》一书。吐鲁番，维吾尔语意为富庶丰饶的地方；古称"姑师"，是西汉时期车师前王庭地。西汉与匈奴为了争夺吐鲁番这块战略要地，曾发动过多次战争，有"五争车师"之举，最终汉朝将匈奴赶出了西域的历史舞台。唐朝与吐蕃金戈铁马的古战场，也在这里短兵相接、厮杀震天。如今废弃的两座城池交河和高昌，曾经是不同时期吐鲁番政治文化的中心。

我在春夏秋冬不同季节都来过吐鲁番，这儿离乌鲁木齐仅有184千米，是距首府最近的一处旅游景点。从连云港到伊犁霍尔果斯口岸的"连霍高速公路"是一条路况较好的高速公路，它再次贯通了古丝绸之路沿线，途经吐鲁番只需2个多小时。我第一次抵达吐鲁番是在7月盛夏，一直听人心有余悸地说热死人的吐鲁番，晚上睡觉在房顶，为了透气通风，土房子四周打着眼儿。没来过吐鲁番的人，这种场景几乎无法想象。也许在极端的情形之下，人们什么办法都想得出。

去吐鲁番当天的天气阴沉，不见太阳，暗自庆幸。然而在路上，还没抵达吐鲁番就感到热浪翻涌，灼热扑面而来。有经验的司机说：到了吐鲁番先休息，因为一般单位上下班时间会避开中午最热的时间，以防中暑。的确，大街上几乎不见人影，黑色的柏油马路烤得像熔化了的巧克力，走进去即会陷进那无望的热浪中。那种四周打着眼儿的土房子在这里比比皆是，只是那里不住人，住着葡萄，它叫晾房，是葡萄干诞生的地方。

不知不觉，身上的衣服被汗水浸湿了，只见地上到处反射着明晃晃的光，那爬满木架子的是葡萄绿荫，在这极热之地，葡萄绿荫送来

在经过吐鲁番盆地的路上随处可见这样的晾房，是葡萄干的宫殿

阵阵凉意。干旱炎热，年降水量少，蒸发量高，6—8月平均最高气温都在38℃以上。尤其是中午，沙面温度最高可达82.3℃，吐鲁番自古有"火洲"之称。白天日照长，夏季晚上十点四十分太阳才恋恋不舍地下山。骄阳如火，炙烤盆地，烈焰蒸腾，有人将夏天的吐鲁番形象地比喻为"馕坑"。由于盆地气压低，吸引气流流入，吐鲁番也是有名的"风库"。达坂城的风吹出的春季风暴，每秒达50米，由于风力资源充沛，借助风势修建了亚洲最大的风力发电厂，一座座白色风车耸立在国道两边，仿佛一座座巨大的风扇；小草湖的树形跟着风向歪向一边；七角井吹出的大风，曾掀翻过往车辆；托克逊的风几乎天天刮。吐鲁番夏天的热风如同史书中所载"风吹如炮烙"，焚风拂面，烫人脸颊。

遥望火焰山，赤沙灼灼，红色的山体犹如烈焰蒸腾，如同一条赤龙匍匐在吐鲁番盆地。热浪袅袅升腾在天地交接之处，虚掩着如同一场未熄的火焰。那山体上沟壑鲜明的折痕，像被挤压了的一簇簇凝固的火焰。据说这火焰山是太上老君炼丹炉中的炭火，被齐天大圣孙悟空不慎踢翻，坠落在此形成了火焰山，熊熊燃烧，方圆几百里寸草皆无,横亘在唐僧师徒西去取经的路上。

《西游记》是中国古典名著之一,普及率很高,尤其是小孩子基本上都听过神通广大的孙猴子的故事。《西游记》是吴承恩受玄奘《大唐西域记》中的传奇经历启发,而构思的一部神魔小说。小说中很多奇特的地理、风俗如今都能在新疆本土找到原型,这座火焰山引发了吴承恩的无边想象:唐僧师徒西天取经的途中,路遇火焰山受阻,无法前行。那山"有八百里火焰,周围寸草不生"。谁要"过山,就是铜脑盖、铁身躯,也得化成汁"。这火只有靠铁扇公主的芭蕉扇才得熄灭,而这铁扇公主偏不同意给孙悟空借用,孙悟空使尽了浑身本领,最后巧施计策,钻进铁扇公主的肚子里造反,大战牛魔王,才算制服了铁扇公主和牛魔王。孙悟空借得芭蕉扇,将八百里大火熄灭,师徒才得以继续踏上西去取经的路。

如今在胜金口屹立的一柱凌空的山石,被说是唐僧过路时的拴马桩,一片平坡则说是唐僧上马的踏脚石;拴马桩的东面,隔着峡谷有一高峰顶着一块神似长嘴的巨石,人称"八戒石"。火焰山下塑起的几座雕像各有特色:铁扇公主把芭蕉扇藏在背后,就是不借给孙悟空;牛魔王骑着铜牛气急败坏地疾驰而来;唐僧师徒四人形态各异,面对熊熊燃烧的火焰山或一筹莫展,或计上心来的丰富表情,甚为生

铁扇公主的雕像矗立在火焰山前,她把芭蕉扇藏在身后,就是不借给孙悟空

动。直指青天的金箍棒是一支巨大的温度计，它可以测得此时此刻火焰山的温度。

　　近在眼前的火焰山，虽然已经没有了《西游记》的熊熊火焰和骇人气势，由于盆地在海平面以下，海拔800米的火焰山因此显得高大雄伟。唐代诗人岑参随军出征西域，曾多次驻足于火焰山前，在《火山云歌送别》一诗中说："火山突兀赤亭口，火山五月火云厚。火云满山凝未开，飞鸟千里不敢来。"一连串用了四个"火"字，可见从古到今，火焰山不减一个字——"热"。

　　如此干热的气候，人们形容这里夏季的沙土滚烫得能烤熟鸡蛋，火热的山石上能烙出大饼。蒸发量超大，有时雨滴在降落过程中即在空中被蒸发，地面不见一滴水，因此吐鲁番的"干雨"现象堪为一奇景。东西长98千米、宽9千米的火焰山，由于地壳运动断裂与河水切割，山腹中留下许多沟谷，葡萄沟、桃儿沟、木头沟、吐峪沟、连木沁沟、苏伯沟都处在火焰山大峡谷的裂缝中。山体赤红一片，寸草不生，而沟谷内却绿荫蔽日，流水潺潺，瓜果飘香。维吾尔族老人骑着黑色的毛驴悠闲地踏着沙土，从杏花掩映的峡谷中穿过。

　　关于火焰山和它的六条沟，民间有这样的传说：很久很久以前，天山深处有一条恶龙，无恶不作，令百姓惶恐不安。当地最高统治者派哈喇和卓降伏恶龙，为民除害。飞沙走石，一场恶战，哈喇和卓连砍六刀将恶龙杀死。恶龙倒卧在地，全身被鲜血染红，变成了一条东西走向绵延100千米的火焰山，其身上的六道刀痕便成了火焰山的六条沟。

　　烈焰炙烤着大地，干裂的地面见不到一滴水，让人不得不产生疑问：当地人是如何生活的？当我走进阴凉的坎儿井下，自感暑气顿消，看到清凉的水流在地下潺潺流过。这给绿洲带来生命的坎儿井，以朴素的模样深藏于地下，让人不由得佩服吐鲁番古人的智慧。火焰山下多为砾石戈壁，由于天山雪融水的渗透，地下水非常丰富。于

烈焰下的黄土村庄

是，人们根据当地的气候、水文特点等生态条件，发明创造了一种地下水道——坎儿井。可以说，没有坎儿井，就没有吐鲁番，它是这片盆地的生命之源，是这片土地生生不息的血脉。

据考证，坎儿井至今已有2000多年的历史，吐鲁番现存的坎儿井，为清代之后陆续修建的。清道光二十五年（1845年），林则徐在伊拉里克"增穿井渠"时，"吐鲁番旧有三十余处"。他对坎儿井大为赞赏，在日记中写道："见沿途多土坑，询其名，曰'卡井'，能引水横流者，由南而弱，渐引渐高，水从土中穿穴而行，诚不可思议之事！"经官方大力推广，坎儿井在吐鲁番发展开凿为110条，总长度相当于黄河的长度。

坎儿井是从上往下掏挖而成的水渠，由竖井、暗渠（地下渠道）、明渠（地面渠道）和涝坝（小型蓄水池）四部分组成。在绿洲外围的戈壁滩上，可以看见顺着高坡而下的一堆堆的圆土包，形如小火山堆，错落有序，这是坎儿井的竖井口。愈向上游，竖井愈深，间距愈大，井与井之间有30—70米的距离；愈往下游，竖井愈浅，间距愈小，井与井之间有10—20米的距离。竖井是为了通风、挖掘和修理坎儿井时提土之用。

坎儿井的主体部分是暗渠，为防止水分蒸发而建造，而这一部分也是施工难度最大的一段。地下渠道的出水口和地面的明渠连接，可以把几十米深的地下水引出地面。走进暗渠，竖井的中线上挂有一盏定向灯，一盏烛火映照着挖渠人的影子，掏挖工人始终背对着油灯，始终在掏挖着自己的影子，这样可以保证在黑暗的地穴里不偏离方向。开挖暗渠时应尽量减少弯曲和迂回，为了确定方向，先民们发明了以木棍定向的简单可行的方法，即在相邻的两个竖井的正中间，在井口上各悬挂一条井绳，井绳上绑一头削尖的横木棍，两个棍尖相向而指的方向，就是两个竖井之间最短的直线。然后再按相同方法在竖井下以木棍定向，地下的人按木棍所指的方向挖掘就可以了。

吐鲁番盆地底层深处的土壤，是由砂砾石、黏土或钙质胶结，质地坚实，所以坎儿井挖好后不易坍塌。藏在地下的河流，将吐鲁番干旱酷热、水分蒸发量大、风季时尘沙漫天等诸多用水问题，全部解决了。

著名的艾斯卡尔·阿吉坎儿井全长有470千米，流经7个村庄，浇灌着绿意盎然的葡萄地，有28位百岁以上的长寿老人居住此地，据说与常饮坎儿井的水有关，因为天山雪融水中含有丰富的矿物质，是健康长寿之泉。

水从土中穿行，烈焰下的绿色村庄，峡谷中长出最甜的葡萄，沙土中千年干尸依然完美……这些宛如神话般的情节，都出现在吐鲁番盆地的火焰山。这些火焰山下最富有特色的传奇，写在这片赤红的大地上，经年不衰。

峡谷中的翡翠天堂

从烈日熔金的火焰山经过，直奔吐峪沟大峡谷，沿途即能感受到扑面而来的凉爽气息。从312国道旁的苏贝希村到大峡谷的麻扎村，全长8千米，由北向南将火焰山纵向切开。那蓦然断裂开的峡谷呈现出惊心动魄的气势和视觉冲击力，那些挤压、拧转在一起的山体，形成各种不同色泽的皱褶，仿佛被利斧砍劈过，显出大自然造化神奇之韵味。粉绿、土金、赭石、熟褐……似乎这些颜色从画家的调色板上一层层剥落，散落在峡谷中的山岩上。

峡谷从山体间裂开，平均宽度约1千米，火焰山的最高峰就在其间，虽然只有海拔831.7米，却在盆地中显得异常险峻。站在峡谷的边缘鸟瞰，这条裂缝与地面有50多米的落差，谷内清幽安静，赤土之下水流潺潺，绿荫满目，如同一座与世隔绝的世外桃源，与火热干燥的沟外形成鲜明的对照。进入吐峪沟麻扎村，先要经过一个人来人往的巴扎（波斯语，集市之意），这巴扎以售卖蔬菜等农产品为主，似乎是在路边随意形成的菜市。日头西斜，不再暴热的下午六七点钟，

大自然造化神奇之韵味，古村就在峡谷深处

农夫们在路边摆上了瓜果菜蔬。橘红色的萝卜、黄澄澄的土豆、红彤彤的西红柿、绿莹莹的青辣椒、紫鼓鼓的洋葱,到处都是水灵灵的新鲜蔬菜,有的还是农夫刚从地里采摘就拿到这里出售了。

挺拔清逸的清真寺旁有两条路,司机有些犹豫,不知往哪个方向走,这时在清真寺旁丁字路口有个坐在轮椅上的残疾人,他用手势示意朝右拐,显然很多来吐峪沟旅游的车经常会在这里走错方向。

一进沟口,绿翠铺叠,凉意扑面而来。茂密的葡萄田漫山遍谷,绿色拱顶的七圣人墓地和清真寺背衬土红色的山峦,在绿荫村庄中显得庄严而独特。那隆起的山脊如同青年男子充满血气的肌肉和骨骼,溪流、渠水、泉滴,使沟谷充满了灵动气息。这里是新疆的春天来得最早的地方,杏树、桃树的粉色花朵是新疆大地最早绽开的春意。桑树在春天吐出紫色的桑葚,那些在沙土中挺立的桑树,枝干盘旋,从粗壮龟裂的树干上判定至少有百年。穆斯林认为桑树是天堂中的果树,是安拉赐予的圣树。榆树枝繁叶茂,一串串鲜嫩的榆钱是孩子们的最爱。一幢幢赭金色土墙的农舍掩映在浓郁的林荫之中,一座座晾制葡萄干的晾房排列在山坡下、农家庭院上,葡萄藤蔓交织在土坯房的木头架子上,让串串晶莹的葡萄,举手可及。走进土坯巷道,曲径通幽,每一座民居都有300年以上的历史。

吐峪沟在维吾尔语中是"走不通"的意思,民间流传了很多关于吐峪沟的动人故事。传说苏贝希村有个歌声甜美的美少女,山南的英俊少年有一天听到少女清丽的歌声,不由自主地就迷上了她。为了尽早见到心上人,少年勇敢地劈山凿壁,挑灯夜战,历经艰险,终于将不通的吐峪沟凿通了,少年见到自己朝思暮想的姑娘,有情人终成眷属。

另一个传说:吐峪沟峡谷中住着一对相依为命的母子,小伙子心地善良,身材高大魁梧。走不通的吐峪沟由于交通不便、水源不畅,人民贫穷。善良的小伙子决心开山凿渠,又不愿妈妈为他担心。他准备好工具对妈妈说自己要去做一件大事,并让妈妈每天给他送饭的时候,在骆驼脖子上挂一个铃铛,听到铃声就会来到妈妈的面前。还请妈妈发誓不要爬到高冈上看,要务必信守誓言。妈妈应允,小伙子上山后即开始凿渠,水从地下源源不断地顺渠流淌。妈妈每天都给儿子送饭,但已经很多天没有见到孩子的面了,心里很牵挂,最终忘了自己的誓言,她爬上山冈看到了正在拼命干活、赤身裸体的儿子。此时,妈妈感到异常后悔,恰巧儿子回头看到了妈妈,叹息道:妈妈,你怎么不守誓言呢?一不留神,渠水突然高涨,将毫无防备的小伙子吞没了。小伙子开凿的水渠半途而废,吐峪沟依然不通。

20世纪80年代,当地政府才修建了一条翻越火焰山的简易公路,把苏巴什村和麻扎村连在一起,这条公路也叫连心路,即进入吐峪沟麻扎村的路,这条路的开通,使藏在深谷中的麻扎村与外界有了连接。人们惊讶地发现,这个古村已有1700多年的历史,是丝绸之路上最具神秘色彩的地方,多种宗教的遗存在这里都能寻到痕迹。据考证,它是中国第一个伊斯兰教圣地,号称"中国的麦加";还是佛教传入中国的重要驿站,沟内岩壁上的吐峪沟千佛洞是新疆著名的三大佛教石窟之一;村庄里保存完好的生土建筑群,被誉为"中国第一土庄"。由于相对封闭的环境,村子还基本保留着古老而纯粹的传统,日出而作,日落而息,恬淡安静,200年来几乎没有什么大改变。

走进麻扎村,目之所及的两种色彩对比鲜明又协调——土黄与翠绿,是这个村子的主色调。桑树茂盛,紫红色的桑葚星星点点地挤在枝头,绿色的葡萄藤爬满了木架,布谷鸟欢声鸣叫,白鸽咕咕地飞过。家家户户的土坯院落由弯弯曲曲的土巷相连,每家每户的屋顶也是相通的,即使从屋顶上走也可以互相串门。斑驳的土墙、深邃的巷道、错落的晾房,参天的古树,鳞次栉比,刻着时间的痕迹,显得肃穆又神秘。古巷旁一条小溪淙淙细流,由峡谷深处而来。

走进白克力·达吾力的老房子,这位106岁的老人是村里最年长的长寿老人，他白须长髯，笑容可掬地迎我进入他的客厅，一只猫正在院子的板炕上打盹。这间窑洞式的拱形平顶房子，在他有记忆的时候就住在这里。厨房在院子里的一角，羊圈在里间的斜坡上，几只羊正在安静地吃草。走进客房，光线有点昏暗，顶部开有一个小天窗，天光从这里流泻。我们坐在板炕上拉起了家常，有着一双灰褐色眼睛的阿里木是我们的翻译，他也是村里的居民，当过兵，退伍回乡后当了吐峪沟大峡谷景点的导游。

　　白克力老人旁边的孩子是他的孙子买买提伊利，他好奇地看着我们，一会儿又骑着小自行车嘻嘻哈哈地在巷道里来回穿梭。看着孙子稚气的样子，老人回想自己的小时候，那时候村子里的老人很多，水渠中的水量很大，村子里的风景好看。他说自己小时候非常听父母的话，觉得每天都很快乐，村民淳朴热情，大家都去清真寺做礼拜，很多知识、道理都是在清真寺里学到的。

长寿老人和他的孙子欣喜地打量着来访的人们，好像你的故知

老人一辈子以种葡萄、晾葡萄干为生，家里有3亩葡萄地。现在自己老了，干不动了，葡萄地就交给儿子儿媳管理。惦记葡萄的时候，就到地里去浇浇水、拔拔草，和葡萄说说话。如今他的老伴已经去世了，目前他和自己的大儿子阿不力克木住在一起。阿不力克木以卖葡萄干为主。一家人围绕着葡萄过着自给自足的恬淡生活。

老人很健谈，说自己爱看电视新闻，喜欢了解国家、疆内大事。新疆电视台的维吾尔语频道是他每天必看的，他从新闻中看到了很多信息，并鼓励自己的孩子好好上学，将来走出去看看外面的世界。老人遗憾自己没有学好汉语，如果掌握了汉语他可以去更多的地方，可以和汉族朋友说说自己的心里话。

问老人长寿的秘诀，他笑着说：自己对饮食的要求很简单，早上以馕为主，加一点葡萄干和核桃等干果。中午一般以拌面和抓饭为主。晚上会吃些凉拌菜、馕，有时会吃些加点青杏子的汤饭。节日期间会宰羊庆祝。他现在牙齿大多数脱落了，吃肉有些费劲，但羊肉汤还是很滋补的美味。

沿着溪流继续向前走，另一位老人和善地向我主动打招呼，他的汉语说得很流利，穿戴干净而讲究，头戴维吾尔族传统花帽。院子很宽敞，葡萄架下有一张木床，铺着花毡，桌子上摆着白高粱烤制的厚馕。用桑葚酿制的紫红色酱汁酸甜可口，一瓶卖10元，自晾的干桑葚5元一袋。他说一些好奇的游客想买些当地土特产，他就每年准备一些，把自己亲自晾制的桑葚干、葡萄干卖给远方的游客做个纪念。老人告诉我这间民宅有大约700个年头了，两层的平顶房屋，底层是窑洞式的结构，上层平房的屋顶留着方形天窗，凉棚、晾房也在顶层。夏天的傍晚，房顶是最凉快的地方。他的院子种着各色艳丽的花朵，波斯菊、大丽花开得正艳。外间住人，羊圈在里面，鸡在土里刨食，鸽子优雅地在桑树下觅食。他自豪地说自己的三个儿子从小就爱学习，现在都是国家干部，古尔邦节快到了，他已经准备好了羊和油炸馓子等好吃的，等着孩子们回来团聚。

阿里木指着黄土民居说：用这种黄黏土筑造民居是当地人几百年来依循的传统习惯，根据吐峪沟的自然环境，就地取材，采用砌、垒、挖、掏、拱、糊、搭（棚）等多种工艺，在时间检验中，逐步完善，形成了独特的"黄黏土文化"。住在这样的房子里，冬暖夏凉，相当惬意。

对于年幼的孩子而言，麻扎村成为中国历史文化名村之后，每年有大批的游客涌入村中，这些孩子自然而然地成为好奇游客镜头中的"模特"。一些孩子已经学会说"照相十块"的汉语，他们的衣着装束除了头上的小花帽，已经完全汉化。中年人一边慨叹古老的传统渐渐消失殆尽，一边享受着交通、现代科技带来的便利。村民几乎每人都有手机，电话、电视和家用电器给古老的村庄带来诸多的变化，一些年轻人通过媒体想去外面的世界看一看，他们的眼界不再只是朝麦加方向观望，他们渴望走得更远更精彩。一些有商业投资意识的村民将自己的庭院改造，准备建造家庭旅馆和餐厅。村口一间正在修建的建筑正在叮叮当当地施工着，买买提告诉我下个月他的家庭旅馆就可以开张了。

对于从未走出过村子的老人而言，这里的生活安逸恬静，是在干热的盆地中开辟的一个翡翠天堂。葡萄、杏子、桑葚、西瓜、甜瓜，一年四季水果不断。他们在这里出生，也将和他们的祖先一同安葬在这里，在葡萄架旁的墓地安息，等待着天堂的召唤。

佛教洞窟里的静美时光

依山傍水，河谷幽静，世外桃源，避世修行。如同所有佛教壁窟一般，开凿于两晋十六国时期的吐峪沟千佛洞同样如此讲究选址与塑像修造。佛教东进，先在西域落地生花。无论是中原、印度，还是波斯或君士坦丁堡，当一种文化或信仰受到排挤打压不得不流放异地、远走他乡的时候，处于东西交接枢纽的吐鲁番，以极大的包容性将这些从河西走廊或帕米尔高原寻找方向的文化接纳于自己的盆地。智慧的光芒在这里得到了充分的展现，不同的心灵皈依和信仰的追求在这里同生共存，多种宗教的寺院经堂安然并立，佛教徒和摩尼教徒沐浴在吐峪沟金属般的阳光下，在同一寺院修行，心存各自的彼岸，相互尊重。

佛教于公元前1世纪传入吐鲁番，是最早传入当地的宗教，在此之前这里的民众信仰着古老的萨满教。《魏书·高昌传》和《北史·西域传》都有记载，称这里"俗世天神，兼信佛法"。

在东西方文化交会的吐鲁番，可以看到多种遗存及可能

位于吐峪沟大峡谷中段的千佛洞，古称"丁谷寺"，是吐鲁番地区建窟较早、保存早期壁画较多的石窟。公元444年，沮渠安周在吐鲁番称王，祖系匈奴的沮渠氏既是一位能征善战的武士，也是虔心念佛的宗教信徒。他用血刃、铁蹄登上了"河西王"的宝座，放下屠刀，立地成佛，在河西走廊大兴佛寺、开凿洞窟，利用宗教巩固他的统治政权。他在西域经过了血雨腥风的征战厮杀，最终选择在吐鲁番高昌站稳脚跟，建立了北凉政权。沮渠安周随即开始在高昌国周边寻找合适的地方开山凿洞，吐峪沟大峡谷依傍火焰山，下临清溪流水，林木繁茂，堪为仙境，作为恭身礼佛、修行禅坐的寺院洞窟非常适宜。于是，吐峪沟大峡谷成为佛教修行祈福之地。他亲自找人抄写了《佛说菩萨经》，署名"大凉王大沮渠安周所供养"。公元443—450年，这7年是史料中记载的吐峪沟佛教最繁荣的时期。

据敦煌莫高窟出土的唐代文献《西州图经》记载，当年的吐峪沟乃人间仙境。《西州图经》有如下描述："在吐峪沟中有随山势展布的重重寺院，它们背依危峰，下临清溪，四周绿树掩映，佛寺、禅院密集，佛乐飘飘、烟火不断、游僧云集，人行沟谷深处，难见日月。"

顺着潺潺水流溯源而上，两旁是民居和葡萄绿地，遥遥可见岩壁上大大小小的洞穴。从一截土路沿高向上，地势愈来愈高，愈来愈陡峭，峡谷也显得愈加狭窄，路坑坑洼洼，前方一派荒芜。原本古代僧侣和善男信女曾经往来拜佛的路径，已经荒弃，淹埋在杂草碎砾之中不辨影迹。气喘吁吁的我，揣想着唐人在《西州图经》中描述的"仙居圣地"，耸入云霄的吐峪沟佛寺高塔，梵音袅袅，香火不断，横跨沟谷的桥梁，如彩虹跨天。那些怀揣着佛心的人们往返沟谷东西两地如履平地，也许有着强大的精神信仰能够超越一切困苦，即使攀沿陡峭的山路也绝无跋涉之苦。

那些日夜在峡谷岩壁上叮当开凿的人们，是如何攀附在陡峭的岩

残缺的壁画更显得无比珍贵,时间正刻不容缓地蚕食着曾经的辉煌

壁上,挥舞着臂膀,把自己对佛的虔诚一点一滴地凿刻在坚硬的岩石上?那些画师将自己谦卑优柔的心一笔一画地描摹在阴冷的墙壁上,使泥墙生出信仰之灵。而我眼前的这些斧迹斑斑、切痕处处的残塌洞窟,全然没有《西州图经》中记录的盛景,残破凋零的现状让人不禁心生隐痛。

百分之九十以上的吐峪沟壁画已经毁圮无存,如今只有8个洞窟还残留少量有回鹘文题记的壁画。当我在斑驳的墙壁上借着幽暗的光线,仔细辨认,与那些精美壁画相接,眼睛不由得惊诧地冒出一簇簇火花。我睁大眼睛看着顶上飘逸的飞天,左手托盘,右手散花,飘飞的袍袖即是羽翼,那猎猎生风的羽翅回旋显得满壁风动,与敦煌壁画中的飞天又不尽相同。步入天国的莲花用晕染法表现圣洁如初的神貌,卷草忍冬纹、葡萄藤蔓依然缠绕在斑驳边饰上。壁画中绘制的佛坐像,面部全部被凿毁,墙壁上留有揭取锯切的痕迹,据说这是德国探险家冯·勒柯克盗取壁画留下的伤痕。

原本形象庄严肃穆的彩塑佛像，几乎都是残腿断臂，缺鼻少眼，难寻一尊完整的塑像。坐在胡床上修行的坐禅僧，此画留有汉文题记"僧知空"，这种中原与西域融合的坐禅壁画全国仅见一例。回鹘供养人出资请画师把自己的形象留在壁画上，眉目中的神韵在如今的吐鲁番人似乎可以找到相似之处。壁画的内容多为西域高僧鸠摩罗什的译经绘制，以佛本生、因缘故事及菩萨说法图为主。其中38窟的壁画显得耐人寻味，坐佛居中央，前面一个儿童趴在地上，背上站着一个儿童，这儿童的肩上扛着另一个孩子，佛的左侧和儿童身后有天人和弟子围绕。这个洞窟的壁画与龟兹壁画风格接近。

吐峪沟石窟虽然建在西域，其壁画的画法却与当时西域流行的龟兹风格不同，有采用墨线勾勒轮廓的汉人画法，人物轮廓用较粗的线条，线内用笔略加烘染，人物造型分明，立体感强，质感丰润，带有中印绘画艺术相结合的特点。画工的技法与时代潮流有着联系，采用"凹凸法"晕染人物面部的画法，应是在高昌国盛世时期。壁画采用赭红色起稿，呈现暖色调，而年久色变，壁画颜料脱落后，人物即出现了"小字脸"，即白鼻梁、白眼睛的奇异效果。这种壁画与敦煌莫高窟中北凉时期的壁画十分相近。

据学者研究，吐鲁番曾是摩尼教世界的中心。从壁画上判断，吐峪沟千佛洞里有十一个洞窟与摩尼教有关。壁画中出现了一些头戴冠、缯巾后扬、配璎珞花绳、穿着白衣的人，一律留着八字须，这种迥然相异的服饰是摩尼教徒的装扮。摩尼教在中原是依附于佛教而发展，在西域也大抵如此。摩尼教在发展过程中同时吸收了很多佛教的内容，两者没有对立冲突。"行者"是当地摩尼教信徒的头目，作为宗教领袖，一般由这些人发起建造寺院，组织活动。而行者在佛教中是指欲求出家、未得衣钵、欲依寺中住者。在吐峪沟佛教洞窟里出现了摩尼教的影迹，而摩尼教生于民间又消失于民间，据推测也许最终

画工将供养人的模样画在影壁上，使我们得以见到几千年前这里居民的模样

消融在强大的佛家精神中。

  有中心柱窟的是礼拜窟，塔柱将洞窟一分为二，甬道是僧侣信徒回旋礼拜的通道，一般右旋而行，绕塔瞻佛，聆听法师的教诲。洞窟一般分为前后室，与当地民居结构相似。后室是一处狭小的洞，是僧徒坐禅的洞天，称为禅窟。空间狭小的僧房里只有一处低矮的土台，土台的墙壁上有几处小龛洞。清苦至极的僧侣在这里完成他们对佛、信仰的追求，诵经、打坐、苦修，祈求超脱现实的苦难，抵达没有烦恼的理想境地，也许终极一生，却无怨无悔，在佛慈悲的注视下度过了一段精美时光。

  吐峪沟千佛洞自开凿以来的1700多年中，先后历经了多次人为破坏和自然塌损的毁灭性劫难。佛教的烟火气息渐渐消失在吐峪沟上空，洞窟逐渐荒弃，但佛教胜迹并没有完全消失。19世纪初，德国探险家格伦维德尔与勒柯克来到吐鲁番考察。勒柯克说，还见到一座大型佛教庙宇，像燕巢似的依附在吐峪沟峡谷的岩壁上。直到1916年吐峪沟发生了一次强烈地震，使整个庙宇坠入了峡谷，被冷落孤立的庙宇再也不见踪影。

　　勒柯克在吐鲁番考察期间曾在吐峪沟麻扎村住过，至今他住过的民居还在。他对吐峪沟石窟侵扰次数最多，当他看到精美壁画的时候，不顾格伦维德尔的劝阻，依然忍不住使用割剥工具，刮走了最精美的部分，并拿走了沟中一间密室里满满两麻袋的文书和"惊人的刺绣品"。搜掠敦煌宝藏的英籍考古学家斯坦因也没放过吐峪沟，先后两次在吐峪沟淘宝，"找到了不少好看的壁画和塑像残片"。

　　经过种种劫难，曾经盛行一时的吐峪沟石窟已经面目全非，如今已经没有人在这里礼佛跪拜、烧香祈福，然而作为吐峪沟一部历史动画，它依然以自己残破的容颜矗立在峡谷中，等待着时间的流转。

生者与死者——七圣人墓地

进入吐峪沟麻扎村,最先从峡谷的高地中看到的是绿树掩映中霍加木麻扎的绿色穹隆顶。在土坯筑造的民居中一座高大的清真寺独树一帜,伊斯兰的新月标志在穹形拱顶的建筑上闪闪发光,毋庸置疑,这座清真寺是整座古村的灵魂,是当地居民信仰的所在地。

这座霍加木麻扎位于千佛洞的西边,是一处已有1300多年历史的古代宗教遗迹,全称为艾斯哈布·凯海夫麻扎(波斯语,意为"圣人住的洞穴"。"麻扎"指穆斯林的墓地),俗称"圣人墓"。按当地穆斯林的说法,到麦加朝圣前一定要先到吐峪沟麻扎朝圣。

麻扎崇拜是维吾尔民族文化的一个重要特征,对于古人的缅怀、思念,对于死亡与生存的态度,都从麻扎文化中得到了充分的体现。穆斯林不回避墓地,不回避死亡带给他们的影响,即便是与生者隔着黄土,隔着生死之界,也不觉得遗憾,因为每个人都要走进麻扎,在麻扎中与古人相见,听生者的祈祷和思念。对于死亡的敬畏,是出于对另一个世界的未知,保留着死者的期望,也体现了一些对贪念、妄为恶行的震慑。

公元7世纪初,穆罕默德在阿拉伯半岛创立了伊斯兰教,伊斯兰是阿拉伯语的音译,原意为和平,有安宁、顺从之意,《古兰经》中规定"伊斯兰"的定义为"顺从",即顺从安拉意志的宗教。伊斯兰教从创建后不到三十年的时间内,波斯、埃及、印度、叙利亚、巴勒斯坦、耶路撒冷等亚非地区都皈依了伊斯兰教。以"一个真主,一个最后的先知"作为信仰的基础,信安拉,信安拉的使者,信天使,信《古兰经》,信前定,信末日审判。

西域最先接受伊斯兰教的是喀喇汗王朝的布格拉汗家族。伊斯兰教传入新疆后,信仰伊斯兰教的喀喇汗王朝与信仰佛教的高昌回鹘王国、于阗王国,形成了三大政治割据势力。喀喇汗王朝与于阗王国进行了长达三十年你死我活的宗教战争,最终获取了胜利。但几十年间,伊斯兰教却一直没有逾越且末及拜城以东的新疆南部地区。

直到成吉思汗的嫡系后代东察合台汗国的大汗秃黑鲁·铁木尔出现,西域这片千年佛地才全部伊斯兰化。他把推行伊斯兰教作为实现自己政治抱负的重要工具,在公元14世纪他统治的时期,新疆有16万蒙古人皈依了伊斯兰教。吐鲁番高昌地区原是佛教在西域的最后一个据点,到15世纪末,东察合台汗国占领了高昌回鹘的都城,西域臣民均被指定信奉伊斯兰教。

关于吐峪沟麻扎的传说一直在民间流传着:穆罕默德的弟子古也门国传教士叶木乃哈一行5人来中国传教,他们翻越高耸入云的帕米尔高原,穿越茫茫大漠,历尽艰辛,抵达吐鲁番盆地。进入桃花源般的吐峪沟,叶木乃哈看见峡谷中一个带着狗的牧羊人,在一块大石头上呼天喊地,痛不欲生。精通多种语言的叶木乃哈上前问候,得知牧羊人的老妈妈重病在床,奄奄一息,他四处求医仍然无法找到医治母亲的良药,眼看着老母亲气若游丝,他祈求菩萨神灵保佑,却得不到任何回应和安慰,不由得放声痛哭。

叶木乃哈说,你带我去看看你母亲的病,也许我们能医治。牧羊人半信半疑地将叶木乃哈等人带回家,叶木乃哈查看了老人的病情后,心里有十分的把握。他对众弟子挥挥手,在牧羊人家的院子里朝西跪拜,手捧经书,开始诵经。诵经后,叶木乃哈从随身的铁木手杖中倒出一粒白色药丸,说这是胡大(即真主)赐予的圣物,吃了它可以保佑你母亲的身体康复。

村里人都知道牧羊人带人给老母亲治病的事,纷纷来到牧羊人家观看,乡亲们看到这几个异乡人跪在院子里念念有词、神情肃穆,便不敢惊扰。第二天,牧羊人发现吃了药的母亲病好了,已经可以提水做饭了,心里高兴极了,遂去感谢叶木乃哈一行人,并对他们心悦诚服,于是叶木乃哈收了牧羊人做他的弟子,牧羊人成为第一个信仰伊斯兰教的中国人。由于叶木乃哈一行人治病救人的善行赢得了村里乡亲的尊重,在牧羊人的协助下,叶木乃哈在此地长期传教,在吐峪沟的山洞中修行,六人一犬最终成"七圣",伊斯兰教在吐峪沟盛行。叶木乃哈和牧羊人死后,被埋在吐峪沟的一个山洞里,后人为了纪念他们把这里作为吐峪沟麻扎,信徒们经常来此朝觐。

据德国探险家冯·勒柯克著作记载,直到20世纪初,仍有来自土耳其、印度等国的穆斯林到吐峪沟麻扎朝圣。至今,这片墓地依然受到穆斯林的崇拜。对于虔诚的穆斯林而言,麻扎具有神秘的灵性和力量,可以帮助信徒解脱危难,得到永生的福诏;而对于居心叵测的异教徒,则会施以惩罚,以示警告。

勒柯克曾在吐峪沟千佛洞大肆劫掠,当时也有过发掘七圣贤墓的念头。据他本人说,"不过很不幸的,当我们想进入时,那门已被很多旗帜盖着"。而当地村民说,勒柯克本想进入七圣贤麻扎,可是刚迈步入门,当即满头大汗,心慌腿软,吓得他赶快掉头退出门外。

为了求得七圣贤福祉,许多伊斯兰教徒死后都有意葬于圣墓周围,如今山坡上已形成一片穆斯林墓地。他们生前围绕圣墓生活,死后也愿将自己的灵魂再次围绕着圣墓。这些无名者的麻扎在地面上微微隆起,赭土色调与大地的色泽一致,宛如一个个隆起的子宫。这些成片的麻扎聚集在一起,如同生前的聚会一般,死后也要结伴而行,相互依靠。麻扎旁是一片片绿油油的葡萄田架和砖红色的葡萄晾房,即使死后到达了天国,也有天堂之树葡萄树的引领。

与戒律清苦、禁欲苦修的佛教相比,伊斯兰教提倡两世吉庆,鼓励穆斯林在修来世的同时,积极进取,享受今生的幸福生活。穆罕默德说:"贤良的妻室、宽敞的住宅、和睦的邻居、舒适的交通工具,是人生的四种幸福。"伊斯兰教进入西域,非常注重与本土文化的融

村里最高的建筑物是麻扎阿力地主麻寺

合,伊斯兰教强调积极入世,善言善行,所以当地的民众逐渐皈依伊斯兰教,并将真主作为自己的无上尊崇。

村里最高的建筑物是麻扎阿力地主麻寺,四根绿色的拱柱直插青天,新月明亮与天相接,这是当地村民们做礼拜的地方,是他们与真主交流的居所,精神的所在。不像佛教寺庙藏在深山之中,僧侣避世修行,清真寺建在民居旁,与民居融合在村落之中。

106岁的长寿老人白克力·达吾力的思维清晰,说话条理分明。问他日常是怎么生活的?他说自己的长寿是安拉赐予的。每天要做五次礼拜,使他身体健康。并说做礼拜的动作,一起一伏,不但身体做了有效的运动,精神也有了皈依。《古兰经》如同法律一般,从小教他知礼行善,他信奉《古兰经》的教诲,多做好事,不做坏事。他每天早上起来第一件事,就是去清真寺做礼拜。从出生开始,就沐浴在伊斯兰教的宗教氛围中,很长时间他甚至不知道信仰其他教派的人是

老人总是喜欢坐在门前想心事，这一坐竟然已是满头白发了

什么样子，不信仰伊斯兰教在他看来是一种遗憾。

"最终的去处仍是一抔黄土，只能将两块白布带入坟冢。这虚幻的世界像轻风一般飘忽，我却在这尘世上昏昧不醒。"这是1070年在喀什噶尔的维吾尔族诗人玉素浦·哈斯·哈吉浦在《福乐智慧》中发出的感叹。这首哀歌，是诗人对生死的醒悟和启示，同时也是对信仰的回归。"不知死，焉知生"。生与死的困惑从生到死纠缠着人的思想，从生到死的轨迹又有几人能真正参透？能真正通达、洗练地面对世间生死无常？

面对麻扎，看到麻扎中那些痛哭的人擦干眼泪，起身融进一场如痴如醉的麻扎麦西莱浦（麦西莱甫，维吾尔语中意为"集会""聚会"，是维吾尔族人民集取乐、品行教育、聚餐于一体的民间娱乐活动），这是生者对死者的怀念还是对死者进入天堂的庆贺？死亡不再是一扇彻底关闭的大门，而是一道可以跨越的沟壑。那生死两忘的巅峰超越了生与死的界限,眼泪、思念幻化成脚下的舞步,与逝去的亲人对舞,仿若仍在葡萄架下的欢歌,生生世世。

传统与现代,文明与原始在村子里和谐又统一地出现了

吐鲁番的葡萄熟了

"吐鲁番的葡萄熟了,阿娜尔罕的心儿醉了……",这首唱遍大江南北的歌儿,把吐鲁番唱到了家喻户晓、人人皆知的地步,而说起吐鲁番,总是和葡萄连在一起,因为葡萄的甜蜜,来到吐鲁番的旅途也因此也变成了甜蜜之旅。

吐鲁番的葡萄熟了,好似一声诏令,葡萄在八月纷纷将自己丰美的果实展示给阳光浓烈的大地,它们此起彼伏地绽放着自己的能量,一串接着一串,用一种沉甸甸的姿态。一时间,整个吐鲁番弥漫着一种葡萄氤氲的迷人气息,这种气息伴随着葡萄的冬眠期,直到来年的葡萄开墩上架,空气中才渐渐被另一种葡萄苏醒的气息侵占,那是一

是什么样的力量使得柔软的葡萄藤攀上了架子?

种愈来愈浓的蜜的味道，是在看不见葡萄实形下的一种期待，也许这种等待使得甜的滋味更加浓烈而黏稠。而世代以侍弄葡萄为生的人却胸有成竹，葡萄占据了他们的生活，他们熟悉葡萄就像自己一样，以葡萄为生，侍弄着这娇嫩而又充满韧性的植物，心甘情愿，哪怕死后的麻扎也依然要傍依着葡萄架。

他们年复一年续写着葡萄的生命、产量、品种和质感的种植月令。一月到二月是葡萄的冬眠期，这个时期是阿里木一家最悠闲的时候，他的爷爷说：葡萄和人一样忙了一年也累了，要好好休息一下啊。三月的春风溢满盆地，村民们就开始忙着开墩、上架、施肥，那等待在葡萄田里的架子如同一杆杆指向苍穹的炮筒，最初的缠绕是怎样炽烈而惊心动魄？是怎样一种力量促使一株柔弱的小苗拼力爬上木架？没有粗大树干的葡萄借用其他的躯体，把自己无限信服地交给对方，紧紧地攀附着高处的阳光，它以一种本能的智慧知道只有走向高处才有生存的可能。

五月的种植月令里只有三个简单的词：浇水、大掐、掐须。而这三个掷地有声的词却抒写了果农最忙碌的时间，这三个动词是农人劳作的浓缩，也是葡萄最关键的时间。六月显得更为丰富，是因为葡萄膨大了，即使这样的惊喜之后，还有更为烦琐的工作：掐须，打条，充沛地浇一次水，施农家肥。七月是葡萄转色的时间，女大十八变，葡萄从青涩的模样开始梳妆改换颜色，白色葡萄晶莹如玉，紫色葡萄色如紫晶，红色葡萄如同鸽血红宝石，黑色葡萄犹如油石。八月，成熟的果园里飘来欢乐的歌声，那是人们丰收喜悦的心情，也是葡萄下架的仙乐。

九月，人们一边品尝葡萄的美味，一边做着除梗、破碎、发酵的工作，但是这些琐屑枯燥的程序，掩饰不了葡萄带给人的欢乐。十月的盆地温度渐渐转凉，人们尽享葡萄带来的甜美和丰硕，哼唱着小曲清理着葡萄沟，为入冬做着修剪的准备。十一月，要把枯萎疲惫的葡萄秧下架，人们像埋葬亲人一般慎重地将之埋在地下，用沙土一铲铲覆盖在用尽气力的葡萄藤上。这是个庄严的仪式，没有凄绝没有悲伤，只有希望和感恩。十二月当葡萄进入休眠期，以葡萄为生的农人才可以舒口气，休整自己疲惫的身形。

无论是《圣经》还是佛教的壁画都缠绕着一种通灵的植物藤蔓——葡萄，伊斯兰教将葡萄视为天堂之果。这种美味的果实普及人世间，给苦海中挣扎的芸芸众生带来一丝天堂的气息。希腊神话中的狄俄尼索斯是西方的酒神，他在山林中发现了葡萄这种美味多汁的浆果，并用采集的蜂蜜与葡萄酿酒汁调饮，这种美味令人有飘飘欲仙、快乐无比的感觉。

在葡萄采摘节上，深目俊秀的维吾尔族姑娘伴着欢快的节奏，美丽的裙幅旋成一朵绽开的花朵，可谓美人莲步红纱裙。葡萄架下的筐子里堆满了各色的葡萄：晶莹剔透的无核白、沉甸甸的马奶子、红

成熟的果园里飘来欢乐的歌声，
是葡萄下架的仙乐

干热和甜蜜，是吐鲁番鲜明的个性，它们相生相伴，相互衬托

彤彤的红提、珠圆玉润的紫葡萄，还有五彩葡萄……丰收的吐鲁番成为葡萄的天堂，品种之多让人目不暇接。尤其是那一嘟噜一嘟噜的葡萄密密匝匝地挂在葡萄架下，犹如一串串优雅的编钟，彼此应和敲击着，奏响了一曲芬芳，它们那么骄傲地吐露着自己的丰饶和沉香。闭上眼睛，深呼吸，心脾间充满了葡萄微醺悠长的气息。

干热和甜蜜，是吐鲁番鲜明的个性，它们相生相伴，相互衬托。当吐鲁番人的祖先用生土搭建了一座留着空隙的房子，这里就成了葡萄干的诞生地。农舍藏在葡萄园的深处，随处可见状如碉楼、蜂房状的葡萄干晾房，赭金色的土坯房面对着宽敞的高坡错落有致，连民居的屋顶上都架有这蜂房般的建筑。晾房的房门面朝东边或北边，以防止阳光的直射。走进晾房，那一层层木椽上带刺的"挂架"，用树枝和麻绳固定着晶莹的葡萄，挂架离地面要有半米的距离，主要是便于通风和清扫掉落的葡萄。

两千年前，凿空丝路的张骞从西域带回了葡萄种子，这从西亚进入西域的葡萄在沙土中枝繁叶茂。鲜美的葡萄作为贡品，一直是吐鲁番郡王向历代皇帝献呈的当地特产。去京城的路途遥远，如何在长途运送中保鲜，是关键问题。据说，当时的吐鲁番人将鲜葡萄浸入戈壁洼地淤水的红泥浆中，裹上泥浆后，再取出晾干，反复几次，鲜葡萄就有了一层"保鲜膜"，如此运送可防止腐烂。洗净的葡萄复又鲜美，颗颗甘甜、饱满如昔，赢得了皇城帝王的赞誉。

为了寻找更为方便可行的葡萄保鲜法，人们依据现实从蜂房洞孔结构原理中得到启示，将蜜蜂的蜂房放大移至沙地上，用黄土和树枝为葡萄搭建了最初的宫殿——晾房，利用盆地中干热的风进行葡萄干的晾制。

阿里木说挂葡萄的操作是有讲究的，要先低后高，先里后外，一步一步向后退，最后退至门口时，这整间晾房里的葡萄也就挂满了。晾房的地面有的用红砖铺地，也有用芦席铺在地面，是为了接住下落的葡萄干。此时，我听到一颗已经风干了的葡萄干欢快坠落的声响，当我从芦席上捡起这枚色泽新绿的柔软的葡萄干时，忍不住放在嘴里。

以葡萄为生的白克力老人的背微微弯曲，这谦卑的弧度只有经过时间和劳作的双重经历，那对万事万物的尊崇才能由内及外地呈现。在葡萄架下，在葡萄晾房里，他不断地仰起身子，再俯下，周而复始，年复一年，这些简单的动作耗去了一个人强壮而鲜美的一生。这种感恩的姿态，是岁月给予一个老人的全部资本。

那些饱满多汁的果实在晾房里等待着时间烈火的淬炼，从方形花孔涌进来的干热气流，一股股穿透葡萄的身体，水分被干热烘干，像是被施了魔法一般，短短的时间里就变成了一枚皱巴巴的葡萄干；而甜蜜却沉淀在这满含皱褶的葡萄干里，难怪空气中会隐隐浮动着甜蜜的气息。夏季，鲜葡萄经过30—40天晾制，即可风干为葡萄干。

干热的吐峪沟素有"天然火墙"之称，火焰山的山岩呈赭红色，峡谷中的土壤也是黄红色。黄红色土壤最适宜种植无核白葡萄，吐峪沟自然而然地就成为无核白葡萄的故乡。无核白葡萄的种植历史悠久，公元3世纪就有记载：魏文帝曹丕的诏书及西晋郭义恭所著《广

如今在全国各地都可以见到这种甜蜜如糖的葡萄干

志》中都有这种被古人称为"奇石蜜食""绿葡萄"或"兔睛蒲桃"的果实,皮薄、肉嫩、多汁、味美,食之过目而不忘。古波斯人称之为"苏丹",中亚各国称之为"白色基什米什"。

如同串串绿珍珠的无核白葡萄,是世界上甜度最高的葡萄。能长出这么甜的葡萄,完全是得益于天山雪水的浇灌,与当地"早穿皮袄午穿纱,围着火炉吃西瓜"的昼夜温差有关。

围绕着葡萄,吐峪沟编织了一场葡萄盛宴。葡萄长廊、葡萄花纹、葡萄晾房、采葡萄的姑娘,还有葡萄酒。那些与生存、财富、知足有关的葡萄,那些忙碌的身影和灵巧的双手,将福祉那么深地沉潜在吐峪沟的泥土中,等待从浮土如金中打捞甜蜜。那些晶莹剔透的葡萄,葡萄藤、葡萄叶片,还有葡萄架,以及葡萄架下的欢歌劲舞,都弥散着一种甜洌而浓酽的香气,直到葡萄园的歌声再次响起。

篇三

黄金之地的
甜蜜宝藏

天山下的哈密市回城乡阿勒屯村

黄金之地——阿勒屯

阿勒屯，维吾尔语意为"黄金之地"。这片被东天山滋养的哈密绿洲，地处丝绸之路重镇，像金子一样吸引着八方来客。哈密绿洲被称为新疆的"东大门"，是西出阳关所见的西域第一片绿洲。

远在七千多年前，哈密绿洲就有人类活动的足迹。我在哈密博物馆看到那些大大小小的石器，证明了新石器时期古人类智慧的萌芽。春秋战国之后，乌孙人曾游牧于此，建立王都，"昆莫"从此成了哈密绿洲的正式名称，在汉文中最早译为"昆吾"，意为"太阳"。张骞通使西域，哈密作为丝绸之路北道、新北道分岔的咽喉要地，出现"职贡不绝，商旅相继"的兴盛景象，曾是东来西往的必经之路。匈奴的铁蹄击破了哈密，一度成为匈奴属地。公元前60年，西汉设置了西域督护府对当时称为"伊吾卢"的哈密实行管辖控制。"哈密"之名由古称"昆莫"，汉代称"伊吾"或"伊吾卢"，唐代称"伊州"，元代称"哈密力"，明代称"哈密卫"，到清代称"哈密"，一直沿用迄今。

以哈密为中心交织绘制了一幅四通八达的网状交流路径，在欧亚大动脉上是一个重要的交通枢纽

"玉石之路""丝绸之路""商贾之路""宗教传播之路"均是通过河西走廊途经哈密。丝路南道沿塔里木盆地南缘，经罗布泊、于阗、喀什出葱岭，过帕米尔高原，通向中亚及西方诸国。另一条则经由哈密的古道沿塔里木盆地北缘，经吐鲁番、库车、喀什，逾葱岭，抵达南亚、中亚诸国，玄奘西行取经之路就是按照此线路抵达印度。在天山北麓还有一条被称为"草原丝绸之路"的古商道，即从哈密或吐鲁番穿越天山，经克木兹尔西一直延伸到楚河塔拉斯河，再向南进入中亚。位于东天山的哈密与漠北大草原，自古以来就有交通驿道，是古代游牧民族迁徙、流动的通道。以哈密为中心，绘制了一幅四通八达的网状交流路径。

　　由于重要的地理位置，历代中央政权收复或经营西域无不以先占据哈密再图西进，西域的风云变幻在很大程度上取决于哈密的得失，这里因此成为金戈铁马的古战场，是驻兵屯田、民族融汇与文化交流的重要地方。古代西域游牧民族的几次重要战争都在哈密境内发生，

哈密的历史总离不开金戈铁马的征战

草原、马匹给游牧民族提供了天然的储备,于是哈密成为古代诸多民族和部落从择水草而居的游牧生活,到以农业为主定居的最佳选址。匈奴攻打月氏致使月氏西迁,汉王朝与匈奴在河西走廊三百年的战争,最终使得匈奴含泪泣离这片曾经霸据一世的草原。

进入哈密市区,明亮的阳光金子般地给这座安静小城涂上了一层神釉。由于阳光充沛,哈密又被称为"阳光小城"。回城乡阿勒屯村在市区的南面,与市区紧密相连,笔直的道路两旁是伊斯兰建筑风格的建筑,村子在街道绿树掩映中若隐若现,纵横交错的古巷尘土飞扬。车往前开,就如同驶入阿勒屯的历史画卷中。往事已逾千年,南北朝时期唐契家族的伊吾王、元末明初的兀纳失里哈密回王及清代额拜都拉哈密回王,都看中这块黄金之地,企图作为自己发展部落、接纳八方、巩固政权、生活繁衍的宝地。

由于特殊的地理位置,哈密成为新疆历史上最后一个伊斯兰化的地区,这里的伊斯兰文化、特色的建筑使其成为东疆伊斯兰教文化、建筑的中心。哈密回王是清代统治哈密的维吾尔地方封建领主的统称,由于边疆时局不稳,战争屡有发生,地处新疆重要战略地位的哈密,逐步演变为清朝经营西域的桥头堡和重要的军事前沿阵地,额拜都拉家族成为清朝政府在新疆最信任的地方统治者,号称"回疆八部之首"。

哈密回王自1697年接受清朝册封,直至1930年才结束了王权统治,时间长达233年,他们对哈密地区政治、经济、文化的发展产生过深远的影响,尤其是伊斯兰文化与汉文化的融合渗透。其统治期间留下了大量的文物古迹,哈密回王府、哈密回城、哈密回王陵恢宏精美的伊斯兰风格建筑,至今仍在阿勒屯村耸立;哈密回王在八大石和庙尔沟等地建立多处行宫及花苑,开辟了大规模的果木园,缔造了哈密园艺业的开端。

处于中心地段的哈密回城乡的阿勒屯村,是哈密回王的世居地。

哈密城中民众的精神坐标

哈密木卡姆艺术中心
建筑外形

且看，那绿色琉璃的弯形拱顶建筑，那闪闪发光的新月图案，那高高旋起的通天宣礼塔，还有那悠扬的诵经声，营造着一个肃静美好的精神家园。几世哈密回王宫殿般的陵墓，比比皆是的圣人麻扎，都与民居相连。清真寺和经文学堂为虔诚信仰伊斯兰教的民众提供精神的引路和坐标，每逢礼拜日，清真寺门前到处都是做礼拜的教徒。

每隔几条巷道就会看见一个色彩清新、釉砖贴面、顶部悬挂一轮弯弯新月的清真寺，处于几条巷道的交叉口，对于不同片区的穆斯林来说，这样更方便他们的礼拜出行。穿梭在古村巷道里，气度非凡的清真寺，土块铸就的民居，葡萄绿荫下的点点碎光，弯曲幽深的土巷

71

子，显得惬意安详。

在哈密回王统治时期，曾大力推广伊斯兰教，建立大量的清真寺及两所经文学校，倡导全民信教。仅哈密回城范围的清真寺数量便达到几十处，其中主玛寺、艾提尕尔大清真寺、吐呼鲁克麻扎都是这一时期修建的清真寺。每个村落都有村民的小清真寺，每个维吾尔人从生到死都与清真寺息息相关，出生、起名、成人礼、结婚、生子到死亡，伊斯兰教教徒在清真寺里学习必需的知识礼仪，并以伊斯兰教作为自己终身的信仰，思想、行为包括规矩的约束，从精神到物质，可谓面面俱到。

气势恢宏的新麦德尔经文学堂从外观建筑上保留了回王时期的特色，这座回王极力倡导修建的经学院一直保留着古老的传统。从这里走出去了很多优秀宗教人士，用自己的德行、修养教化民众。

一段古老的城墙诉说着阿勒屯村回王府过去的辉煌和沧桑，这座回王府仅存的残墙是一段历史的最佳注释。这黄金之地筑造的生土城墙，留住的是一代帝王的豪情壮志，圈住的是百姓的安居乐业。无论任何朝代，人民繁衍生息的富足，即是对黄金之地最好的馈赠。

王宫台榭旧繁华——哈密回王府

当我走进这座依照史籍复原了的王府官邸,正是正午时分。大门保安正昏昏欲睡,这座昔日九世哈密回王掌权执政的衙门,青石板路上只有我一个人的脚步在回响,时间随着我的思绪似乎回到了1300多年前的回王时空。

这座由维吾尔族首领额贝都拉修建打造的回王府被称为"西域小故宫",在原蒙古府的基础上于清朝康熙四十五年(1706年)重建。哈密回王府的建造由来在于哈密的历史渊源,自然与战争夺权、政治利益分不开。

在16世纪初叶,哈密为蒙古准噶尔部统治。1605年,哈密维吾尔首领木罕买提夏从阿拉伯回来后,虔诚皈依伊斯兰教,使伊斯兰教在哈密逐步走向主导地位,木罕买提夏家族也因此成为哈密维吾尔人的政治、宗教领袖。由于特殊的地理位置,在强大的政治及军事压力的逼迫下,哈密始终在当时新疆两大汗国——准噶尔汗国及叶尔羌汗国的军事纷争中左右摇摆。1678年,准噶尔汗国消灭了叶尔羌汗国,继而又发兵东扰;1690年,噶尔丹派兵由蒙古南部直接南下进攻清政府。在清政府应对准噶尔的几次征讨中,哈密木罕买提夏之子额贝都拉率领哈密民众帮助清政府讨伐准噶尔汗国。1696年,哈密王擒获噶尔丹的儿子献于清廷,额贝都拉因此被册封为"一等札萨克达尔汗",其所属部下被编为镶红回旗。

此后,在噶尔丹、阿睦尔撒纳、张格尔、大小和卓、阿古柏等不同时期的叛乱中,历代哈密回王都忠心于清廷,一声号令,即刻出兵杀敌,为清军补充给养、粮草,颇受清廷赏识,为清朝在新疆的统治立下汗马功劳。到清朝中期,备受皇帝信赖的哈密回王家族

哈密回王府复原的样子

也从最初的一等札萨克达尔罕晋升到多罗贝子、贝勒、郡王、和硕亲王的官职。

一代回王额贝都拉由于平叛有功，战绩赫赫，康熙皇帝特意请这位边地英雄前去京城加封。康熙三十七年（1698年），额贝都拉在秋高气爽的紫禁城得到了康熙皇帝的隆重召见，他见识了清朝的威仪与富足，皇城的壮观和显赫，对金碧辉煌的故宫和先进文化情有独钟。他请人依照故宫建筑绘制了样图，并在第二年返回哈密时，请汉地的工匠按照十分之一的故宫缩样，根据哈密实际地形，选择在阿勒屯修建王府，工程费时7年方才竣工。建后的王府规模宏大，气宇轩昂，建筑构造既体现了伊斯兰古典建筑的艺术风格，又融合了汉满文化的艺术特点。采用古老的维吾尔建筑特色的土墙高台，亦采用汉地的琉璃瓦顶，整个王府飞檐斗拱，亭台楼榭，园林交错，钟鼓楼星罗棋布，内部结构井然有序，城墙周围有护城河环绕，是当时新疆境内规模最大、最有特色的一座宫廷建筑。

回王府在1717年进行了改扩建,建成后的回王府更加壮观气魄,"城居平川、周四里、东北二门,人民数百户,皆居土屋……"由于历代回王均去过紫禁城朝觐,回王府亦经常修缮加工或扩建,到七世回王伯锡尔时,回王府俨然已经成为一座"塞外紫禁城"。

清代诗人肖雄在游历西域的时候,曾参观过回王府,感叹道"王宫台榭旧繁华"。他在《西疆杂述诗》中对回王府有较为详细的描述:"王府在城东隅,附墙筑台,高出城墙,山门内,正宅三层,皆在平地,宅之右,即拾级登台,台上屋舍回环,悬窗下瞰,其内院也。宅左,步长廊,更进一门,则园林在焉,亭台数座,果树丛杂,名花异草,盆列成行,俨然内地风景。皆老王伯锡尔在京养六年,屡以重价搜求,远道载归者。"

依照诗人肖雄的文字进入王府,首先看见的是左手旁的一幢四合院,这座几乎完全是汉地风格的院子,一般是往来官客、使者进入回王府求见回王的等候地,待属下侍卫禀报回王并经得同意后方可得到接见。马厩、草料房已然修复一新,可惜已经没有战马嘶咴的场景。轻轻推开议事大厅的大门,里面全身盔甲戎装以待的回王正和清朝官员商议军情,那敌军压近的焦虑气氛,为正中而坐踌躇满志的回王的果断手势和坚毅眼神所制止。身后一张泛黄的大清疆域图,疆土饱满

威风凛凛的案几

如同一枚巨大的桑叶。

　　古铜色的案几后,虎啸山林的屏风威严而立,两旁兵器架上的红缨枪戟寒光凛冽,旌旗猎猎,威风凛凛。朱红色的廊柱,雕梁画栋,好一派王者气度。点兵台正是大将披盔戴甲、指点江山、统筹疆域的平台,是战士整装待发、意气昂扬、杀敌立功的起点。

　　正对面的是王爷台,拾阶而上,这座高台上是回王的办公及生活场所,包括回王宫大殿、回王寝宫、清真寺和台吉（蒙古贵族的一种爵位）议事厅。刀枪剑戟林立,可以想象当年这里兵将把守何等森严。顶部的莲花藻井图案及石阶中间的九龙壁浮雕,是汉文化的装饰风格。伫立城楼,登高望远,市区街景尽收眼底,东面的回王陵墓清晰可见,土坯街巷、绿荫民居围绕在回王府周围,一座座穆斯林的墓地肃穆地竖立在西面的空地。

　　炮台上架着一尊黑色的老炮,可以想象当年,这样火力威猛的杀伤性武器,摆在这样的城楼上,对擅长骑术的游牧民族是何等震慑。王爷台上每一座建筑都迥然不同,根据不同年代、不同回王的喜好而建造的建筑本身就是一部历史。绿瓦红柱、雕梁画栋的中原式八角攒尖顶建筑;釉面墙砖垒砌、穹隆拱顶的清真寺,蒙古式的盔顶建筑,一座不足10平方米的高台上,融合了维吾尔族、汉族、满族、蒙古族四种民族多种文化交流融合的印迹。

　　台吉议事厅里的博古架上的古瓶瓷器亦是一部历史,每一个物件都有自己的出处、渊源和故事。清代的古雅瓷瓶、波斯的古瓶、维吾尔族传统的瓶壶,各地珍品,林林总总,汇聚一堂,诉说着各自的传说。古铜色的雕花座椅上铺着花毡,一切都是东西合璧,体现了浓郁的多元文化融合。

　　这座回城王宫建筑同样命运多舛,曾被农民起义军、敌对派叛军几经烧毁掠夺,又重建修复。同治五年（1866年）,阿古柏叛军攻打哈密,杀死七世回王伯锡尔并烧毁王府。同治十二年（1873年）秋,

各种风格的建筑尽在回王府

陕西回民起义军攻进回城，王府再遭掠劫。光绪八年（1882年），九世回王沙木胡索特袭位后，对王府进行了扩建翻修。扩建后的王府面积占回城乡的四分之一，内有房屋八十多间，大小共九道门楼。现在的回王府依照当时的规模修建复原，在哈密政府和广东省援疆指挥部的大力支持下，重见天日。

1930年6月，九世回王沙木胡索特病故。次年，农民暴动，驻哈密省军进占回城，为寻找财宝，将这座有200年历史的回王府"付之一炬，夷为平地"，连有数百年历史的"贮藏经典之库"也随大火化为灰烬。瑞典探险家斯文·赫定在《马仲英逃亡记》一书中记载了回王府被焚后的情景。辉煌显赫的回王府烧毁后逐渐荒废，这个周长为2.2千米的城墙及城墙内占地面积达240多亩的建筑，几乎都被夷为平地，如今保存下来仅有回城乡东北、西北城角和东面的部分城墙。

从显赫的回王府退出，再去那千年的旧城墙边，曾经的辉煌被时间摧残得只剩下残破的半截城墙，斑驳的泥影以无语的沧桑矗立着，见证着哈密的往事。

逝者如斯——哈密回王陵

来到哈密的地界，必然要拜见赫赫有名的哈密王。虽然他们早已作古，但是他们的气息在这里无处不在，有其二百多年的统治对哈密产生的影响，且已经根深蒂固地渗进了哈密的骨髓，如同这通透尽洒的阳光。进入哈密，最先抵达的正是这座处于中心地段的回王陵。门前古树参天，百年老树圆冠榆在夕阳的金晖下枝叶繁盛。

这里葬着的是哈密清代回王及王室成员，规模宏大的墓葬建筑群占地面积20亩，现存有七世回王伯锡尔、九世回王沙木胡索特、台吉墓地和艾提尕尔清真寺。四周有围墙，显得肃穆幽静。进入陵墓园区，古树婆娑，绿荫满野，一棵400多年的银白杨烁烁闪光，据说这是园中最古老的树。

哈密回王陵

哈密王陵建于17世纪初叶，最先埋葬于此的是穆罕默德夏和加及其眷属，此后这里就成了历代回王的安息之地，一直沿用300多年，这座王陵随着几世回王不断入葬，适时扩充着地盘。每一座王陵的建筑风格都与当时的政治审美有关，也成为近代哈密历史的见证。1933年，最后一代回王病逝，统治了200多年的回王政权在农民起义军和敌对军的呐喊中土崩瓦解，辉煌一时的回王府被付之一炬，但慑于宗教的威严，回王陵并未遭到破坏。直到20世纪六七十年代，王陵遭遇浩劫。一世、二世、三世、五世王陵由于年久失修和人为毁坏，曾经的建筑已荡然无存。四世王陵的飞檐斗拱式亭陵和六世王陵的木质盔顶式亭陵，被不慎焚毁。目前王陵中的建筑是经过修缮加固后才得以呈现给世人。

顺着花圃绿地望去，最先映入眼帘的是一座伊斯兰建筑风格的陵墓，这是七世回王穆罕默德伯锡尔及其大小福晋（音译词，意为夫人）和八世回王默哈莫德及其王妃、王族共40人的家族墓地。这座陵墓是王陵中规模最大的一座，又称"大拱拜"和"瓷拱拜"。造型下方上圆，显得雄伟壮观。上部有一方形基座的穹隆顶，基座四面开有小窗，便于采光通风。相传拱尖处原本有一只很大的金质覆钵，所以也被称为"黄金之陵"。周围有女儿墙，四角修筑塔柱，穹隆顶及塔柱上均筑有小塔，塔尖的新月闪亮如银。正面朝西，尖拱式两侧各有四个小尖拱壁龛。另开有小门，由小门沿中空的塔柱内的台阶盘旋而上，可至塔顶。

精美的琉璃砖在阳光下烁烁耀光，这是七世回王陵墓突出的特色。陵墓内外镶有琉璃砖，外壁蓝底团花图案的琉璃砖深浅不一，却别有风韵。穹隆顶外装饰着绿色琉璃砖，与正面和立柱的浅色团花琉璃砖组成了素雅庄重、色调协调的建筑风格。从平面上看每4块方形砖与2块条形砖即可组成一个图案，每12块方砖与8块方砖组成6个团花图案，每一个局部花砖都与整体装饰有着密不可分的联系。

这精美的琉璃砖究竟是从哪里来的？这个问题引发考古专家的论证，一般认为有三种可能：一说认为是从北京运来的，由京城的砖窑师傅精心烧造的，因七世回王生前去紫禁城朝觐，对皇城精湛的技术很入迷；第二种说法认为是从喀什烧造的，当时喀什的能工巧匠众多，喀什亦被称为"琉璃之都"，这种具有伊斯兰风格的琉璃砖便出自喀什；第三种说法是哈密当地烧制，从砌墙工艺上判定，这座建筑是边贴边砌，墙砌多高，琉璃砖也贴多高，根据不同部位贴砖需要随时定制各种规格的琉璃砖，有几种规格的琉璃砖是因需而制，用量少，由此判定应该是当地小窑炉现场烧制而成。

进入陵墓内部，肃穆、幽静，绝无阴森恐怖之气，陵墓的氛围体现了维吾尔族人对待死亡达观的态度。从顶部到底，墙面通体粉白，上拓蓝色祥云团花，仰望穹形圆顶，天圆地方的伊斯兰传统尽显其中。坟茔的大小依据长幼尊卑之分，依次排列齐整。墓室内通体白墙上印有蓝色团花，显得素雅清幽。统治哈密最长时间的回王伯锡尔长眠于此，一座坟茔隔着生与死的界限，让我揣度着这个英气逼人的回王生平。在他统治的前30年中，社会相对稳定，人口达到哈密历史最繁盛的时期，经济富足，人民安居乐业。而在他的晚年，霍乱、天花流行，叛军相继侵扰，局势动荡，他在征战中不幸被杀害，清政府追封其为和硕亲王，将其子乌米尔丁扶上王位，并赐"赏银12万两修城暨墓"。

八世回王乌米尔丁是个先天瘫痪的病人。1867年，他在父亲去世后继位回王，由于体弱多病，政务由继母米克里巴努协助处理。米克里巴努是伯锡尔的福晋，陕西回民起义军率部攻占哈密，杀死伯锡尔，将米克里巴努裹挟至南疆一带。后来，她被平叛的清军救出，回到哈密辅佐八世回王执政，被清政府封为"亲王福晋"。米克里巴努虽为女流之辈，却是位头脑冷静的巾帼英雄，处理政务果敢敏锐、井井有条，显示出过人的政治才能。直到1881年乌米尔丁病逝，他和父亲葬在了一起,米克里巴努才退出政治舞台。

七世回王伯锡尔陵墓南侧排列着五座亭式木结构小陵墓,是九世回王沙木胡索特和台吉的陵墓。九世回王沙木胡索特陵墓有些特别,内部是以土坯垒砌的伊斯兰式穹隆顶墓室,罩在其上的是中原建筑风格的八角攒尖顶亭榭式木构建筑,飞檐起脊,雕梁画栋。

末代回王是亲王福晋米克里巴努的女婿,回王府塔吉丁台吉之子,因八世回王生前无子嗣,所以在近族中选得沙木胡索特承袭亲王。1882年获得清政府的许可继位,并多次入京朝觐。由于沙木胡索特生前的暴政统治,徭役赋税繁重,农民起义军多次反抗。他所处的时代也正是清政府、民国最为动荡不安的时期,国内风起云涌的政治气候,疆内同样动乱不定。1930年末代回王沙木胡索特病逝,他的儿子聂孜尔欲继承王位,却被金树人政府废除王权,从此结束了九世回王统治哈密的时代。

西面一座重檐盝式顶的木构建筑是台吉陵墓,饰有藻井式平顶,雕梁画栋显示了伊斯兰建筑、中原古典建筑及满蒙建筑等多种建筑风格融汇的独特景观。

远远望去,黄绿白相间的贴有精美瓷砖的艾提尕尔清真寺显得遗世独立。其位于七世回王伯锡尔陵墓的西侧,于清朝康熙、雍正时期修建。艾提尕尔大清真寺的大门向东开,内门壁上镶有石碑,有旋梯盘旋而上的宣礼塔,高高的宣礼塔与南北两侧的角塔遥相呼应。清真寺为土木结构,内部由108根雕花木柱承重。据说这些木料是采自天山北坡300多年树龄的松木,立柱排列平行有序,东西12排,南北9行。每根柱头都采用木拼花装饰,中间刷红漆,上下分别刷绿漆,衬着铺有花毡的地毯,显得鲜明又庄重。顶部天花板彩绘着传统的花草图案,顶部开有4处天窗,光正从这里倾泻而下。寺内墙壁上挂着阿拉伯文《古兰经》,装饰着花草卷纹图案,显得清新典雅。每逢穆斯林的重大节日"肉孜节""古尔邦节",当宣礼塔上悠扬的喊经声响

雕梁画栋，尽显风格

起，浩浩荡荡的穆斯林不约而同地来此做礼拜。

  人们对生死的哲学理解在穆斯林麻扎（维吾尔语，陵墓之意）文化中得以体现，不知死亡的人，往往与精神信仰无缘。在陵墓中祈祷、倾诉、哭泣，生和死两个界限的沟通尽在于此，那穹顶、天窗无不是灵魂相接的通道。对于生者，死者的沉默也是一种言说和启示，能从死者那里获得审视自己的角度和眼光，也许是每一个进入麻扎拜祭的人不同的收获和感悟。而这些矗立在喧嚣尘世的王陵，以其音乐般的诗意表述着王者生前的遗芳。生前他们采用这种奢华的方式，将自己的名字镌刻在辉煌的建筑物上，即使时间消亡也抹不去他们沁入哈密的历史过往。

幸福底色——哈密农民画

　　沙漠中的驼队款款走向绿洲，那亭台楼阁旁的绿荫，农人在田野耕种；维吾尔族老乡笑呵呵地赶着毛驴车，车上堆满了金黄的哈密瓜，树上挂满了沉甸甸的葫芦，斗鸡、斗羊场面沸腾，麦西莱浦的裙裾飞扬；刺绣、弹热瓦普的艺人正在一丝不苟地摆弄着自己的作品，一座座幼儿园、医院、学校在援疆的资助下拔地而起……这幅名为《幸福底色》的10米长卷画，引起了我的注意。在哈密木卡姆展厅里，我看到了哈密人当今的生活状态，而这幅笔触拙朴、色彩浓烈的画却是哈密回城乡当地农民自己的倾力画作。

　　绘画是世界语，没有语言的栅栏。一种相通的神奇力量，把来自不同生活背景的人们对美好事物的欣赏趣味联结起来，形成了精神和心灵的共鸣。那抹色彩中浸透着喜悦的音符和欢乐的歌吟，即使你不了解他们为什么而乐，也会为画面中流淌着的欢乐所感染。那惊人的想象力和幽默感，让你不由得眼睛发亮，会心的快意浮上心头。这是我站在哈密农民画前的第一感受。

　　这是一道彩虹，架起了两个素不相识爱画之人的心灵桥梁。当我慕名拜访这位64岁的维吾尔族农民女画家早热木汗·艾买提时，她和她的村庄一样显得拙朴而宁静。清瘦优雅，甚至有些羞涩的模样，她谦和地引我走进她家的院子。顶棚上搭着木头架子，点点阳光洒进庭院，土坯泥造的民房她已经居住了半辈子。这间典型的哈密维吾尔族民居，呈一明两暗的形式。客厅带着套间，七八平方米，土炕上铺着蓝底团花的地毯，上面支着条形桌，背后靠着蓝色的绣花靠垫。家具显得古老而简洁。几只鸟笼子放在墙根，里面的鸟儿并不聒噪鸣叫，显得很安静，只是偶尔扑腾一下翅膀。

拿起画笔，表述自己的心声，
画就这样画了

生活就是艺术，
艺术就是生活，
在民间艺人的笔下即是如此

她端上了一盘红枣，说是刚从树上摘下来的，还有鲜淋淋的葡萄也是今年的收成。一盘油炸馓子造型独特地摆在条形桌上，一碗热茶香味缭绕。坐在炕上，我们聊起了绘画。她得知我早年学过绘画，眼睛亮闪闪的，气氛随即显得随和。她搬出一大摞自己的画作，一张张地拿给我看。看到画，她的话明显多了，脸上的表情也显得更为生动鲜活了。

早热木汗说自己从来没有学过绘画，心里怎么想的就怎么画。小时候家里穷，没有纸笔，就在地上拿着树枝画画，家里的羊、马、邻居的小孩都在泥地上显现，墙上的葡萄、地里的哈密瓜在一次次的勾画中越来越好看，还有一些没有形状的图案任由思绪的摆动出现。她喜欢看天上云彩和地上影子的变化，那是一幅幅变化多端的图画。她是那么在意那些偶然而得的图像，谁也不知道她蹲在那里为什么而画，谁也不知道一个凝望天空、低头沉思的女孩的心事，连自己也不明白自己怎么会喜欢上这些。从小她就觉得自己和别人不一样，直到

84

拿起画笔记录自己的生活场景和感受

有一天她拿起了画笔，画自己心里的画，才知道那些和别人不一样的地方是画画赋予的。

　　小时候，她向奶奶学刺绣、学剪纸，也许是天生的艺术禀赋，很快就掌握了刺绣和剪纸的技巧，以至于后来衣服、装饰品上的刺绣图案都是自己亲手画的。这幅用蓝色蜡光纸剪出的《葡萄》，是"七一"建党节的献礼，葡萄累累，爬满了纸幅，身穿维吾尔族服饰的人们在党旗下打起手鼓，翩跹起舞。剪纸《葡萄架下的麦西莱浦》采用黄色蜡光纸，衬着宝蓝色的背景，那些弹着热瓦普、手持手鼓的民间艺人，围坐在葡萄架下，长辫子的姑娘飞起裙幅跳起欢快的舞蹈。人物形象拙朴简单，造型比例并不十分准确，却生动鲜活，充满情趣。色彩鲜明，充满了视觉冲击力。

　　她的绘画作品全部画在四开大的卡纸上，用水粉颜料表现。这幅名为《羊圈》的画，采用对称的构图方式处理画面，有着极强的装饰效果。红、粉、兰、紫、黑、褐等各色绵羊埋头吃草，农民正将饲料

早热木汗·艾买提水粉画《羊圈》

添加到料槽，一棵郁郁葱葱的树，一堆草垛，分别放在羊圈两侧。明黄、翠绿、赭红、熟褐、湖蓝、紫罗兰……这些纯度较高的颜色未经雕琢就出现在画面上，用色大胆、主观，擅用对比色和补色关系处理画面，显示出明快、和谐的色调，充满了浓郁的乡土气息。

以种小麦、葡萄为主的早热木汗，大多时间都在地里忙碌。只有在农闲时分，才有时间拿起画笔记录自己的生活场景和感受。第一次拿起画笔很偶然，她并不懂得任何绘画理论和技巧，也不知道如何构图设色，可是她就是那么自然而然地动笔了，像喷泉一般，源源不断的灵感汹涌而来，这支神奇的笔让她感到快乐和松弛。她画自己的生活、喜悦、悲伤和梦境，这个不善言辞的农家妇女通过画笔找到了表达自己情感的方式。

她小心地展开一幅画，抑或并不自信她的画能带给他人愉悦、享受和共鸣。这是一幅充满了生机的田园乡村图景，一经展开就吸引了我的眼球，通过她天然没有污染的笔触我看到了村庄洁净的内核。这是一个乡村农户人家的场景，男主人正在打电话，女主人正抱着青草走向羊圈，两两对称的各色绵羊正低头吃草；蓝色绿色的兔子正追逐着红色的萝卜；一群黄色的鸽子飞向火红的天空；两排白色的母鸡卧在绿地上，身后摆满了圆鼓鼓的鸡蛋；三头奶牛沉甸甸的白色乳房与黑色牛背形成了鲜明的对比……

如果用专业角度去看，画面毫无章法，不符绘画逻辑。然而正是这种无拘无束、饱满充实的构图，大胆使用原色的表现手法，近乎荒诞的装饰味道，反而使得画面充满了鲜亮明快的感情色彩，给人一种雅拙之美及祥和美好的视觉享受。

一张张画作是在她闲余时间画的，作为一个农妇，除了地里的庄稼、圈里的牲畜，还有一大家子人需要照顾，所以画画的时间很少。她热爱着绘画，从来没有奢望从绘画中得到什么，只要能画画，对于她就是莫大的开心。

她的绘画和剪纸得到了乡文化站及外界的认可和赞美，但她似乎并不在意那些，即使一次次代表哈密地区参加各项展览获得荣誉，她依然保持自己本色的高雅，不卑不亢。她捧出一叠画卷，还有一沓证书，她获得的奖状证书摊了半个板炕，一些剪纸作品、绘画作品入选小学生美术教材，被多种杂志刊载。我打开其中一份证书，即被怔住了：1995年，早热木汗·艾买提被世界妇女代表大会授予"中华妇女能工巧匠"称号。

她曾和村里五个姐妹共同创作的长卷画《幸福底色》，以回城乡古老的九龙树起笔，表达了对龙年龙腾虎跃的祝福，通过生动鲜活的笔触，展现了惠民政策给农村农民带来的巨大变化。2012年1月，早热木汗从哈密赶到乌鲁木齐，为正在召开的两会献上了农民的祝福和心愿《幸福底色》的画作。

长卷画里的人物，生活气息浓郁，形象饱满，生动活泼，似乎随时都能从画上走到人群中来。构思独特，用色单纯，运笔果敢，这几位农民画家仅有初中或小学文化程度，从没有进过美术学院专门学习美术技法，他们的绘画灵感大多来自生活和大自然朴素的启示，他们用智慧将生活中的美好进行了生动的捕捉和描绘。面对这些淳朴直白、色彩绚丽、线条简洁、想象丰富的画卷，不由得联想到了摩尼教诗歌《赞美诗》中灵动的诗行，也不由得发出内心的赞叹：他们才是真正的艺术家！绘画的本质莫过于表达自己内心的感受。

民间艺术是所有艺术的起源，人类在劳动和生活中创造美。当我们的祖先用石器在岩壁上留下原始印迹的时候，最初的画家即产生了。在乡野山村这块肥沃的艺术土壤中，农民画以其自身独特的方式滋生，并以其独有的方式绽开。他们不仅在用双手画画，也在用心灵画画。这种直指人心的感动和渗透内心的愉悦不正是艺术真正的内在感染力吗？

新疆著名画家李灼先生一语道破了农民画的天机："看到农民画跟平时艺术展看到的画完全不一样，农民画像儿童的内心，单纯透明，他们将发生在身边的事用绘画表现出来，让人看后非常亲切。"

告别了早热木汗，我再次来到木卡姆艺术展厅，展厅里正在筹备"十一"国庆的农民画展，我有幸成为第一个观者，在一幅幅色彩浓烈的画作中徜徉，在那些美妙的图画中呼吸着乡野的甘醇，不禁心生陶醉。这些凭着对生活的热爱、对色彩天生的敏感而去作画的画家，一边养羊、耕作农田，一边利用农闲拿起画笔作画，将源于身边的生活场景——羊圈、哈密瓜、巴扎、麦西莱浦，融入自己的笔下，这是他们真实的生活。在这些画中，你看不到矫揉造作的程式化，看不到虚情假意的粉饰，看到的只是活生生的火热的生活……

甜蜜宝藏——哈密瓜

来到哈密,首先感受的是倾泻无忌、袒露无遗的阳光,到处是亮如金箔、四处流淌的光,初见让人欣喜快慰,久了却使人眼晕,泛着金属的利刃之光,简直让人无处躲藏。然而,这个炙热的盆地却缔造了一种神奇的瓜果——哈密瓜,那蜜糖般的滋味让清朝的康熙大帝赞不绝口,从而给这瓜果赐名为哈密瓜。哈密的密与"蜜"谐音,一只瓜得名于哈密,哈密亦得名于一只瓜,使得哈密名扬海内。

哈密人招待我的就是这名气震天的哈密瓜,那椭圆形如同地球一般的姜黄色瓜皮上布满网纹,几缕墨绿色的纵条花纹宛若美女的秀眉,这瓜被称为"黑眉毛蜜极甘"("蜜极甘",维吾尔语意为花裙子),是较晚熟的一类哈密瓜。瓜被人捧在手心,如同一个混沌的

外皮粗糙而内里娇嫩

婴孩。奇香袭人,正是来自那"黑眉毛蜜极甘"天然的"体香"。那黑脸汉子手持一把刀,将哈密瓜纵向对半剖开,虽然哈密瓜外皮粗糙的纹理很像沧桑老人的脸,内里却包含着水汪汪的一团绿色果肉。他用平刀动作麻利去除瓜子,再用小刀在哈密瓜一头刻出"V"字,沿哈密瓜中间切一刀,不能切断皮,剔除了一侧果肉,在果皮上左右切出等距离的印痕。要想切得好看,关键是要距离相等,刀口要切得深一些,但不能切断。一个简单的切瓜动作竟包含了如此丰富的生活常识。

端着一牙久闻大名的哈密瓜,一口咬下去,细腻爽口,甜蜜多汁,甘美肥厚,芳香醇郁,唇上像抹上一层黏粘的蜜糖,余香绕口。"黑眉毛蜜极甘"还没吃完,又端上一盘色如晶玉的哈密瓜,"尝尝红心脆,奶油味的"。看着那晶莹剔透的橙黄瓜肉,忍不住诱惑又拿起了一牙,甜蜜是哈密瓜的共通之处,而这个叫"红心脆"的口感与"黑眉毛"不尽相同,酥脆浓香,略带些奶油味儿。扔下瓜皮,发觉手上竟有黏粘之感。吃完了哈密瓜再吃其他的水果会发现后者索然无味,有经验的人说要先吃西瓜,后吃甜瓜;甜瓜要少吃,西瓜则可多吃。甜瓜糖分足,吃多了容易上火;吃了甜瓜再吃西瓜,嘴里就会没味道。

哈密瓜生在哈密的沙土里,从一粒被阳光亲吻的种子,扎进土壤里,如同一个孕妇,肚子逐渐隆起,日渐长大,最终孕育成一包蜜糖,一个圆形的甜蜜宝藏。有人将哈密的瓜种,放在别处试种,可是结出瓜的口感与黄瓜差不多,一点儿也不甜。难道这盆地中真的有蜜糖,不然怎会孕育出如此甜蜜的瓜果?在这片貌似被太阳烤焦了的荒蛮之地,哈密瓜是自己的国王,在一个封闭循环的制糖流程中维持着物种的尊严与独特。

一般哈密瓜的种子要在强日光下晒种2天,才可播种。在哈密瓜出苗前,苗床温度白天要保持在30℃左右,日后的酝酿期,那嫩嫩的小苗同样离不开阳光的照射和烘烤。原来这甜蜜的能量来自阳光，炽烈无比、独一无二的光和昼夜温差是甜蜜的制造者。而这充满甜蜜的哈密瓜，又让"哈密"这个词语有了一种被植物包裹的甜润和神秘。

我喜欢吃10月晚熟的哈密瓜，每一牙晶莹剔透的哈密瓜都是甜蜜的极致。尤其可以在一垄瓜地上，感受哈密瓜成长的时间年谱。哈密瓜有180多个品种及类型，有早熟夏瓜和晚熟冬瓜之分。冬瓜耐贮存，存到地下室可以放到来年春天，味道新鲜如一。春季大棚栽培的最佳播种时期在1月下旬至2月上旬；育苗期3月10日—20日，定植期4月10日—20日，成熟期6月10日—15日。每年6月，都有早熟的甜瓜上市，随后，各种各样的甜瓜相继成熟；较晚熟的"黑眉毛蜜极甘"上市时已临近10月。这个时间图谱是哈密瓜孕育的种植时间，也是种瓜人精心护育、忙碌在田间的时间。好比母亲与胎儿的时间交织在一起，谁也离不开谁。

"桑葚才肥杏又黄，甜瓜沙枣亦饭粮。村村绝少炊烟起，冷饼盈怀唤作馕。"清代的林则徐在《回疆竹枝词》中，寥寥数语描绘了新疆普遍的一种饮食习惯——以瓜代饭。尤其在炎热夏天，酷热让人无心吃饭，半个瓜、一片馕即是一顿饭。据说，哈密瓜中的铁含量较之等量的鸡肉多2倍，鱼肉多3倍，牛奶多17倍；维生素含量比西瓜多4—7倍，比苹果高6倍，比杏子高1.3倍。一位农夫在无意中发现，哈密瓜对皮肤有益，能防止娇嫩的皮肤被太阳晒伤，尤其是哈密瓜汁的精华能够为皮肤提供额外保护，能够防止人被晒出晒斑。在哈密暴虐的阳光下，处处可见肤质莹白的女子，是否与哈密瓜的滋养分不开？

当清朝理藩院郎中布尔赛来哈密编旗入籍时，哈密一世回王额贝都拉热情款待，请他多次品尝哈密甜瓜，布尔赛对清爽甘甜、满口余香的哈密甜瓜大加赞赏，并建议额贝都拉把哈密甜瓜作为贡品向朝廷贡献。额贝都拉亲自挑选100个甜瓜，个个色泽碧绿，网纹均匀，大小适中。选上等柳条，让编织能手编成细密均匀、外形美观的驮筐，内衬马莲,外捆毛绳,每峰骆驼驮两筐,每筐驮两个瓜,加上其他贡品、食物和水,一行40峰骆驼就这样浩浩荡荡地上路,进京朝贡。

当时的交通工具只有畜力车和骆驼、马匹,不论是京官赴任,还是边疆藩王进京朝觐,一般都是以畜力车代步。因为路途遥远,当时规定京官到哈密赴任,途中需走115天,而藩王朝觐,一般都是每日百里,一天一站,到站休息。额贝都拉首次朝觐,更是小心谨慎,一天一站,从不耽搁。从哈密出发,经黄田、沁城、庙尔沟,从明水出疆,经马鬃山、内蒙古额齐纳旗、包头、大同,进京的路上仅用了70多天。额贝都拉到京后,卸驮检查,所驮甜瓜都完好无损,连迎接的理藩院郎中布尔赛都感到十分惊奇,认为这是皇恩浩荡,是神祇的保佑,是额贝都拉这次朝觐的吉兆。果然,额贝都拉在紫禁城得到了康熙大帝的热情接见,康熙尝了贡瓜后赞不绝口,赐名为哈密瓜,额贝都拉被封为"一等札萨克达尔汗"。

哈密瓜自此被列为供奉皇帝的珍品,为给清廷上贡,哈密还开辟了规模化的哈密贡瓜地,有专门种植贡瓜的瓜农祖祖辈辈专司其职,以保证贡瓜的品质和产量。种哈密瓜是讲究技术的,虽然贡瓜之路早已断绝,但是贡瓜栽种的技术却一直在贡瓜瓜农的家族中秘密传递着。《敦煌随笔》记载了古代的种法:"以苦豆之叶垫土中,培壅其根,夏末秋初成熟,白露前后采摘,若浇水过多,其味减薄。"贡瓜的根系原来是吸取苦豆子的营养,在阳光的烈焰和土壤的苦碱中修炼成瓜。

瓜熟蒂落,为了将新鲜的贡瓜及时供奉朝廷享用,行旅中快马加鞭,昼夜不停,民夫稍有懈怠,即被鞭打,一路上累死马匹不计其数。清初张寅之在其著作《西征纪略》中绘声绘色地描述了在河西走廊,目睹当时专给皇帝运送贡瓜的情景:"路逢驿骑,进哈密瓜,百千为群。人执小兜,上罩黄袱,每人携一瓜,瞥目而过,疾如飞鸟。"如此气势,足与唐玄宗为博得杨贵妃一笑,万里飞马贡荔枝的景况相媲美。

　　因康熙皇帝赐名,哈密瓜享誉全国,不仅新疆其他地方所产的甜瓜争叫哈密瓜,就连甘肃金塔寺所产的甜瓜也以"哈密瓜"命名。哈密与河西走廊的自然条件相似,所以在甘肃河西走廊及哈密以西的吐鲁番地区都有哈密瓜种植。在《敦煌随笔》中,"《汉书·地理志》注云:敦煌,古瓜州;地生美瓜,故名。……地有间隙,居民亦种哈密瓜……其瓤青、黄、白三色,俱鲜美。然安沙诸处以及肃州金塔寺亦有之,终不及哈密之尤良"。

　　如今,无论是在城市街头瓜摊还是在超市,哈密瓜这种饱含着甜蜜的瓜,被慎重地切成长条月牙状,摆在那儿,那金黄透亮的色泽,那袅袅生发的香气,吸引着众人的目光和口欲。而我在异乡,始终固执地不肯尝一口那些被冠以"哈密瓜"名义的甜瓜。

　　一首哈密民歌这样唱道:"我种的哈密瓜真甜,别人的瓜也许更甜,陌生的姑娘我不爱,我的情人比哈密瓜甜。"将情人比作哈密瓜,这是炽烈的哈密人对爱情的比喻。

　　在回城乡的农民画中,一幅构图新颖的画面上,硕大的哈密瓜被放大成一个圆形宝藏,一位白胡子的老爷爷欣喜地坐在其中手捧着哈密瓜。丰富的想象力和标新立异的构图,为哈密瓜赋予更为丰富的内涵和外延,在农民心里,哈密瓜就是一个甜蜜的宝藏。

93

哈密农民画《笑呵呵》

哈密农民画《我的哈密瓜》

篇四

东天山盆地萦绕的古歌

天山下的哈密市五堡镇博斯坦村

白杨河畔的古遗址

天山从新疆东部的哈密崛然雄起，这条横贯西北高地的崇山峻岭，将哈密地区分为山南和山北两部分，一座天山，两处迥然各异又彼此联结的地理、气候和人文景观。自天山发源的白杨河由高往低，流入哈密最低的洼地五堡。清凉的雪水浇灌着炙热的沙土，沿河而居的古村落历经历史沧桑，哗哗流淌的白杨河畔有着丰富的历史遗迹。沿河溯源，仿佛踏进了一道不同时空的穿越之旅，拜火教、摩尼教、萨满教、佛教及伊斯兰教都曾在河岸驻足扎根。

从哈密市朝西，奔向黄土中的一处洼地，是我的目的地，被称为哈密地区最有特色的五堡乡，将最具冲突和融合的物质文化汇集于此。东天山晶莹的冰峰俯视着蓦然低下去的盆地，由五堡乡南下与罗布泊的茫茫戈壁荒原相连，一条由雪峰流入盆地的白杨河日夜不息地泛着银币般的水花，博斯坦村建在古老的白杨河沿岸，已经有几千年的历史。

"博斯坦"维吾尔语意为"绿洲"，因地处戈壁滩中，却独有一片浓荫林木，宛如戈壁滩中的一块绿洲。黛青色的天山虚掩在雾霭中，是这片土地上的福祉。挺直的白杨密集地排列在地平线的尽头，黄与绿相杂，田野与戈壁交错。

进入白杨河古河道，林木葱郁，土坯院墙、低矮的农舍穿插在绿荫之中。红枣沉甸甸地压弯了枝头，土墙上爬满了葡萄藤蔓，古树参天，奇枝怪状。博斯坦村的阿不来提家门口的这棵大树，至少有三百年了，得有两三个壮汉合抱才能围拢。一头黑色的毛驴静静地贴着墙根想心事，一大堆干草堆成垛，砖红色的葡萄晾房竖立在焦黄的沙土上。绿色穹顶的清真寺肃穆庄严，新月如银俯视着绿洲中的村落，世居于此的维吾尔族人虔诚地信奉着伊斯兰教。

而在两千多年前,这里却是被佛光笼罩的丝绸之路古道,沿白杨河修建的两汉至魏晋时期的古文化遗址比比皆是,寺庙、烽燧、佛龛、古城池,如今虽然已经残破不堪,却依然矗立着,顽强地证明着逝去的光阴。

一座颇具规模的古城,就出现在绿树掩映、农田环绕的白杨河岸之上。博斯坦村的核心区就是这座拉甫却克古城。古城虽然已经废弃,可是当地居民依然以它为中心,将自己的庭院、羊圈、葡萄架建在可以看到古城的地方。拉甫却克古城是一座汉代古城城址,跨越汉唐近千年的光阴。

当我走进这座高出台地的土坯城池,不由得黯然神伤,一座破败的城池,人去城空,已经面目全非,几乎难以想象这里曾是丝绸古道进入新疆东大门的一座繁华城郭。长方形的古城南北长约500米,东西宽300余米,城墙最高处约5米。外部城墙几近完整,上部用土坯垒砌,其间夹筑苇草。整个城池平面呈"吕"字形,白杨河水自南北城间流过,如同裂开的一道峡谷,密集的白杨绿荫将河道半掩,只听见流水潺潺。城西北角有破损的角楼,依稀可辨的土墩已经分不出哪是官邸哪是民居,时间在这里仿佛已经静止。依城顺水仰望天山,"五月天山雪,无花只有寒"。李白的诗句蓦然涌上心头,也许几千年前的诗人看到的天山雪峰,与我此时看到的天山同样晶莹而遥远。

高出博斯坦村民居的土城地面除了稀疏的几株野草,还能看到一些夹砂红和灰陶的碎陶片,据地区文物局的周小明介绍,这里出土的陶罐、瓮等器物与吉木萨尔县北庭故城中出土的器物多有相同或近似之处。

哈密曾是乌孙王府的所在地,远在公元前2世纪,游牧民族就在伊吾卢筑城屯居了。《后汉书·西域传》记载:"十六年,明帝乃命将帅,北征匈奴,取伊吾卢地,置宜禾都尉以屯田。"东汉永平十五

97

年（公元72年），汉明帝命窦固率征匈奴。投笔从戎的班超，跟随窦固来到西域，求杀敌立功，效忠皇朝，他最先抵达的古战场就是伊吾庐地——哈密。公元73年，汉军在哈密击败匈奴，收复了被匈奴占据的哈密，在此设置"宜禾都尉"并进行屯田，推行汉文化的渗透。古籍中记载曰："伊吾地宜五谷、桑麻、葡萄。其北又有柳中（即今鄯善县之鲁克沁），皆膏腴之地。"由此可见，那时的伊吾不仅在军事上具有重要的战略意义，而且土地肥沃、物产丰富，是汉王朝农耕屯田之宝地。

北魏太和十七年（公元493年），鄯善国被高车人攻破，部分人北逃伊吾，在伊吾西南60千米处筑城居住，名叫纳职。这些楼兰移民与今天的罗布人有着亲密的血缘关系，他们的方言口音以及长相特征都与哈密当地人有所不同。"拉甫"，实则是罗布之音，"却克"是居住地的意思，所以，拉甫却克实际是罗布人居住地的意思。

隋朝大业四年（公元608年），大将军薛世雄在汉代伊吾城东筑城，号称新伊吾（今回城）。唐朝贞观四年（公元630年），伊吾城

拉甫却克古城已经难以分辨过去的影迹

主以七城归降唐朝，正式设置西伊州，后改名伊州，管辖伊吾（哈密）、柔远（沁城）、纳职（四堡）3县。文献记载，纳职县是由罗布泊鄯善国逃难的移民所建之城。

唐太宗贞观三年（公元629年），唐僧玄奘去印度取经，途经伊吾，在被称为"八百里瀚海"的沙河，四夜五天，口腹干焦，差点毙命。幸亏碰上军士指点了泉水地，才侥幸活了下来。他最先到的是庙尔沟佛寺，在《大唐西域记》中这样记载："止有一寺,寺有汉僧三人，中有一老者，衣不及带，赤足出迎，抱法师哭，……自外胡僧，胡王悉来参……"

这些史实说明，当时在伊吾的佛寺内，不仅有西域少数民族胡僧在此修行，而且有从内地来的汉僧。13世纪70年代，意大利著名旅行家马可·波罗路过哈密时，曾见到哈密人皆崇拜偶像，多是佛教徒。

古城北面有残存的佛寺遗址，延伸数十千米直至白杨河上游，形成了白杨沟佛寺遗址群，有白杨沟、托玛、恰普、库木吐鲁、央打克、甲朗聚龙六座佛寺遗址，被称为东天山一带的佛教圣地白杨沟中仅存的活态遗产。从古城向北走不到十分钟的时间，即可看到一座佛寺遗址竖立在戈壁上，这座名为甲朗聚龙佛寺完全是土造的，除了底座地基和如同硕大头颅的上部，如今几乎什么也看不到。考古专家判定，甲朗聚龙佛寺属高昌回鹘时期的古文化遗址，其建窟形式与吐鲁番柏孜克里克石窟大同小异。据唐代史籍记载，唐代伊州下辖的纳职县（今拉甫却克古城）正北10千米的地方有一座香火旺盛的佛教寺院，也许正是指此处。

如果复原一段往事，白杨河沿岸几乎相隔50米就有一座佛寺、佛塔，可以想象这一带曾经人烟稠密，佛寺林立，梵音袅袅，香火升腾，一片静美丰茂的绿洲之景。如今，已经没有人再如当年那般点燃香火，虔诚地对它俯首叩拜，祷告祈福。与它的清冷残损相比，对面的几间葡萄晾房则人来车往，热闹非凡，葡萄干目前是当地人生活致富的法宝。

沿河北上，在拉甫却克古城外曾有十余座烽火台，直通古代驿路如今天的兰新公路。据《沙州·伊州地志》残卷记载，"伊吾县烽七：水源、毛耳、狼泉、香枣、磐兰泉、速度谷、伊他其；纳职县烽八：百尺、不到泉、永安、柬拓厥、花泉、延末(缺二烽)；柔远镇烽四：白望、白杨山、伊地具、独堆"。经考察，迄今为止哈密地区的烽燧共有51座，烽燧的建筑年代除唐代外，多数为清代所建。烽燧一般为土坯垒砌，中间夹有一些木棍、苇草。烽燧平面基本为方形，也有呈八角形。由于当地农民常年在白杨河两岸黄土崖挖土，烽火台已成残垣断壁。

众多烽燧密布，可以看出自古这里就是兵家必争之地，是金戈铁马的古战场。烽燧的分布从哈密市往东至星星峡，东北至沁城，北至巴里坤，南与古玉门关至古楼兰道相接，西至吐鲁番高昌。烽燧在古代战争中用以眺望、传递军情。若有敌情，白天燃烟，夜间点火。来犯之敌若以百计，便在白天举一烟，夜间放一火；来犯之敌若在千人以上，白天举三烟，夜间放三火；来犯之敌若达5000人，则白天举四烟，夜间放四火。这样，100多千米外的敌情很快就会传递到各相关衙署。眼前这些残损的烽燧，历经时间的历练和战火的考验，见证了丝绸之路上的风起云涌。

佛教从印度传入西域，从西域由西向东一路传播，大约于公元1世纪传到哈密。公元5世纪到15世纪，哈密地区全民信佛。至15世纪前后虽有伊斯兰教传入，但佛教在哈密仍有较大的影响。17世纪初佛教在哈密逐渐走向衰落，白杨河沿岸的佛教遗址全部被废弃。

15世纪末东察合台汗国曾四次侵占哈密，向哈密强制推行伊斯兰教，佛教势力渐次衰败，直至回鹘及其他使用突厥语系诸部族的统治阶级宗教信仰发生改变，逐渐取代佛教在天山南北长达数百年的精神导向，并迫使原在本地长期流行的祆教、摩尼教、景教等其他宗教也退出历史舞台。佛教寺院香火熄灭，成为废墟，穹形拱顶的清真寺拔地而起，宣礼塔的诵经声取代了佛教的梵音。宗教信仰的转变不但使阿拉伯文化涌入西域地区，也成为当地民族的转化塑型剂，伊斯兰教对近代维吾尔族的最终形成和文化的定型，产生了重大影响。

博斯坦村历史最悠久的夏哈尔阿立地（意为城前）清真寺在哈密王时期，邻着拉甫却克古城墙修建。清真寺与民居和世俗生活连接紧密，当地人逐渐忘却佛教清苦的修行和森严的戒律，他们以《古兰经》教义作为自己的思想行为准则，一天做礼拜五次，白杨河沿岸随处可见新月俯视的清真寺。

在博斯坦村的古巷道漫行，高高低低的土路，不时有羊群涌出，小心而谨慎地踏起一阵烟尘。土坯古巷与绿树交相呼应，一路延伸，家家户户的庭院绿荫繁茂。从院墙里探出一枝好奇的树枝，沾满了灰土的土桃子就藏在绿叶间。迎面而来的妇女用纱巾慎重地包裹头发，优雅地款款而行。头戴小花帽的孩子们嬉笑而过，使寂静的巷道增添了几分生趣。骑着摩托的小伙子呼啸而过，老人们则喜欢坐在阳光下恬静地晒晒太阳。远处，天山的雪峰常年不化，日复一日、年复一年地俯瞰着这座白杨河沿岸的古村。

古墓中的异乡人

到五堡之前,从考古资料中得知,此地的墓穴埋葬着几千年前的异乡人,他们黄发、高鼻、深眼窝,鲜明的外貌特征迥异地出现在这中亚腹地的天山脚下,掀起了考古界及文化学者的关注和探究。

进入白杨沟谷地的五堡乡,跟随着新疆考古所的几位考古工作者,他们已在这里陆续工作了四个月之久。因当地农民开荒时发现地下的古墓葬,考古人员在此做调查整理工作。考古所的胡旺林介绍说,五堡地下埋藏着丰富的墓葬,据推断是青铜时代的文化遗存。

车行驶在尘土飞扬的茫茫戈壁,田野村庄一掠而过。远方,是什么在等着我?那渐渐逼近的沙地城堡,荒无人烟,难道这里曾经是世界各色人种往返的要地?这些异乡人为什么要长眠于异乡的沙土中,是什么引领着他们迁移的脚步?

据调查,哈密地区地表有封堆和石圈标志的古墓葬尚存数千座,还有较多地表无明显标志的古墓葬。也许,走在五堡,会在如金的浮土中与某个古人的脚步暗合。这些古墓葬多为民间发现,有的是被盗墓贼盗挖之后才被发现。

阳光暴烈,空气干燥,干涸的台地几乎寸草不生,那些古人类的墓葬遗址离民居不远,被简单地圈起来。墓葬密集,鳞次栉比,排列有序。墓葬封存相对完整,长方形竖穴土墓,盖木大多为胡杨木板。墓中人均采用侧身屈肢、双腿蜷曲的姿态。这种仰身屈肢的墓葬法,与同一时期的楼兰古墓、且末扎滚鲁克古墓一致。

这些神秘的异乡人在棺木中显露,他们下葬前的衣饰、鞋帽及身下铺垫的皮毡,尚未腐朽。他们头戴尖顶毡帽,身穿毛布长袍或皮毛大衣,着长筒皮裤或高腰皮靴。看得出当时皮革制品的鞣制、脱脂的工艺水平较高，皮质显得非常柔软。一些身着毛织物品的墓中人，织物编织精细，质地细密，色彩美观，图案丰富，其中一件红底绣满三角图案的毛绣服饰，显示出高超精良的手工艺水平。

与他们一起陪葬的日常用品有陶罐和木桶，上面绘有黑彩和红彩的倒三角形图案。木梳的齿牙参差，曾是怎样的妙龄女子用它梳理一头如云秀发？木勺、木粗铺满了岁月的烟尘，时间的纹理凝固在粗糙的木纹上。石杵、石磨破损的轮廓，显示出其重要性。一把闪着绿色幽光的青铜小刀已经不见刀锋，纺轮、骨针应是妇女常用的器具，一家人的服饰就从这笨拙的纺轮中流出。木质的三角形掘土器、木柄铜砍应是古人的生产工具，还有游牧民族狩猎、驯服牲畜的石球、笼头、马镫、鞭，都显示着墓主人的身份和地位。作为盖木入葬的木质实心无辐车轮，也许是生者安葬他们的祝福和祈愿。这些古尸经中国人类学家韩康信研究认定属高加索人种，有部分为蒙古人种，也有混血人种。显然，哈密地区早期居住的人类分布很可能是这两大人种及其结合体。

在博斯坦村拉甫却克古城西面，发现一处青铜时代的古墓地，工作人员惊讶地发现，墓主人竟是一位骨骼清奇的少年，独自一人葬在这荒原之上。陶罐、彩陶小盒和铜锥等物品精巧美观，放置于他的头侧。那么，这个正值青春年少的少年为何独自葬身在古城旁？从丰富的陪葬品可以看出墓主人生前家境的富裕，难道他曾是这座古城少年早逝的王子？

驱车开往"魔鬼城"，艾斯克霞尔遗址即在五堡以南的魔鬼城中，沿途可见奇形怪状的戈壁雅丹地貌。艾斯克霞尔，维吾尔语意为"破城"。远远望去，艾斯克霞尔遗址和雅丹地貌连在一起，矗立在戈壁上，似一幢带有欧洲早期建筑风格的戍堡。古城堡坐北朝南，是在土坯上掏挖的建筑，建筑者有效利用周边的环境，将居住和戍卫功能融为一体。东西约50米长，分上、下两层。上层高出地面7米左

雅丹地貌中的古城堡藏着无数秘密

右,现有残存的房屋3间,均有通道相连。在房屋南墙开有"小窗"式的空洞,据推测是瞭望孔。据考古学家介绍,这座古堡是青铜时代至汉代曾被反复使用过的戍堡,同时是连接丝绸之路南北道和大海道、五船道和瀚海道的要塞之地。

走进古城堡,仰望高处,房屋轮廓依稀可辨,除了风声,这里安静得有些异常,似乎被什么人在暗处窥视着,可是当你四处寻找,却只看到一座废弃的古堡,似乎只是自己的幻觉而已。满地砾石混合着碎陶片,往里走,一块大石壁立在中央的空地,写着"回音壁"几个字。在博斯坦村出生的斯坎旦说,小时候经常和小伙伴到这里玩儿,在这里大声喊叫,然而只能听到自己的声音在山谷间此起彼伏的回荡。那时候并不知道这座破城居然是座古城堡,他曾好奇地爬上古堡去看,里面有碎陶片、石器和土坯,被烟熏过的土墙壁比瓷砖还结实。

风的痕迹在城堡上触目惊心,沙山被风塑造成了各种形状,这是千百年风吹雨蚀而成的自然杰作。风蚀"蘑菇林"及各种类似动物怪兽的"雕塑群"都在这座被称为"魔鬼城"的风城中展现，双头马、布达拉宫、仙女峰，姿态各异，形象万千，令人遐想不已，都是风的杰作。

当地人说，城堡西面的沙尔湖，曾是由大流沙通向罗布泊唯一的道路。在干涸之前，这里也有村庄和人家，当水源游移，地壳发生变化，沙尔湖消失，水源缺乏，居民只得背井离乡，寻找适合生存的家园。

在城堡附近沙梁中的墓穴发现另一位孤独男子，侧身屈肢而葬，外穿裘皮大氅，头戴尖顶帽，脸部用羊皮敷面，身着彩色的毛衣毛裤，脚穿毡袜和皮靴。从完整的服饰推测，当时人们已经掌握纺织、皮革、木制品等精湛的手工技术。陪葬的红衣黑彩条纹的彩陶制品上绘有神秘的三角纹、弧线纹、宽带纹和十字纹，显示着独特的审美。这个孤独的墓葬与邻近的五堡、焉不拉克墓地中的出土遗物极为相似，应属于青铜时代至铁器时代的遗存。

一只小皮囊引起了我的关注，据介绍这皮囊是墓主人随身携带的，里面放有黍子，也许是生者保佑死者的灵魂在另一个世界农耕生产生活富裕，反映了人们对植物的崇拜，这与楼兰古墓葬中随身携带的米粒和麻黄也许有着相同的意愿。距今3200年的五堡古墓葬、拉甫却克古墓、焉不拉克古墓和艾斯克霞尔古墓，向后人传递着这样的信息——曾经生活在此的人们用自己的方式，为亡者祈愿。

墓主人带着明显的异族血统，当一支欧洲人种翻越高加索山，长途跋涉进入中亚腹地，他们选择在水草丰茂的罗布泊停歇生活，从塔里木盆地到天山南部，雅利安人没有留下文字记载，只留下了墓葬以证明他们的足迹。这些来自他方的异乡人为何要长途跋涉进行迁移，至今依然是考古学界的未解之谜。他们长眠于此，通过研究墓葬器具和面貌特征的变化，后人推断他们在与当地的蒙古人种通婚融合后，发生了变化。直到如今，生活在此地的居民仍然保留着某些古人的特征，高鼻梁、深眼窝、大眼睛，是代代传承的基因密码。

这个欧亚大陆的枢纽，有多少远古先民、部族王胄都把这里当作自己必争的家园，粉墨登场，上演了一幕幕惊天动地的历史剧幕。曾经的塞人、月氏人、匈奴人、乌孙人、黄牛羌人、白马羌人、喀拉契丹人、乃曼人、突厥人、丁零人、铁勒人、吐蕃人、回鹘人、蒙古人和汉人，都曾在此繁衍生息，经过时间的糅合，已经融合成如今的各个民族。法国经济学家谢松曾用"倒金字塔理论"推断，认为现在每个人的血管里至少流淌着生活在公元1000年的2000万人的血液，如果按每个世纪有3代人计算。按照这个理论推断，世界上每个民族都不可能宣称自己种族的"纯种"，每个人都可谓是"混血儿"。

哈密是中亚腹地一处永不闭幕的人种博览会，古墓的异乡人揭开了对血脉的探究，面对他们沉睡的神貌，人们一直在寻找走进他们的方式。

独墓人独守古堡

拉甫却克古歌的回响

走进哈密木卡姆民间艺人艾姆都热依夏木家半掩的铁门，头戴黑色花纹小花帽、身穿白衫的老人笑容可掬地迎接了我。已经68岁的艾姆都热依夏木眉清目朗、面容慈祥、身板硬朗。他的院子不大，金黄色的土桃子半遮半掩地藏在绿枝中，艳丽的波斯菊穿插在草木间，葡萄藤蔓从房顶的晾房上密密匝匝地垂下来，地上晾晒着果实饱满的红枣。

挑起纱帘进入客厅，板炕上铺着大团花的红色地毯，把房间衬托得熠熠生辉，粉红色的纱帘上点缀着红花的两方连续刺绣，将土砖拼砌的地面衬得协调素雅。纱帘正对着板炕，顶窗上一束明亮的光打在土砖上。身穿墨绿色长衫、头戴花巾的赛里木汗是艾姆都热依夏木的老伴，她一次次地挑帘进来，每一次都捧着食物、水果和精美的茶壶茶碗。

健康、天性、知足、长乐是老人朴素的生活观

哈密维吾尔族民间乐器

老人很健谈，他说自己从小就喜欢音乐，一听到音乐手脚就会随着音乐摆动。他喜欢达普（维吾尔族民间乐器），汉语称为手鼓，上小学的时候还当过学校的鼓手。30岁才开始正式入行，向村里的民间艺人学习木卡姆（民族古典音乐12大典套曲），虽然他连小学都没上完，认识的字不多，可是凭着记忆，他学会了9种哈密当地木卡姆的唱法。也许是血液里带着歌舞艺人的基因，只要能唱歌，干什么他都愿意。

艾姆都热依夏木看着老伴忙碌的身影，有些歉疚地说：年轻的时候经常到婚礼、聚会上去唱歌，哪怕不给钱也去，一听到招呼，就把地里的农活扔给老婆子走了。

一块干净的餐布铺在地毯上，酽红的热茶从带着波斯图案的瓷壶中流出，一摞厚馕摆上来，鲜淋淋的葡萄、红艳艳的大枣、格外甜的黄色土桃子一一端上来，艾姆都热依夏木说尝尝自家种的水果。一大盘红瓤西瓜端上来，又递过来一盘黄澄澄的哈密瓜，这就是维吾尔族人最朴素的待客方式。

老人打起达普，和着达普的节奏，唱了一曲。美妙的声音是上天赐予少数人的法宝和天梯，那似被上帝亲吻过的嗓音，这些人因为拥有先天资质和禀赋而成为艺人。艾姆都热依夏木的音域优美，质地

静如处子动如脱兔，
打起鼓唱起歌，
是艾姆都热依夏木老人
最快乐的时候

清冽，音色中传递着悠扬的古典之美。他说自己唱的是一首拉甫却克古歌，是老人们留下的，已经传唱至少千年的时间。这首歌和我平常听到的维吾尔族歌曲不同，显得欢快而悠闲。精通维吾尔语的王晓龙是哈密地区的挂职干部，他帮我翻译了这首古歌，歌中唱到古城的美好时光，古城是自己美丽的家园；并说这首歌中的方言很多，哈密方言是阿尔泰语系保存最完整的一部分。哈密地区负责非物质文化保护遗产的工作人员告诉我，正是方言造就了哈密木卡姆地域的独特性，只有采用哈密维吾尔族方言演唱的哈密木卡姆才能达到最佳的表演效果。

这首古歌中的美好让我一时无法把破旧废弃的拉甫却克古城联系在一起，原来那满目疮痍的古城在村民心中竟是美丽的家园，难怪那些民居、清真寺都围绕着古城，以其为核心而建。他们心里积淀的情感从古传承，一代一代，哪怕古城随着时间渐渐风化，那也是祖先留下的美好家园。这首古歌蓦然让我找到了进入古城和古村的隐秘通道。

整个村子会唱木卡姆的民间艺人越来越少，让艾姆都热依夏木忧虑的是，如今的年轻人喜欢外出打工，或去大城市做生意，对传统文化不感兴趣，也耐不住寂寞和清贫。他目前教了5个学生，现只有1个可以单独演唱。学习木卡姆除了兴趣，还要求有艺术天分。他在每年冬天农闲时期举办培训班，一期10天或半个月。民间艺人学唱木卡姆的主要方式是口传心授，由于没有书本讲义，不是照本宣科，每一次传授都是一次技术技巧的实践。心授更注重的是个人修行，在演唱中充分融入自己的情感经历，可以达到情曲交融的境地。所谓"师傅领进门，修行在个人"。上课的时候，艾姆都热依夏木要求学生记笔记，然后回去自学，学不会的可以再来。当然这种教授完全是义务的，不收任何费用。遇到天资聪明、爱学习的徒弟，他愿意把自己会的全部都教给他。

身板硬朗的艾姆都热依夏木现在还坚持干农活，家里有7亩地，由老两口操持着，7个孩子都在本乡，已经独立分家。开春了，开垦、种麦子、种红枣和葡萄，收获的季节比较忙碌，9月下葡萄，10月捡红枣，11月后埋葡萄秧。家里主要的收入靠种地，一年有两三万元的收入，老人觉得很满足了。作为木卡姆民间艺人，政府每月发放300元的生活费。前不久，政府组织当地的民间艺人在南北疆游历，与来自库车、阿克苏、喀什、和田等地的民间艺人交流，艾姆都热依夏木觉得眼界大开，收获很多，交流中他亦发现哈密木卡姆在唱法上的独特性，更接近民间世俗生活。

每一次的表演都是独一无二的，每一次表演虽是同一曲目的木卡姆，却同时又是另一首原创之歌。艾姆都热依夏木认为没有完全一样的两种表演和文本，他认为自己每一次的演唱都是一种新的创作，不同的心情、不同的感悟，面对不同的人产生不同的感觉。这种不可复制的变动性，正是哈密木卡姆流传千百年旺盛的艺术源泉。

这时，村卫生员拿着血压仪上门给老人测血压，高压150mmHg，低压100mmHg，卫生员记录了老人测量的结果，并要求他一定要坚持吃降压药，没有药了可以去领。这是乡卫生院每个季度对村里60岁以上老人进行的一项免费诊查，主要是量血压、称体重，由卫生员挨家挨户上门服务。

趁此机会我参观了老人的住所，坐北朝南的庭院，一明两暗的格局，明房内设有通炕，通炕上铺有团花花毯。紧挨着会客明房的是厨房，里面有锅台炊具，烟道通往明房的土炕，冬季取暖极为方便。草泥抹墙、雕花梁柱、雕花木条组成的镂空格窗带有古朴的遗风，这种以几何纹条状或圆形纹曲线与直线相结合的木骨架窗棂也叫"花窗"，是哈密民居几百年保留的传统，那静中有动的视觉效果，略带些神秘古雅的气息，非一般玻璃窗可比。门楣上的图案以花卉为主，色泽朴素淡雅，花纹造型典雅，构图协调，与花窗相得益彰。

由于当地气候干燥少雨，阳光充沛，这儿的屋顶一般都是平的，上面设有天窗，以增加室内的亮度。平顶房顶可做晒台，晾晒瓜果和粮食。房顶上还建有一个四壁镂空的网格式的晾房，显出菱形的几何图形。晾房是土坯建筑，专晾葡萄干，既通风，又可遮蔽烈日，一串串新鲜的葡萄，整串地挂在晾房内的木架上，经过四五十天的阴干，甜蜜的葡萄干就制成了。晾干的葡萄干，便于保存。葡萄干已经成为新疆的名片，在新疆任何一个村落，维吾尔族老奶奶的口袋里随时都能掏出一两颗葡萄干，有的地方还会用葡萄干泡水喝。

艾姆都热依夏木说自己的爷爷就在这里居住，以前的房子多为窑洞式平房，屋前有宽大的通风走廊，具有冬暖夏凉的特点。那走廊曾是他和兄弟姊妹儿时捉迷藏的快乐宝地，也是一家人夏天傍晚乘凉唱歌讲故事的好地方，他曾在这里打着心爱的达普一年年长大。院内外种着桑树、榆树、柳树、杨树，春天爬到桑树上吃紫红色的桑椹，几个孩子相约着去榆树上打嫩榆钱。金黄的杏子熟了，到处都弥漫着甜蜜的果香。绿茵茵的葡萄藤架下，一串串葡萄就是一串串笑声。

乡干部阿不来提说：每一个维吾尔族民居都有自己的庭院，他们喜欢花草植物，会在庭院里搭起葡萄架子，种上美丽花木，石榴、杏树、桃树等各种果树和葫芦。在丰收的季节，这些果树会用甜美的果实回报主人。他带着我在院舍中参观，房前有高大的外廊，外廊设有土炕，以备夏季室外休息之用。院子里还有地窖和地下室，可以储藏粮食、瓜果和物品，夏天热风干热酷暑，这清凉之地正是消夏的好去处。

金光如缕，洒在院子里。艾姆都热依夏木打起达普，脸上漾出沉静的笑容，手与鼓面完美地配合，在起伏动感的节奏中，他的胸腔里发出动人心弦的音调。这是《十二木卡姆》中的一段歌曲，显得忧伤缠绵。"请你把银铃送给我吧，让我用它做一支银笔。不知你长在哪一座花园？让我去向那花园顶礼。"

得知我要离开，两位老人连忙将刚从树上摘下来的土桃子、葡萄、红枣各装了一大袋，还在我上车前塞给我一个自家烤制的厚馕，说路上吃。从五堡回到哈密市虽然只用了一个小时的时间，可是令我遗憾的是那鲜美的土桃子已经溃烂成泥。

闻着弥散在夜色中的芬芳，那沉醉的气息竟让我流连忘返，也许这种美妙的滋味只能留在记忆中，只能留在拉甫却克古歌的回响中。

指尖上的旅程

　　这件立领、偏襟、盘扣、绣满牡丹蝴蝶图案的大红短襟，现在已经没有人再穿了。人们只能在博物馆冰冷的玻璃窗后一睹它惊人的美丽，这件混合着汉满文化，融合着佛教和伊斯兰教的气息的服饰是古代哈密人的衣裳。

　　观看一场原汁原味的哈密木卡姆表演，那些民间艺人几乎都穿着绣满了牡丹、如意花纹的长袍、短袄或坎肩，那既有维吾尔族传统服饰特点又融合了象征着吉祥如意的汉文化服饰，在回鹘时期曾是最时尚的打扮。敦煌莫高窟409窟的《回鹘王行图》壁画中，穿着盘领、窄袖、龙纹锦袍的回鹘王，将这种多元文化一直保留在哈密古老的习俗中。

　　哈密是丝绸之路东进西往的必经之地，尤其是中原汉文化进入新疆必须先经过哈密，所以对哈密的辐射力度自然大于新疆其他地区。15世纪末至16世纪初，伊斯兰教才传入哈密维吾尔族民众，较喀什地区的维吾尔族人要晚。与新疆其他地区的维吾尔族相比，哈密维吾尔族受阿拉伯伊斯兰文化影响相对较少。在五堡、淖毛湖等地还保存着古代回鹘文化的传统，一些老年妇女依然在逢年过节之际穿上用大红或紫色缎子缝制的袷袢，这些衣服的袖口、衣摆、领口上绣着蝴蝶和各种花卉组成的图案，有的胸前还融入了于阗传统箭服的胸饰，可谓南北融合、东西合璧。

　　无论是敦煌莫高窟千佛洞、吐鲁番柏孜克里克千佛洞还是哈密千佛洞，千年之前的壁画里均有唐人身着胡服之像，胡服、胡乐在当时被引为时尚。在现代哈密的维吾尔族服饰文化中，依然保留传统的刺绣图案，衣服、被子、褥子、靠垫上都有艳丽的花朵，那些缠绕在指

古代哈密人的衣裳

尖的丝线，飞针走线地雕琢着永不凋谢的花朵。

从小在博斯坦村长大的帕丹米汗，今年已经65岁了，还是一个小姑娘时，就跟着妈妈学刺绣，十二三岁的她就已经能绣花儿。她有一个宽敞硕大的庭院，庭院里种着各种果树，满地晾晒着红枣，一进门到处都弥散着红枣的味道。帕丹米汗笑眯眯地把我让进她的客厅，里面布置得如同一个刺绣展览室，地毯上的坐垫、靠垫、被褥，窗户上的窗帘，物品上的盖布，墙围和门帘，那上面一针一线花费的时间和精力，用细密的针脚和精致的图案诠释，哪一样都是帕丹米汗创作的艺术品。

她兴致勃勃地拿出几件传统服饰袷袢，紫色缎面上暗藏着团鹤图案，对襟盘扣，袖口、领口、前襟、下摆、底襟装饰着三四道花边，黑色绒面上绣着红色牡丹、蓝色菊花，衬着绿色枝叶，色彩鲜明，搭配协调，艳而不俗。她告诉我这件衣服是她手工做的，用了一年的时间，售价3000元。这样精工细作的衣服需定制，现在的年轻人已经很少有人穿这种衣服，只有演员上台表演，或新人结婚在宴席上当成礼服穿着。

她的儿媳妇捧着几个维吾尔族刺绣的花帽、靠垫和枕头进来，在维吾尔族服饰中，帽冠是最重要的组成部分，无论男女老少都有戴帽子的习惯，帽子被称为"巴西克依木"（维吾尔语冠饰之意）。巴西克依木的种类繁多，不同地区不同人的帽子从形状、材质、外观、花纹、颜色都有所区别，有的人从帽子即可判断出其人的出处。哈密地区以花帽为主，一般是红底或绿底，上面的花卉图案醒目而突出，以平边刺绣为主，有的镶着亮晶晶的珠片和装饰物，不同年龄的男女所戴的帽子也有所区别。

她拿着一顶墨绿色花纹的绣花帽说，做这样一顶帽子她得用5天的时间，那上面的图案都是自己画的。先裁剪绣帽子用的金丝绒布，

维吾尔族小花帽

装饰房间的饰品一针一线都体现着主妇的审美观

用各种不同色彩的线绣上各色花朵，分片绣制。帽子以绣花、挑花、绊金、绊银、串珠等工艺技法，用手工缀制而成。一些花帽上还附加一些装饰物，镂刻金银片，缀上翡翠、玛瑙、珊瑚或装上金银宝石花、孔雀翎。再将手工绣好的四瓣，以顶为中心缝合起来，套在木制帽模上成型，最后镶上黑绒布边，一顶精美的花帽就这样诞生了。

哈密维吾尔族刺绣分为平边刺绣、花边刺绣和连锁刺绣等几种，吸收了苏绣和京绣的工艺手法，色彩活泼，对比鲜明，有视觉冲击力。人们喜欢采用各种花卉图案，荷花、牡丹、梅花、菊花、石榴花等，以及昆虫如蝴蝶、飞禽如大雁等图案。以荷花或牡丹花作为中心花朵组成团花图案，颇受中原汉族和满族文化的影响，有图必有意，有意必是吉祥如意、福寿延年之意，如盘枝莲花、云间海浪、梅菊佛手等象征着吉祥富贵之意。

四棱长方形的枕头，以绸缎和平绒作底，黑色的布料沿边，上面用彩色丝线绣着团花图案，边角上有三角形的角花图案。晚上睡觉时枕在头下，美丽吉祥的图案会带给你甜甜的梦。白天它们整齐地排列在炕柜上，和罩单、地毯等制品构成一个充满诗意的锦绣世界。

千年的历史传承，哈密维吾尔族人用五彩丝线和银针飞刃装饰着自己的生活，把自己的生活、喜好、风俗习惯、宗教信仰、审美情趣都充分表现在手工刺绣上，创造了独具特色的刺绣文化。作为五堡民间非物质文化传承人，帕丹米汗的刺绣织品，针法质朴，色彩鲜明，造型饱满，显示出被天山大漠孕育的开朗豁达的性格特征。她制作的袷袢深受老百姓的喜欢，并在哈密地区屡次获奖。

巧手飞针的帕丹米汗目前还是以种地为主，曾经种过麦子、玉米、红花和杏子，现在以红枣和葡萄为主。只有在农闲时候做些衣服、刺绣的手工活儿，最多的时候一个月约有1000元的收入。然而，刺绣是非常费眼睛的精细活儿，年纪大了，眼睛花了，就戴上老花镜，那一寸寸的光阴，在她手里吐出星星点点的花蕾，有时一天只能绣出一顶花帽上的一朵花。

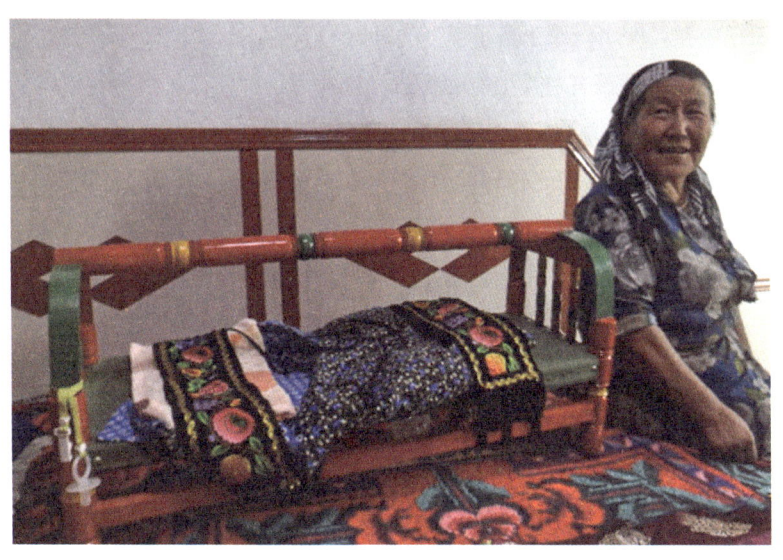

老妈妈的家里被她装点的花团锦簇

几个女儿出嫁时的陪嫁，是帕丹米汗亲手做的一套手工服饰，有衣服、花帽、坐垫、被褥等一套家居用品，她把自己的祝福和期望都一针一线地绣在了布面上。由于手工艺花费的时间长，技法要求高，市场需求有限，多数年轻人坐不住，耐不住寂寞，所以刺绣手工艺与所有手工艺技术一样濒临着后继无人的窘境。在帕丹米汗的引导下，一个女儿学会了这门手艺，现在帕丹米汗的眼睛花了，腰椎坐不了太长时间，一些重要的刺绣手工艺都是由女儿完成。

听到我要给她拍照留影，帕丹米汗特地把那件美轮美奂的袷袢穿上，还慎重地披上了淡蓝色的丝质头巾。这样的服饰必须是有些阅历和故事的妇女才能驾驭，雍容典雅，气定神闲，那是经历过大喜大悲的洗礼后，才有的母仪天下的气度。

板炕旁有一个摇篮，里面的婴儿刚醒，不哭不闹，显得无比惬意地睁着亮晶晶的黑眼睛，正好奇地凝望着头顶上方的苇棚。帕丹米汗说这是她的孙子，才五个月大。说着笑眯眯地用眼神亲昵地俯向小婴儿，婴儿将嫩芽般的小手伸向奶奶的面颊，白皙鲜嫩的手衬着褐色沧桑的笑纹，一老一小形成了强烈的对比。

阿不来提饶有情趣地看着摇篮，说："这种摇篮每个维吾尔族小孩都睡过，就像每个庭院有座馕坑一样，摇床是维吾尔族人家必不可少的生活用品。"我在艾姆都热依夏木家里看到的是木制驼轿式摇床，床帮和床腿都雕有大小不等的圆形花纹，每种花纹都漆成红、绿、黄、白、蓝等各种颜色。而这个摇篮则是挂在房梁上的钩子上，那长长的绳子近看原来是几截弹簧组合成的，镂空铁艺打制的摇篮底部垫着海绵铺着花褥子，摇篮中部有一条宽布带将孩子固定在摇篮里，巧妙地避免了孩子因翻身而跌落的可能。阿不来提说："这种摇篮最重要的是卫生，你看小孩的身子底下。"他示意我看摇篮的下端，原来镂空的铁艺摇篮看似简单实则很科学，上面设计了一个洞口，且男女有别，只用一根羊腿骨和一个容器，就让孩子躺在摇床上舒服地方便了，婴儿的小屁股可以始终保持干燥，不受褥疮之苦。同时，也将大人从反反复复的洗尿布当中解放出来。

按照传统习俗，维吾尔族婴儿出生40天后，才能将孩子放在摇床上，摇床就像母亲的第二怀抱，家人要在这一天举行一种意为"摇床上的喜事"的家庭礼仪，为摇床里的婴儿祝福。都说孩子的出生日，就是母亲的受难日，所以"摇床礼"含有庆贺产妇康复和婴儿步入人生的双重意思。一句维吾尔族谚语说：摇床里的孩子是有地位的人。这说明摇床举足轻重的作用。经过一代代维吾尔族人的不断实践和改进，摇床的设计科学且有利于婴儿的生长发育。睡在摇床里的婴儿，手脚一直处于伸展状态，这对其以后长成挺拔的身材奠定了基础。摇篮减轻母亲的疲劳，省去了母亲长时间怀抱孩子之累，劳作间隙照料孩子，既养精蓄锐又能兼顾其他事情。

帕丹米汗说她的几个孩子都是睡着这样的摇床长大的，摇床上拴一根长长的绳子，人在外屋做活，随手拉一下摇床的绳子，摇床就可以晃悠几下。她常常一边做着手里的刺绣，一边哼着优美的催眠曲，宝贝很快在摇摇晃晃中进入香甜的梦乡。那一针一线编织的花朵和吉祥图案，是伴随着一个个孩子的成长织就的，那也是她指尖最美妙的旅程。

枣树下的古村传奇

走进五堡，即被一种甜蜜略带酒香的气味萦绕。乡干部斯坎旦告诉我，路边那密集的绿荫就是著名的哈密五堡大枣的诞生地。哈密大枣作为新疆土特产的品牌众人皆知，而哈密大枣的主产地就在五堡，这里的日照长、积温高、温差大，沙土质非常适合大枣果树的生长，所以出产着世界上最甜、最好吃的红枣。

九月时节，红枣已经红透了枝头，吸收了整个夏季炽烈阳光的烘烤，个大、饱满、甜分充足地挂满在沉甸甸的枝头。绿叶间宛如挂着一颗颗红玛瑙，流芳溢香。有的大如核桃，红艳艳，光亮亮，人们将这个品种的红枣称为"红宝石"。史料中有"枣大疑仙种"的记载，正是这种被民间誉为仙果的红枣，老百姓感恩地认为那是神仙的馈赠。

红枣在中原地区已有八千多年的种植历史，经考古学家从新郑裴李岗文化遗址中发现的枣核化石证实了历史渊源。生长于黄河流域的

状如红枣的奇石
组成了一盘"美味"

中原红枣约从公元1世纪，经丝绸之路的驼队，从叙利亚传入地中海沿岸和西欧，19世纪再由欧洲传入北美。这枚普通的大枣，从中原一路走来，走向西域便在西域落地生根，在骆驼背上穿越了丝绸之路，几乎走遍了全球，受到人们普遍的喜爱。

"每天5颗枣，活过99（岁）。"这是民间对于红枣的推崇，所以民间一直视枣为"铁杆庄稼"和"木本粮食"。一颗小小红枣，功效强大。名医李时珍在《本草纲目》中对红枣的功效作了详细记载，他认为，枣能补中益气、养血生津。在中医药方里，常能见到它的踪影。

历代哈密王都将红枣作为贡品，献给大清朝廷。这种从中原引来的枣树，在哈密绿洲一旦扎根落户，即刻显示出了勃勃的生命力。其特别适应哈密干热、昼夜温差大的特殊气候，并迅速养成了根系发达、叶片肥厚、抗旱、抗暑、耐寒的能力，在沙地、荒滩、盐碱地上都能结出累累硕果。当地的农民把这种红枣树当成自己的亲人，悉心照顾，摸透了它的脾性，在种植管理上尽心尽力。天道酬勤，经过多年的探索实践，哈密红枣与中原新郑红枣品质相较毫不逊色。

在博斯坦村，家家户户都以种红枣为主，每个农家院里都摊晒着新鲜的红枣。走进任何一家农户人家，他们都会把自己用勤劳的汗水精心护理的红枣，作为招待客人的最佳水果供你品尝。

从地图上看，五堡地处戈壁沙漠边缘，气候干燥，降雨少，蒸发量强，除了一条白杨河流经，没有其他水源供给，那么大片的绿洲、农田仅靠一条白杨河的水量，远远无法满足用水要求。博斯坦村的艾比卜村主任带我去村北面的一处戈壁滩上的台地参观，详察红枣、树木扎根存活的秘密。

一棵枯木立在旷野荒原之上，赤黄的土梁前有几间已经废弃的土坯房，旁边的蓄水池里长满了绿色苔藓。艾比卜指着土台壁上的一扇土砖墙，说就是这儿。土砖墙上有一扇古旧的木门，上着锁，木

121

门前用树干、草枝随意搭建了一个简易破旧的棚子,艾比卜打开门锁,说:"这就是五堡最古老的坎儿井地下水利工程,你可以进去看看。"

荒凉破旧的外观让人无法将"水利工程"与之联系在一起,然而当我走近望去,简陋的木门里流淌的是清澈的水,暗黄色的土岩壁修筑得如同一道防空洞,里面显得阴凉清爽,潺潺流水在水渠中舒缓地流向下游农家的水渠、田埂,流进红枣密林。斯坎旦说,这里的地势条件适合开凿坎儿井。每到夏季,天山的冰雪融水渗入地下,变为潜流,流到五堡盆地。积聚日久,使戈壁下面的含水层增厚,储量丰富。为了解决用水需求的问题,人们按照地形走势开挖坎儿井,浇灌农作物。这被称为"地下大运河"的坎儿井是古村藏在土里的血脉。

"坎儿井"一词,最早出现于春秋战国时期。《庄子·秋水篇》中曾有"子独不闻夫坎井之蛙乎"之句;唐代西州文书中有"胡麻井渠"的记载;明万历三年(1575年),石茂华《远夷谢恩求事》一文中有关于"牙坎儿"的记载;到了清乾隆年间则称之为卡井。由此可知,"坎儿井"名称源自中国,它演变的过程可归纳为:井(周)→坎井(战国至汉)→井渠(唐、元)→卡井(清)→坎儿井(现代)。

戈壁风沙大,大量的农田水渠容易被黄沙填没,而坎儿井却是在地下暗渠输水,可以常年自流灌溉,所以坎儿井非常适合当地的需要。这种当地老百姓发明的智慧,是先用打井的方法挖到蓄水层,再把井连成一线,形成井渠,既避免了渠水的蒸发,又方便取水,是人类对抗荒漠、干旱的智慧展示。

跃上土梁,坎儿井的暗渠即在这沙土之下。广袤荒原,遥遥雪峰,地面平整无痕,地下纵横万千。斯坎旦说:"脚下是这条坎儿井的终点,起点在1000多米之外的戈壁滩上,现在这地下都是古人修建的坎儿井。"

徐徐落日映红了戈壁，一抹悠远的壮阔和苍凉，如同"夕阳西下，断肠人在天涯"的场景。迎着晚霞，回到村庄，袅袅炊烟把乡村绘成了一幅乡间夕照图。路过一个香气四溢的馕铺，打馕的小伙子一边哼着歌，一边用铁钩子从馕坑里旋出一张张热气腾腾的馕饼。馕坑旁用土坯垒成的方形土台，另一个小伙子正在擀面，他动作麻利地将擀好的面饼递给打馕的小伙子，两人配合默契，且看那两只手像变戏法一般地托着馕饼，探身将馕饼贴进馕坑里。艾比卜说原来村子里每家每户几乎都有一个馕坑，也有几家合用一个大馕坑。五堡的馕饼与其他地方的馕饼不同，大小如同小手鼓，有三四厘米的厚度，显得更为厚实。我尝了一块，香味口感平实可口，与内地烙厚饼的味道相似。

从吐鲁番墓葬中出土的馕，据考证是唐朝年间的，形态与现在的馕基本相同。古墓中的人无从考证，而馕却依然保持自己原本的面

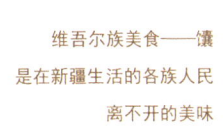

维吾尔族美食——馕是在新疆生活的各族人民离不开的美味

馕的另一种形象

貌。说明距今千年前,这里的居民就已经会打馕。一些史家认为我国史籍所载古代的"胡饼、炉饼",实则就是新疆的馕。

我们来到村里最古老的馕坑,几百年前的馕坑已经成为一件观赏的文物,打馕的历史已经成为过去。这馕坑如同一个倒扣在地的坛子,肚大口小,高度约为九十厘米,艾比卜说:一般的馕坑以羊毛和入黏土或硝土做成。烤馕之前,先在坑底用木炭或煤炭燃烧,待炭火烧透,坑壁已烧得烫热,即可把擀好的面坯贴在馕坑上,几分钟便能烤熟。烤馕因含水分少,可存放多日,是当地百姓日常生活和出行上路携带方便最常见、最朴素的美食。

村子里至今还保留着一种新郎新娘同吃盐水馕的风俗。婚礼上,主婚人向新郎新娘赐盐水一碗,又各赐一小块馕。新郎新娘将馕蘸着盐水吃了,以表示海誓山盟、同甘共苦、白头偕老的决心。

越过一棵三四百年的老树,夕阳已经沉到红枣林里了。夜蓝如染,一轮皎月溶溶泼洒在田埂上,乡间弥漫着果实、青草沁人心脾的香气。没有路灯、霓虹的侵染,乡村的夜幽静深邃。在这里,无论是土下缔造的坎儿井暗渠、土筑的馕坑,还是从泥土中吸取营养的红枣,所有与泥土接近的事物无论做出如何惊天动地的悍事,都显得如此平和简单,也许正是这种朴素的本质才造就出卓越的成就。那些在城市中已经濒临灭绝的手工艺,还在乡村保留着根脉,那些古老的传统还能在乡野中寻到踪迹,在这里我看到人与大自然共存的最精致最通达的智慧,这些直指人心的原始和粗糙,实则代表着一种有尊严的高贵。它们告诉我们,人们曾经是以这样的方式生活着,自足自乐,诗意安详。

篇五

伊犁河谷的
西迁史诗

天山下的伊犁察布查尔锡伯自治县
孙扎齐牛录村

万里西迁路，屯戍西陲地

说起锡伯族，总让我想起小学的数学老师，她皮肤白皙、表情严肃、做事认真，和老师是个传统的锡伯族妇女，她肯定已经想不起来那个爱发言的小女孩。而她和她神秘的锡伯族身份，一直印在我的记忆中，她曾经指着新疆地图北部一处群山中的绿地深情地说：察布查尔就是我的家，是锡伯族在新疆的家。

从地形图上看，地处天山下的伊犁察布查尔县东窄西宽，南高北低，形状如同一面打开的旗帜。察布查尔系锡伯语，意为"粮仓"。伊犁河自天山雪峰潺潺流下，滋养着河谷中的大片草场良田，被誉为"塞外江南"。

自古以来，富饶的伊犁就是兵家必争之地。西汉前，这儿是古代塞种人、月氏人的牧居地。公元前60年，被正式列入汉朝版图。西汉时期是乌孙国的鹰飞马壮的草场，南北朝时期悦般国在此称王，隋唐时期成为西突厥纵马扬鞭的属地，唐代归北庭都护府统辖，南宋属于西辽管辖的地盘，元初是察合台的封地，至公元1274年属吐蕃王朝阿里麻里行中书省辖。元末为翰亦剌地，明代属也先瓦剌，之后准噶尔部在此崛起。清代，准噶尔在此建庭，成为准噶尔政治、宗教之中心和浑台吉噶尔丹策凌兀鲁思（即蒙古语"领地"之意）。公元1757年，清朝平定准噶尔后，此地变为荒无人烟的原野。

从伊宁市到察布查尔锡伯自治县只有18千米之距，这条237省道经过伊犁河大桥，幽蓝的伊犁河如同镜子一般波光粼粼，白杨挺拔，泛着金银光的叶片在风中簌簌作响。农舍、草垛、人烟隐在绿荫的幕布之后。天空高远，阳光璀璨，通往察布查尔的路，被镶上了一层金边。

到达察布查尔县时，这座安静恬淡的小城正迎接着辉煌的日落。那泼墨般的红云如同夕阳的大写意，洒满了半个天空。云彩千变万化，如同水彩淋漓的晕染。锡伯族诗人阿苏说：这样壮美的落日千百年不曾改变，这种大气磅礴塑造了当地人豪放宽容的性格。

在等待友人的间隙，墙上一幅名为《万里西征》的壁画引起了我的注意，这幅巨型壁画上有一条由东北蜿蜒到西北的线路，横贯全国，从东北辽河跨越至新疆伊犁河谷，行程万余里，越山涉水，横穿漠北，长途迢迢，几百年前，锡伯人用自己的双脚绘制了一幅波澜壮阔的万里西迁图。

为什么这些世居东北的锡伯人要万里兼程、拖家带口、举家迁徙至新疆伊犁河谷？原来是皇帝的诏令，乾隆皇帝派遣西征军和驻守边关的将士时，将目光投向了锡伯官兵。精通几种语言的锡伯族诗人阿苏，为我讲述了锡伯族祖先的这场前无古人后无来者的西征。

清乾隆年间，由于边疆伊犁地区人烟稀少，防务空虚，强邻沙俄窥伺，不断扰民，警报频传。清廷深感兵力不足，便调迁英勇善战并懂得农业生产技术的锡伯劲旅驻守边关。乾隆二十九年（1764年），清政府下令从盛京等17个城市征调锡伯官兵1018人，连同眷属共5000余人，西迁新疆伊犁地区戍守边防。同年农历四月十八日，他们在盛京锡伯家庙太平寺集会辞行，与亲人作了生死告别，于四月十九日出发，踏上了漫漫西征路。

离开世代相依为命的故土和生身父母，这支背负弓箭，腰挎佩刀，手握长枪的官兵队伍分成两队，家属们乘坐简陋的交通工具，骑马的、坐牛车的、步行的，扶老携幼，带着粮食、帐篷等日用杂物，带着故土的五谷子种和神物"喜利妈妈"（"喜利妈妈"是保佑子孙繁衍和家宅平安的女神，"喜利"在锡伯语中的意思就是"延续"）。浩浩荡荡，从盛京出发，带着离别的感伤之情，往北向西而去。

锡伯族西行军民毕竟是一支久经训练、骁勇善战的队伍，一出盛京，便加快了行进速度。从彰武台边门折西行入科尔沁平原，再沿西拉木伦河逆行。绕过大兴安岭南端和达来诺尔，进入锡林郭勒盟境内，经达来诺尔通蒙古各旗的驿道，一望无垠的蒙古大漠和荒凉无人烟的浩瀚戈壁没有一丝水源。凭借着智慧，锡伯人在大漠深处凿井，找到水源，解决饮水问题，在如今蒙古国版图上仍有"锡伯吉尔孟"的地名。

往西北行经西乌珠穆沁旗和东乌珠穆沁旗境地，便进入外蒙古车臣汗部境内（今蒙古国苏赫巴托省境）。由此往西北行进，经车臣汗部境内的额尔德尼察干、西乌尔特、蒙库汗、温都尔汗等地，即达到克鲁伦河溯源处。再向西行，经库伦（今乌兰巴托）行至乌里雅苏台（今扎尔哈郎特）时，正赶上大雪纷飞的冬季，牧草紧张，行军无法前行，遂在此扎营过冬。在此期间，牲畜因长途乘骑驾驭，疲惫瘦弱，加之雪原无草，开春时又遇到一场瘟疫，原启程时所带三千多头牛，先后倒毙，仅剩四百余头；所带两千多匹马，少数死在路上，"大多疲瘦，生癞者众，不得其力"。如要继续西行，首先要解决畜力问题。经管带协领阿木胡郎、噶尔赛向朝廷呈报交涉，由乌里雅苏台将军成衮扎布报奏，从乌里雅苏台借马500匹、驼500峰，抵达伊犁后再如数奉还。这些马匹、骆驼大部分在行军路上倒毙，待抵达伊犁后，均由锡伯官兵分摊，折银赔偿。

1765年3月，漠北高原冰雪消融。道路虽未完全通畅，而锡伯军民急于赶路，便于三月初十动身西行。每人带了四个月的口粮和一个月的茶叶，仍分两队行军，从乌里雅苏台启程。行至科布多一带，天气突然暴热。阿尔泰山积雪融化，发源于阿尔泰山的河流俱涨，"水深流急，不能行走"。锡伯军民只得改变路线，穿绕科齐斯山而行，寻浅水处跋涉。受困多日，"所剩兵丁之口粮，只足月余之食"，所借马驼，亦倒毙甚多。阿木胡朗只得派人向伊犁将军府请求借济，在尚未得借济时，余粮已尽，马匹短缺。面临困境，锡伯军民沿途采摘野草，用一点余粮，聊以充饥。为了纪念这段艰苦的经历，锡伯人每年春季都会摘一种叫"乌珠穆尔"的野菜吃。

他们在河谷中架设浮桥，渡过水流湍急的额尔齐斯河，至今阿勒泰地区还有"锡伯渡"的地名。六月中旬，他们走过霍博赛尔里、察罕鄂博等地，两队锡伯军民才得到伊犁将军府的接济。前来接济的官兵看到一群面黄肌瘦、精疲力竭，但仍然拖着疲惫身子挣扎着前进的队伍，不禁流下感动的泪水。

有了救济，解决了大问题。锡伯军民精神大振，继续西行。经过额敏、巴图鲁克、博罗塔拉等地，穿越险关隘道果子沟，于清乾隆三十年（1765年）七月二十二，先后抵达目的地伊犁绥定一带。在进入乌哈尔里克城（即绥定城）以前，这支长途跋涉的队伍，无论男女老少，都换掉褴褛衣服，穿戴最好的衣帽服饰，洁面理容，精神抖擞地接受伊犁将军的检阅。

1年又3个月的艰难跋涉，历经酷暑、严寒，顶风冒雪，穿陡峭的山地，越茫茫大漠戈壁，渡湍急的大河，一路上风餐露宿，扶老携幼，横穿漠北，几次断粮，险境迭现，但是这支队伍将三年行期缩短一半，以坚忍的毅力完成了西迁之行。抵达边关时，这支庞大的队伍虽然减员不少，但在颠簸途中还诞生了350余名婴儿。

公元1767年，按特例将锡伯军民入编，以近200户为一牛录（牛录即村的意思），共编为八旗八牛录：镶黄旗（乌珠牛录）、正黄旗（寨齐牛录）、正白旗（依拉齐牛录）、正红旗（堆齐牛录）、镶白旗（孙扎齐牛录）、镶红旗（宁古齐牛录）、正蓝旗（纳达齐牛录）、镶蓝旗（扎库齐牛录）。锡伯八旗总称锡伯营，隶属于伊犁将军府锡伯营领队大臣直辖，驻扎在今察布查尔锡伯自治县。

清乾隆三十二年至嘉庆十三年（1767—1808年），锡伯营驻守疆域范围西至今哈萨克斯坦国境内察林河，东至今察布查尔县境加尔斯台乡，东西长约120千米；南自厄鲁特牧地（即今乌孙山北麓）起，北至伊犁河，南北约40千米，总面积约4800平方千米。迁往伊犁后，他们保持骁勇善战的作风，积极平定内乱，抵御外侮侵略，对朝廷忠心耿耿，成为清政府最有力的边疆卫士。

此次西迁，使锡伯族的历史和文化得到了改写。同时在相对封闭的伊犁河谷，锡伯族的传统文化反而得以保留。驻扎边疆的锡伯族军民，很快适应了伊犁的水土风貌，在此安居乐业。1802年，锡伯营的总管、水利专家图伯特，为了将伊犁河水引至察布查尔原野，利用水流的回旋建起了无坝龙口。从察布查尔山口引水，自崖上开凿大渠，用了7年时间，引来了伊犁河水，由东向西横贯中部平原，这条河渠取名为"察布查尔大渠"。

沿着伊犁河水，到达龙口大渠，眼前这条从伊犁河分流出去的笔直的河渠就是察布查尔大渠的龙头。图伯特跟随着父母亲西迁沈阳时，才9岁，在颠簸的旅程中他看到了人民的疾苦和感悟了缺水对于西北地区的制约。他10岁到达伊犁，在边塞的风土和军营中长大。经

哗哗流淌的伊犁河

伊犁河畔的沙棘果饱食了灿烂的阳光

过多年实地考察，48岁的图伯特带领乡亲们开挖了察布查尔大渠，引水修渠成功后，察布查尔县的耕地面积增加了近10万亩，使得这里成为真正的粮仓。

从龙口到大渠的中段，水草繁茂，林木葱茏，白杨夹道，阡陌交错。阿苏说，如果没有这条引水渠，沿途不可能有如此多的绿地和田野。河渠两旁长着茂密的芦苇和蒲草，沙棘果如同小红灯笼一般隐在树叶间，一种能上树的沙棘鸡爱吃这种红色浆果。我看到那雄赳赳气昂昂的鸡正在水渠边的草丛间捉虫子，鸡冠红润饱满，显示出王者的霸气。一个水洼就是一个生灵的天地，一匹马立在水洼旁饮水，透明翼翅的蓝尾、红尾蜻蜓银光闪闪地落在油绿的草叶尖上。

一轮金黄的圆月升起，照在伊犁河谷地。一条乡间的小路弯弯曲曲地伸向远方，路的尽头是影影绰绰的林带，玉米地静静地散发着田野的清香。夜凉如水，凉意是那么轻那么轻地袭来。晚风吹拂着幽深的水面，那潺潺的渠水日夜不息，我在渠边倾听着一曲沸腾乡野的欢歌。

独与天地精神往来

　　从察布查尔县到孙扎齐牛录仅有5千米之遥,沿途大片金黄的万寿菊一路延伸,遥遥可见一座高大的建筑,著名的靖远寺就在这里,这是锡伯人的精神家园。从辽东平原到伊犁边陲,锡伯人心中始终供奉着自己的信仰,与天地精神往来。

　　靖远即安抚边远地区之意。1893年,锡伯营八旗军民在聚居地按照信仰和习俗捐资而建,建筑面积为1000平方米,气势恢宏,影响力极大,成为清代伊犁九大名寺之一。靖远寺给远在异地的锡伯族人建造了一处祈福拜佛、思乡祷告的精神居所,为了完成修建,在锡伯营8个牛录各建了一个砖窑,专门烧制建造靖远寺所需的砖瓦,历经5年才修建完成。

　　可惜我来的时候,这里正在进行维修,到处搭满了脚手架,工人们正在佛殿里叮叮当当地施工,砖块、沙土堆得满地狼藉,佛殿里有工人正在给泥塑施彩。为了不让远游的我留下遗憾,经阿苏与当地主管协商,我还是破例走进寺内。虽然正在施工,只是维修加固工程,

正在修建的靖远寺是锡伯族人的精神家园

主体建筑还在。抬头即见门匾上几个金光闪闪的大字，苍劲有力，据说是清朝嘉庆皇帝亲笔书写的锡伯文和汉文。

寺内有山门，山门里面供奉着哼哈二将，走进去可见四大天王殿，四大天王立于殿中，使整个寺庙笼罩着一种威严的气氛。东方天王提多罗吒手持琵琶，是主管音乐的神，俗称"魔礼青"，意为"调"；南方天王毗琉璃手中持剑，能使人增长善根，俗称"魔礼黑"，意为"风"；西方天王毗留博叉手中缠绕一龙，善于观察，俗称"魔礼红"，意为"顺"；北方天王毗沙门右手持伞，能保护人民的财富，俗称"魔礼白"，意为"雨"。四大天王合意为"风调雨顺"。

从四大天王殿转出，大雄宝殿跃入眼帘。大雄宝殿外面左右侧墙的主体正中有两幅砖雕，左侧为双鹿回春图，右侧为松鹤延年图。每幅砖雕均由4块正方形青砖组成，工艺技术精湛，刻画栩栩如生。100多年弹指一挥间，沧海桑田，换了人间，而寺中的砖雕还在，丰满灵动，显示了画工的高超技艺。

三世佛殿中，三尊佛像端坐其中，分别为现在佛——释迦牟尼，当你抬头观望，发现佛也正在看你，嘴角微微上扬，一缕似笑非笑的笑容若有所思；左右各为未来佛——西方极乐世界的主宰阿弥陀佛和过去佛——东方净土玻璃世界的主宰佛药师佛。从佛诞生之日起，普度众生的精神力量，使得多少善男信女烧香祈福、潜心佛法。殿内壁画绘制着关于佛祖释迦牟尼成佛的故事。寺内供有关帝庙，说明当地人对于关公忠义的敬佩和敬仰。前往娘娘庙祈福求姻缘求子嗣的香火很旺，来人络绎不绝。

古寺东侧的一角，一口古钟布满了时间的尘埃，据说这是清道光二年(1822年)铸造的古钟，顶部为关公头像，下摆八瓣分别绘有八卦图案，钟体刻有满文。轻轻叩击古钟，清脆悠远的钟声诉说着古寺悠远的记忆。

古寺古钟，欲说还休

据说，靖远寺的藏经阁内存有藏文的《甘珠尔》经，蒙古文《阿里亚》经，还有满族人在伊犁修建的"曹华寺"被毁后运来的经书。可惜这些宝物在文化浩劫中毁于一炬。原本寺内曾有30多名喇嘛，除了诵经修行之外，还经常深入民间，为老百姓出诊治病，他们用的一般都是草药土配方，博采本地的草药研制而成的，由于其善行善举，他们深得百姓的拥戴。

整个靖远寺的建筑原本采用砖雕、木雕工艺，配有彩绘泥塑，显得大气庄严。庭院宽阔而幽静，连接各殿房的路面铺有青砖，树木青葱，草叶繁茂。整体建筑风格与我国西北汉式寺院相似，坐北朝南，沿中轴线左右对称，雕梁画栋，异角飞檐。这里是当地远近闻名的喇嘛教与汉传统宗教的汇聚之地。

原本生活在大兴安岭森林和呼伦池湖网地区的鲜卑人是锡伯族的先民，曾经信仰古老的萨满族和喇嘛教。在锡伯族民间传说中，锡伯族先民——鲜卑，南迁时在鲜卑山（今大兴安岭）中迷失了方向，被困在山里，后有一种神兽在前引路才得以出山，最终来到南方大泽（呼伦贝尔草原）。这种神兽状如虎而生有五爪，毛纹如狸而毛色青，体大如狗而迅走。人们将之绘制为兽形图案，挂在住室西或北墙上,久而久之就成为锡伯族图腾。至今,锡伯族仍保留供奉背上有翼的"鲜卑兽"的习俗。

锡伯族的萨满巫师随军而来,萨满教曾在古代先民中盛行,产生于原始母系氏族社会。萨满文化是世界性的文化现象,流行区域集中在亚洲北部和中部,乃至欧洲北部、北美、南美和非洲。很多北方民族尤其是使用阿尔泰语系的诸民族都信仰萨满,如鄂伦春、鄂温克、锡伯、满、达斡尔、蒙古、赫哲、裕固、哈萨克、维吾尔、羌、土、纳西、彝、独龙、苗、瑶、佤、拉祜、傈僳等族,但各民族对萨满的称呼却各不相同。虽然这些民族有的皈依了伊斯兰教,有的信仰佛教,而民间依然有尊崇萨满的遗痕。萨满信仰万物皆有灵,被称为神与人之间的中介者。在匈奴的阵营,萨满在政治、军事上都起着一定的作用,凡战争或其他军务处于犹豫状态,最后的决定要取决于萨满的占卜。

据传,锡伯族萨满巫师既能役使鬼神,为人治病,又能占卜吉凶,预言未来,先民们将之看作神灵的化身,古代的女萨满"伊散珠妈妈"堪称锡伯族萨满的始祖。且看巫师的装束极具艺术性,他们应是最早的艺术家、服装设计师、舞者、歌者。身着缀有大小铜镜、铃铛、贝壳及刺绣多种花纹的神衣神裙,戴着饰有鹿角或鹰羽的神帽,手持兽皮神鼓、神杖、神刀和刻着本人拥有神灵数目的四楞木棍"档士"等法器。随身的法器上刻绘着各种神的图案,尤其是在神案和抓鼓上刻绘着色彩丰富的神灵面具。仅这一身行头,足以惊世骇俗。

在游历中,我遇到了两位来察布查尔县寻找萨满音乐的日本人和来自东北的满族翻译,中日混血的音乐人金大维在东北寻找萨满用了一年时间,搜集整理了古老的萨满音乐。萨满作为一种古老文化的标本,如今已经逐渐消失,只有他们神秘的传说还在流传。幸运的是,他采访到了一名一百多岁的老萨满,而不幸的是这位萨满在采访几天后即去世了。他带着未解的遗憾,踏上西征之路,溯源探究,从东北到伊犁，感受了漫漫西迁的征程，渴望在这片传统文化保存相对完整的锡伯人的土地上，再次听到弹曼陀林的流浪艺人行吟诗般的歌唱。

阿苏说，70年前，听爷爷的爷爷说过锡伯族的女萨满上过刀梯的传闻，那是叫作"察库兰"的仪式，是领神仪式，用树和绳子布置成萨满的活动场，是萨满通达上界神灵的通道。据传，有的女萨满开过天眼，可以看见过去、未来；有的则能吞下熊熊燃烧的炭火。在举行萨满仪式的时候，萨满随着跳神歌翩翩起舞，其身上的铜铃叮咚作响，腰上的铜镜随着舞蹈的动作，发出有节奏的碰撞声，通过舞蹈、击鼓、歌唱，萨满自编自演，制造了扑朔迷离的氛围，使自己"灵魂出窍"，与天地相接。原本每个牛录里都会有一两个萨满巫师，为老百姓治病驱魔，现在随着老人逐渐逝去，这种古老的传统也渐渐难寻踪迹。

锡伯人是多神崇拜，以祖先崇拜与自然崇拜相结合。民间认为，萨满只管阳间而无法统管阴间，喇嘛则阴阳通管。所以婚丧嫁娶要请喇嘛主持仪式，诵经消灾。过去，家里有人去世是请萨满跳神，慰藉亡灵。后来，则改为请喇嘛念经超度。甚至连萨满去世，也请喇嘛念经，引其灵魂升天，而喇嘛圆寂并不请萨满跳神。锡伯族的萨满教与喇嘛教之间共存同处，彼此吸收精华，没有发生过生死相搏的宗教争夺斗争，是锡伯族宗教海纳百川、多元并存的特点。

信萨满，信喇嘛，信祖先，信"喜利妈妈"，信"海尔堪"神，苍天大地、日月星辰、动物神灵、狐狸、火神、门神、路神、山神、河神、鱼神、猎神、树神，世间万物中有灵性的物体都为锡伯人信崇拜祭。信仰成为锡伯人历史和现实的连接物，承载着生与死的精神支柱，在他们构建的灵魂世界里，独与天地精神往来。

四世同堂的百宝箱

靖远寺高大的建筑处于一片民居中,在它对面的民居院落,苹果树迎风摇摆,几条悠长的巷道通向不知名的远方。四个老人在树下的木桌旁,悠闲自得地打着纸牌,走近一看,他们在玩"争上游"。

已经70岁的和文明,姓和叶尔氏,从小就在这个村子里长大。面容和善的老人很善谈,我和他在树下拉起了家常。他曾经在村里当文书、大队队长、保管、水利员、生产队管理员,年纪大了总是不自觉地会时常回忆过去。

小时候,村里树木繁茂,家家有地且能自给自足。还是小孩子的和文明最喜欢听老人讲故事,关于狼、英雄的民间故事百听不厌。那时候孩子们没有什么玩具,男孩子会聚在一起玩一种打髀石的游戏,那是从羊骨头中磨出一块光滑无比的骨头游戏,是一种运气和技术的比拼,男孩子玩得乐此不疲。而女孩子们则玩踢毽子游戏,稍大些的姑娘会向妈妈学刺绣做针线活。

他说老妈妈的院子就在旁边,他请我进家看一样祖传的宝贝。这个长方形的庭院有三四亩地,中规中矩的四合院式样,院子中央的砖地上正晾晒着金黄色的苞米粒,廊柱下的铁丝上晾晒着红辣皮子,几只刚出生不久的小猫喵喵地迎接着我们,又迈着柔软轻绵的步履进屋了。锅灶紧靠住房的院子里,搭着固定棚,旁边有大水缸和煤房。走进居室客厅,一下子即被眼前一个红底带花的箱子吸引住了,看得出这个四方形的柜子是家里的重要物件,暗红色的漆底座已经有些斑驳黯淡,露出木头的灰调和时间的磨痕。柜子正面绘着牡丹、莲花和菊花,分别插在有彩色花纹的瓶里。一摞线装古书居中,绫带飘扬,仙桃红润,精美的茶壶和茶杯分别在古书籍的左右两侧。手绘线条流

女人的百宝箱
是自己唯一的底气

畅,色彩柔和协调,比例适中,显示出精湛的画技。

这个古老的地角柜上着锁头,和文明说这是他生下来家里就有的东西,里面装着妈妈出嫁时穿的衣服、针线笸箩等女人的家什。这个箱子是妈妈的陪嫁品,钥匙在妈妈手里,91岁的老妈妈至今还身体健康,他每天都会到妈妈的房子里问安。这个神秘的箱子让我很想见见箱子的主人,吴英熙老奶奶很大方地在自己的小屋里迎接我们。房间不大,但收拾得非常干净,井井有条,老人已经鬓发鹤白,却皮肤白皙,脸颊红润,眉清目秀,体态清瘦。和文明说老人的耳朵有些背,需要大声说话才可以听见,而眼睛却很好使。

吴英熙老奶奶说话的声音微微有些气弱,她说自己的姥爷名叫和风,曾经在锡伯营总管的带领下挖过察布查尔大渠。她20岁嫁给和文明的父亲,是媒妁之言父母包办的婚姻,她比丈夫大2岁。老人目前是孙扎齐牛录里年龄最大的长寿老人,每月可以领55元的养老金。她一辈子靠种地生活,家有20亩地,主要是种麦子和苞谷。她喜欢看锡伯文的《三国演义》,崇拜西迁的领路人。年轻的时候喜欢唱歌,至今还记得自己唱过的《勇士赞歌》。为了不打扰老人的休息,我们适时告别了吴英熙老奶奶,并祝她健康长寿。

出了老人的家门,和文明又带我去了他自己的院落,这个院落

金黄的玉米正接受着阳光的烘烤

与老奶奶的院落连成一体，房门相对而开。门前有一条哗哗流淌的水渠，水渠边上长满了密集的花草，笔直的白杨银白色的叶背在风中簌簌欢唱。门口的路面上铺满了金黄色的苞谷，正接受着阳光的炙烤。这个院落更为宽敞，走进去，里面简直就是一个花红柳绿的百花园。掐掐花、月季花、波斯菊、雏菊、石榴花、馒头花竞相斗艳，浓郁的花香引来嗡嗡的蜜蜂，蜂飞蝶舞。花儿围绕葡萄架形成了一个小花坛，肥硕的葡萄叶子爬满了木头架子，葡萄架下有个木床，在这个木床上打个盹，梦也会变得甜蜜而斑斓。

苹果树上结满了青涩的果实，杏树、桃树、枣树枝繁叶茂，树姿婆娑。笔直的杨树仿佛院落的护卫，粗壮的榆树从外观判断至少有50年的树龄。回廊的梁下有燕子的窝巢，一只燕子飞过，也许是嗅到了陌生人的气息，前来打探消息。据说，燕子只选择好心人家的梁下做巢。牛羊圈和草棚修在院子的一角，还有一块绿莹莹的菜地，种着各种菜蔬，猪圈、鸡窝、菜窖各占一块空间，植物、动物在这个院落里各有各的地盘，惬意而和谐。

走进客厅，墙壁粉刷得洁白如新，衬着蓝色油漆的木门、木框窗户,显得素雅洁净。房间内居室不大,窗明几净,家具简单,电视和冰箱是房间里主要的电器。和文明说目前这个院子只有他和老伴两人居住,三个孩子都在乌鲁木齐和克拉玛依上班,孙子们不在身边。他的老妈妈年事已高,需要照顾。老妈妈和弟弟一家人住在老房子里,这个家族可谓是四世同堂。这种几世同堂共居一室的情况在锡伯族家庭里很普遍,锡伯族崇老重孝,很少有不养老的家庭。

告别这个偶遇的和善老人,我们拐进了另一个院落。这个院落从外观上非常气派,走进里面更像一座花园别墅,花香袭人,林木茂盛。宽大的葡萄架子上一串串葡萄布景般地挂在顶上,仰头望上去,似乎闻到了流蜜的汁液暗香涌动。我和虎儿欢快地冲进密集的林地,一一辨认着哪一棵是苹果树,哪一棵是李子树,对于城市里长大的孩子而言,见到教科书外活生生的植物标本,显得异常兴奋。更让人兴奋的是那被果实压弯了枝头的苹果树,正好有一个熟透了的苹果从树上掉下来,啪嗒一声地坠落,引发了一个孩子的欣喜和联想,虎儿立即联想到牛顿,并懊悔不已:为什么这个苹果没有落在我的头上?

两旁的花圃修着木栅栏,紫红色的鸡冠花浓烈香艳,牵牛花绽开深紫浅紫的喇叭正对着太阳吹号,粉紫色的雏菊摇曳,金黄色的万寿菊艳光烁烁。一座古老的压水井在院子中间,葡萄架下的木床上可以聊天、吃饭、纳凉、沉思,还有一个铁皮的烤肉槽子立在院子里。车库里停着主人的越野车,还有一辆摩托车。

院落的主人盛丰田曾在这个牛录出生,几十年前离开家乡,去首府乌鲁木齐打拼,经过多年的努力,现在是新疆电视台的编导,他利用休假回乡打理宅院。这个院落是他为自己退休后准备的养老之地,长期生活在都市,生活节奏快,压力大,难免人心浮躁,在远离地气的都市,他多么渴望与家乡的土地接接地气,嗅嗅果园的芬芳和田野里庄稼的清香。每一次回乡,他都感到心里异常宁静和踏实,仿佛是一次洗礼和静修,锡伯族的这片土地是他永不息止的创作源泉。他和阿苏等人编著了一部反映本民族历史文化的书籍《锡伯族》，于2012年在辽宁出版社出版。

他的弟弟、弟媳热情地忙里忙外，为我们端上沙瓤的西瓜和黄澄澄的甜瓜。吃完水果，桌子上摆满了小菜，打开一瓶伊力特，大家在美食酒香中且说且聊。在宽敞明亮的厨房里，现代化的厨具一应俱全，临窗一个铺着花毡的土炕，上面支着条形桌。我们在圆桌上用餐，对面一扇红砖搭砌的墙面只刷了一层清漆，显得古朴而优雅，颇有美国西部小屋的韵味。说起主人的院落，他说这院落地价不高，他用等同的价钱做基础装修，自来水管、电脑宽带、洗澡沐浴设备、卫生洗漱用品一应俱全，一个别有洞天的农家小院却有着精致完美的舒适细节，只有懂得生活和享受的人才会如此布局。

拥有这样的院落令人羡慕，对于一个在都市里漂泊的人而言，能在美丽的乡村拥有一座种满花草瓜果的院落此生无憾，这不光是一种财富，还是一种生活的方式和智慧的体现。

主人神秘地告诉我，锡伯人的牛录里充满了传奇的故事。蓦然想起了那个四世同堂的院落，那些风中摇曳的银色叶片，那只隐秘坠落的苹果，还有老奶奶的百宝箱。也许那里面正藏着我要寻找的锡伯人的秘密！

锡伯大饼的时间之旅

一种食物跨越时间和空间，千百年来成为一个民族离不开的饮食，这种难能可贵的概率是双向互动的。因为人人皆知众口难调，美厨也对喜新厌旧的口腹无计可施。然而，一张饼却可以长久地抓住一个民族的胃，从辽东平原到伊犁河谷，这张饼支撑着锡伯族人完成了最壮丽的西迁，支撑着他们背井离乡，戍守边关。

一张饼上抒写着最朴素最平实的民族史，这种来自民间的食物，立千年而不朽，其生命力根植于民间。在吃锡伯大饼之前，就听说过这种让锡伯人津津乐道、一辈子都离不开的食物。来到察布查尔县当然要品尝一番这里的特色美食，第一个端上来的是宴席上的酒菜，与其他大城市的饭菜大同小异，然而当锡伯大饼端上来，我看见待客的锡伯人的眼睛发亮，阿苏告诉我这就是传说中的锡伯大饼。

这是一张普通得不能再普通的饼子，白面烙出的圆饼切成四瓣，饼子上有着烙饼时褐色凸起的天然图案，配着几碟小菜，是用韭菜、红辣椒、青辣椒与芹菜、黄萝卜、包心菜一起腌制的咸菜，红、绿、白、黄颜色鲜明，阿苏说这是锡伯人的特色，是专门与大饼一起吃的，汉人称之为"花花菜"。

传说中的锡伯大饼其实非常普通平实，而它却蕴含了一个民族的口味

锡伯大饼有很多讲究，上桌时要分出饼子的天和地两面，天面必须朝上，地面朝下，这叫作天包地。一张饼子也有如此深奥的哲学，那么如何区分饼子的天与地？我翻来覆去地看着手中的这张饼，阿苏看出我的疑惑，告诉我说，一张饼子有凸起大花的一面喻为天，反面有平顺碎花点的则喻为地。看来锡伯人敬天敬地的崇尚，无处不在，对于一张饼也是如此心怀感恩。

卷了花花菜，再加些酱，我学着阿苏的样子卷饼，饼子的滋味酥软翔实，配上酸咸可口的花花菜，的确是一道果腹的美味。这样的一张饼胜过多少美酒佳肴，有着可抵千军万马的威力。

第二天一早，阿苏带我们去吃民间的锡伯大饼，老板娘热情地招呼着我们，她的店铺简陋，大约可以摆下八张桌子，厨房后堂隔着透明的玻璃橱窗，人在里间的操作，外间的食客看到清楚，吃得也就放心。锡伯大饼是一种发面饼，要用特别的引子和面，加些苏打水，使得面团适度发酵后，擀成面饼。老板娘的案板上正摊着这样一团面，面团显得很柔软，她麻利地将面团擀薄，擀成一个圆形，贴在锅底。平底锅里的饼子正在火上烤制，片片大花慢慢地在锅中凸起，一张饼一般是要经过三翻九转才可熟透。

老板娘技术娴熟地擀着饼，随手一甩，将饼放入热锅中，她一边忙乎着，一边说烙发面饼得用生铁锅，掌握火候是关键，把握住了火候，烙出的发面饼才酥软可口。这种饼原本是使用荒野上的土碱来发酵面团的，烙饼的柴火用麦秸秆，火候掌握强弱适中，这样才可以燎烤出麦子面天然的香味。现在天然气、煤气炉很方便，与麦秸秆一样可以烤制美味的锡伯大饼。

我有幸观看了锡伯族女老板擀面、烙饼的全过程，当一张大饼带着主妇谦卑的劳动成果，带着火焰的温度，散发着面食的香气出锅了，也许最好吃的食物就是这种用最朴素的、最平实的方式制作出来的美味。

夹起花花菜卷入饼中，老板娘说这花花菜是她亲自腌制的。这是锡伯族人的传统习惯，每年秋末，家家户户都用韭菜、青椒、芹菜、包心菜、胡萝卜等蔬菜切成细丝拌盐，存入瓦缸里腌制咸菜，以备蔬菜匮乏的冬、春季节食用。腌好的咸菜略带些酸味，而且色泽鲜艳，它也是人在行旅中和锡伯大饼一起随身携带的最佳干粮。

一种叫作米顺的面酱，是锡伯族用以调味的特色。每年农历四月十八是锡伯族的西迁纪念日，家家户户都要制作米顺。将发芽的小麦倒入开水锅里煮熟，盛进瓦缸里，放在火炕最热处焐起来，等过几十天发酵成酒曲状并有甜味后，盛于瓦缸内。到夏天、秋天的时候用新鲜的黄瓜、小葱、辣椒等蔬菜蘸着米顺吃，可谓一道绿色美味。

金黄色的南瓜也是锡伯人的最爱，据说这种叫作"故乡南瓜"的种子是锡伯族人西迁时从家乡带来的。这种吃法自然也是源自东北，将这种保健食品做成一种南瓜饼，是逢年过节必备的传统食品。将南瓜切碎用油炒至糊浆状，再加入面粉、引子、碱水和面放在暖处，发酵后将面团擀成圆饼状，切成长条菱形，放入油锅里炸成金黄色，炸熟后的南瓜饼色泽金黄诱人、外脆里嫩、香甜可口。阿苏介绍说过去锡伯人在整个正月都要吃这种南瓜饼，因为南瓜饼既好吃又好存放，储存一个冬天都不会变干发硬。

锡伯人的锅盔分发面和死面两种，在制作过程中都要掺加牛奶、清油、猪油或羊油、奶油、鸡蛋等食材。有的还加食糖，用微火烤熟烙制的锅盔，口感酥软香脆，即使久存也不易发硬变质，这种食物同样适合长途旅行携带。

似乎所有的饮食都离不开锡伯人西迁这个主题，这些从漫漫征程中给人们带来营养和能量的食物，携带着感恩和记忆，自然是人们无法割舍的。锡伯人西迁戍边伊犁后，很快吸收其他民族的饮食精华，奶茶、酥油、全羊席、火锅也成了餐桌上的美食。

韭菜是锡伯人餐桌上的常见菜蔬，尤其是春、秋两季的鲜嫩韭菜，在伊犁河谷随处可见这种茂盛的蔬菜，家家户户的庭院里都会种一些，春、秋两季随吃随割。将和好的面团擀成面饼，饼擀得越薄越好，将新鲜的韭菜馅铺在面饼上，再将面饼的另一半折过来，放点清油烙饼，即做成了香味扑鼻的韭菜合子。

伊犁河边上长着一种茂盛的植物，带着特殊的香气，这种叫"布尔哈雪克"的野生香草，形似树叶，学名为椒蒿，也有将之译作鱼香草。传说西迁的锡伯人最初来到伊犁河边，河里的鱼很多，由于冬季结冰，无法捕到鲜鱼，于是民间想出一个储存鱼的办法，即在院子里挖几条深沟，将秋天捕的鱼放一层撒一层碱土，一直放满深坑，到了冬季再一层层扒开食用。椒蒿炖鱼是锡伯人的一道传统美食，鲜鱼剁成块，清炖，加盐、辣椒面和椒蒿嫩茎，最后撒上一些韭菜末儿，鱼肉和鲜汤浸着香草植物的天然气息，味道鲜美至极。吃了鱼肉，再用鱼汤拌着高粱米饭吃，又是一道美味的特色菜肴——鱼汤高粱米饭。椒蒿炖鱼这道菜肴在察布查尔，无论豪华酒店还是民间小饭馆，都有它的影子。

民以食为天，在察布查尔丰沛富饶的土地和美食中穿行，从饮食的角度揣测着这个民族的性格特点和心灵史。万里迢迢的征途，只把异乡当故乡，这是锡伯族人扎根伊犁的坚韧性格。无论有多少艰难困苦，西迁的官兵家眷没有一人擅自逃脱，他们带着家乡的一张锡伯大饼完成了皇家使命，那是一种责任和信赖，上面凝结着父老乡亲的殷殷希望。

我不禁再次闭上眼睛吮吸着锡伯大饼的面香，仿佛看到一张大饼上流转的时间瘢痕。原来食物上有着家乡的味道，妈妈的味道，亲人的味道，那是一种无论走到天涯海角，都挥之不去的乡愁的味道。

察布查尔的羽毛

虎儿在县宾馆的草地上捡到了一根羽毛，问这是什么鸟的羽毛？阿苏说这是察布查尔的羽毛。虎儿好奇地转动着羽毛，说：古代人真的用这种羽毛写字？

诗人阿苏用汉语写作，经常可以在国内文学刊物上看到他血气方刚、豪情万丈的组诗。除了汉语他还会说两种语言，天生的语言敏感度和天然的语境使得他对于语言的使用显得游刃有余。而他遗憾地说锡伯族原本有自己的语言文字，可是近年来语言文字逐渐被同化，民族语言正在消失。在东北地区的锡伯族虽然守住了家园，却失去了自己的语言，淡化了传统的风俗习惯，这不得不说是一种悲哀。而西迁新疆的锡伯人远离故土两个多世纪，却在中亚众多民族交会之地保留了自己的文化和传统。

万里西迁的察布查尔锡伯大营在清代地处边陲，交通不畅，长期处于生产上自给自足，生活上相对独立、封闭的状态。伊犁将军府当时设在慧远城，与锡伯营隔水相望，两地之间往来频繁。当时，满营、锡伯营和索伦营三地官兵均使用满语交流，公文的上承下达、传递互通都是使用满文，这种相对封闭的环境对于锡伯族文化的保留提供了暖巢。

锡伯人从家乡出发，带来了内地先进的生产技术和工具，在农耕技术上体现了相对先进的文化水平，所以并没有受到其他民族的文化影响。一些世居东北的锡伯人来到新疆察布查尔的锡伯族人中寻根问祖，他们说在古老的牛录里还能看到传统的锡伯族文化。

多数锡伯人在新疆这片多民族聚集的土地上，能够兼用汉语、维吾尔语、哈萨克语等多种语言交流，一些人还懂俄语和蒙古语，被称为"天才的翻译民族"。锡伯语在与新疆各民族交融时，虽然也融入了一丝带有当地气息的"烤羊肉"味道，但总体文化没有太多的丢失及扬弃。

锡伯族人历代非常重视教育，儿童入学或在家里要学习本民族语言和传统礼仪。阿苏说自己8岁的时候还不会说汉语，那时候族人都说本族语言，上学后学校就以汉语学习为主。然而目前在年轻一代人中出现了语言断裂的危机，现在的孩子多数不会说也不会写锡伯语，他有时强迫自己的孩子在家说锡伯语，孩子们也不愿说，反而指责父亲太强制。

锡伯族属阿尔泰语系满—通古斯语族满语支，与满语在语音、语法、句法和词汇方面基本接近。锡伯文是1947年在满文基础上改变而成的，一直沿用至今。目前，一些专家将锡伯族语言文字当作满语的"活化石"进行研究，企图顺着这个清晰的枝干找到古老的日渐模糊的源头。

锡伯语的语序是主——宾——谓的结构，阿苏用"吃饭"一词作了形象的解释，汉语的动作在前，名词在后，而锡伯语则是名词在前，动作在后，说"饭吃"。阿苏为我们唱了一首锡伯族的童谣，音调悠扬纯美，语音轻灵悦耳，他说锡伯语的音调像羽毛一样温柔。

与日本友人一起来察布查尔县做音乐采风的满族人杨老师，精通日语，并了解满族文化。与阿苏虽是初次相见，他们却不时地用满语和锡伯语混杂交谈，乡音的畅达使得两个陌生人频频举杯，有他乡遇故知之感。他在我的本子上书写了一段满文，从上而下，从左及右，字形优雅而舒展，体现了一种韵律的节奏美。

说起锡伯人的传统服饰，清代时与满族服饰大体相同。男人多穿着左侧开衩的长袍和短衣，上套坎肩，袖口为马蹄形，可以卷上去，也可以放下来。下身穿长裤，外加"套裤"，春秋穿"夹套裤"，冬季则穿"棉套裤"，戴圆顶帽；老年妇女在春夏秋多喜欢包白头巾，

美丽的锡伯族姑娘

穿大襟长袍要贴花边或绣花宽边，喜爱套穿对襟或大襟贴有花边的坎肩，脚穿绣花鞋；姑娘只留一条长辫子，从背后正中垂下，用各色"毛线"扎辫根，不剪头发帘，穿着色泽淡雅的旗袍；结婚后的小媳妇则将头发梳成双辫，盘结成髻形，这种"盘龙髻"，额前有"刘海"，脑后有"燕尾"，髻上插着金簪，头发抹头油，没有头油的，用榆树皮泡水涂抹后也会显得光亮可鉴。

  目前这种关于服饰的文字记载只能在书上找到了，这种充满了浪漫色彩的服饰，如今也只能在图册、古装历史剧或者博物馆看到了。这种美丽典雅的传统服饰是一千年前锡伯族人最常见的服饰，如今已经被列为古董，年轻人更喜欢穿着自认为时尚潮流的衣服，古老的传统服饰出现了终结的休止符。如果你在乡野中看到身穿艾格品牌T恤、牛仔裤，戴着棒球帽的孩子，无须惊讶，是现代流水作业下的先进文化覆盖了城市和乡村，使得城乡缩短了距离。本民族优雅庄重的服饰瑰宝，这些孩子还来不及体验，就被另一种文化侵蚀覆盖了。

与几乎其他所有的乡村一样，村子里多为风烛残年的老人，年轻人在外面的世界求学、寻求自我发展，在大城市里就业打工，他们融入车水马龙、日益庞大的都市，企图把自己的根扎进钢筋水泥的丛林里，而将充满青草气息、庄稼味道和父母留守的乡村远远地抛在脑后。

　　让文化学者们担忧的是，一切均发生着巨大的变革，农村变得日益浮躁，不再安静单纯；农民也不像农民的样子，不再心甘情愿面朝黄土背朝天侍奉土地。从城市到乡村的客运车，过去是本土作家马康健搜集素材的最佳场所，他会留心车上的人们谈话聊天的细节。近几年，他发现车上小青年谈论的话题由过去的土地、家事转为生意，现在则是进入信息时代和网络话题，他们身穿城市制造的名牌服饰，说着父辈不甚了解的新潮体系语言，他们手上没有种植庄稼的经历和泥垢，他们不熟悉乡村，不了解土地，甚至完全背离了父辈们世代经营架构的农耕田园生活。

对于乡村的留恋在于细微而生动的记忆，手中停落的一只蜻蜓正在和你对话呢

马康健非常迷恋童年记忆中的乡村，他说每到烦闷的时候去小时候生活过的乡村走走，看着那牛车在土路上留下的车辙印，村子里的路最初就是这样自然而然地形成的。那水渠边自生自灭的草香曾医治了他的都市抑郁症，乡村里家家户户都养着牛羊鸡狗，每家的院子里都种有多种果树和菜蔬，人与动物、植物共居一处，其乐融融，这就是一种家的感觉。而这一切随着新农村建设的推进，传统意义上的乡村正在消失殆尽，按照城市现代的生活方式重新定义着新农村。随着一个个老人的相继离世，他们把乡村的历史和传统气息带走了。

我在新农村建设的工程样板房，看到了簇新的院落，井井有条的布局，客厅、卧室两房两室，卫生间、厨房的布局与城市住宅格局相近，天然气管道正在规划施工，热水器、煤气灶、电话、卫星电视、电脑宽带已经一应俱全，还有人畜分离的规划设计。这样的房子与城市的民宅几乎没有什么区别，这是多少人为之努力奋斗解决农村贫困的壮志实施。确实，难道农村就得像过去那样一辈子贫穷落后？农民就得像过去一样顺从土地和天意的安排，在对泥土庄稼的跪拜中终老一生？答案摆在眼前了。

顺着弥散着玉米清香的田埂走着，水渠哗哗流淌，空气中混合着流水的清新和土壤的泥腥气息。枝叶茂盛的玉米在风中摇曳，姿态悠然华美。此时一轮巨大的火球发出璀璨的光芒，恋恋不舍地滚落在遥遥的林带中。顺着土巷道，看到遥遥的乡村近在咫尺，袅袅炊烟燃起了对生活的依恋和对家的期盼。我不由得加快步伐，即使闯入陌生人家的院门，也不以为怪，因为无论在怎样的院落里，你都能看见灿烂如花的笑容，他们温暖着一个旅人疲倦的行程，温暖着良久记忆中的察布查尔和锡伯族人，如同那支被我收藏了的察布查尔的羽毛。

篇六

古琴悠扬的
东归传奇

天山下的伊犁特克斯县
呼吉尔特蒙古民族乡多勒肯村

土尔扈特东归的蒙古子民

　　中国历史注定要为马背上的草原民族准备一个章节，在这个章节中所向披靡的蒙古骑兵如同旋风一般，征服了欧亚大半块疆域。从成吉思汗到忽必烈，70余年的八方征战，征服了北至西伯利亚，南至南海，跨外兴安岭、乌苏里江以东，接鄂霍次克海和日本海，西南包括中国云南、今缅甸地区、泰国北部、老挝、越南西北部等地，这些广大的疆域均被纳入元朝的行省建置，创造了中国历史上疆域最辽阔的版图。

　　蒙古族人认为苍狼和白鹿是自己的祖先，是奉上天之命降生到人间，所以血液中的骁勇善战令成吉思汗成为草原中的神。如果不是雄心勃勃的成吉思汗越过阿尔泰山屡次西征，那么他也许只是草原部落的一个只识弯弓射大雕的首领。成吉思汗的骑兵仿佛平地上骤然刮起的一场风暴，从风沙中穿越而来的激烈马蹄，横扫欧亚大陆、中亚、

天苍苍野茫茫，风吹草低见牛羊

西亚、欧洲在马背上的蒙古骑兵面前显得不堪一击,失声惊呼:"上帝之鞭再次出现!"

蒙古人开创的元朝创设了"行省"制度,从800年前一直沿用迄今。至今很多地名仍然使用蒙古语称呼,如"乌鲁木齐"在蒙古语中是"优美的牧场"之意。

当我来到蒙古人曾经流连游牧的丰美草原,当他们的飞马在草原上疾驰,那铁蹄发出的巨响不亚于一场让地动山摇的地震。青草的气息丝丝渗入鼻息,一群群马匹在夕阳余晖下的草地如同神话。跨上一匹马,信马由缰,任由它带领我穿越现实和历史。面对绚烂壮美的落日,回顾一段波澜壮阔的历史,尤其是与马匹、草原、征战有关的故事,似乎更容易切入主题。

土尔扈特部落在12世纪时游牧于蒙古高原北部,随着铁木真部落的崛起,元代这个部落逐渐衰落,向西部草场游牧,过着逐水草而居的生活。明末,蒙古族分为漠南蒙古、漠北喀尔喀蒙古和漠西厄鲁特蒙古三大部。游牧在青海、新疆一带的厄鲁特蒙古又分为和硕特、准噶尔、杜尔伯特、土尔扈特四部,称为四卫拉特。土尔扈特部游牧于塔尔巴哈台西北雅尔的广袤草原,在今新疆塔城西北、额尔齐斯河上游及俄罗斯境内的乌拉札地区。

清代,处于沙皇俄国与清朝疆域之间的蒙古,受到两个大国的威胁,衡量利弊后,外蒙古哲布丹尊巴活佛决定归附清廷。他说:俄国不信佛教,衣服奇形怪状。清朝一片繁荣景象,又信佛教,有用不完的财宝、绫罗绸缎,依靠他们,生活一定愉快。于是,漠南蒙古(内蒙古)、漠北蒙古大部(外蒙古)、漠西蒙古部分纳入清朝版图。

然而内部联盟经常发起纷争,土尔扈特部长与巴图尔浑台吉交恶,导致两部关系紧张,于是土尔扈特部长率一部分牧民负气向西游牧到额尔齐斯河上游地段,却受到沙俄要求他们"宣誓效忠沙皇"的威胁,还要签订相应的条约。土尔扈特部断然拒绝了沙俄的无理要求。再次经过长途跋涉和无数次战斗,他们继续向西,迁徙到尚未被沙俄占领的伏尔加河流域下游的广大草原。

西迁的土尔扈特人并非轻松远离故土,他们含着眼泪,一步一回首地唱着土尔扈特民歌《离别家乡》:"步步登上山坡,东方天已发亮。回头望着身后,我的家乡在屹立。步步登上山丘,眼看远方的动静。回头又一次望去,我的家乡在屹立。 步步登上高山,东方的太阳光辉灿烂。就要离开你了,我的家乡在屹立!"

富饶丰茂的伏尔加草原给几经流离的土尔扈特人带来了繁衍部落、休养生息的理想环境。没有了纷争和厮杀,过着逐水草而居的惬意生活。然而好景不长,随着沙俄不断升级的逼迫,土尔扈特部落沦为沙俄扩张出征的炮灰,甚至逼迫他们皈依东正教,消灭他们所信仰的藏传佛教。而他们则倔强地认为"自己有权在草原上游牧,在河流中航行",因为"土地和水是佛的",并义正词严地对侵略者说,土尔扈特人永远不当谁的奴隶,除神以外,他们不怕任何人。在严峻的抉择下,土尔扈特部落最终决定离开生活了140多年的草原,返回远离多年的故土家园。

1767年,在首领渥巴锡的领导下,土尔扈特部落决定东归故土,虽然引起一些人的反对,但是绝大多数的蒙古子民都在为回归故里作准备。1771年1月,渥巴锡召集全体战士总动员,提出土尔扈特人如果不进行反抗,脱离沙皇俄国,就将沦为奴隶的种族,这次意气风发、慷慨激昂的发言,点燃了土尔扈特人心中奔向光明的火焰。

在寒冷的冬天,伏尔加河右岸的三万三千多户的土尔扈特人决然出发了,离开了他们寄居将近一个半世纪的异乡,用他们的话说:到东方去、到太阳升起的地方去开启新的生活。渥巴锡率领一万名土尔扈特战士断后。他带头点燃了自己曾经居住的木制华美宫殿,坚毅的神情中带着破釜沉舟的悲壮,彻底与沙俄决裂;刹那间,无数村落民居也燃起了熊熊烈火,人们面对大火祈求佛祖庇护,安全回归故里。

在进入新疆库尔勒市区矗立着一座东归塔和土尔扈特首领渥巴锡雕塑

  土尔扈特东归的消息，很快传到了圣彼得堡。沙俄女皇叶卡捷琳娜二世认为，让整个土尔扈特部落从她的鼻尖下走出国境，是沙皇罗曼诺夫家族的耻辱，她立即派出大批哥萨克骑兵，去追赶东去的土尔扈特人。

  带着佛像、佛经和财产，赶着牲畜，背着沉重行囊、拖家带口的土尔扈特部落被哥萨克骑兵屡次围截，一路上遭受无数次残酷的围追堵截，还不断遭遇严寒和瘟疫的打击。由于战斗伤亡、疾病困扰、饥饿袭击，人口大量减员，有些人对返回祖国丧失了信心。在这最困难的关键时刻，渥巴锡再次鼓舞士气，他坚定地说：宁死也不能回头！

  土尔扈特人东归的消息，清政府事前并不知晓。由于无法与清政府沟通，得到清政府援助的概率很小。背水一战的土尔扈特人只有抖擞精神，依靠自己的力量，冲破一道道险关绝境。

  直到乾隆三十六年三月（1771年4月），清政府才得知土尔扈特举部东返的消息。

土尔扈特人归来的消息在清廷中引起争论,大家意见不一。最后清政府决定:土尔扈特人回归后,一定要好好安置。

根据清宫档案《满文录副奏折》的记载,离开伏尔加草原的十七万土尔扈特人,经过一路的恶战,加上疾病和饥饿的困扰,"其至伊犁者,仅以半计"。土尔扈特人在东归路上付出了惨痛的代价,有八九万人牺牲了生命。

阳光明媚的五月,土尔扈特人终于到达了祖国西陲边境伊犁河畔。当时任伊犁将军的伊勒图,派锡伯营总管伊昌阿等官员在伊犁河畔迎接刚抵达的首领渥巴锡等人。当他们回到了伊犁河谷当年祖先离开的地方时,七万余人疯了一般号啕大哭。据奉乾隆帝迎接他们的清朝官员舒赫德记载,当时"河谷哭声震天,(土尔扈特人)蓬头垢面,形容枯槁,衣不遮体,靴鞋俱无",景象异常悲惨。

首领渥巴锡在秋高气爽时节前往京城的避暑山庄面见乾隆皇帝,受到了乾隆皇帝的隆重欢迎和册封。乾隆下令在普陀宗乘之庙竖起两块巨大的石碑,用满、汉、蒙、藏四种文字铭刻他亲自撰写的《土尔扈特全部归顺记》和《优恤土尔扈特部众记》,用来纪念这一重大的历史事件。

从出发前的17万多人到最终只有7万多人回到了东方故土,历经磨难的土尔扈特人举部回归祖国,感动了全国人民,各地纷纷捐献物品,供应土尔扈特人民。清政府也拨专款采办牲畜、皮衣、茶叶、粮米,接济贫困中的土尔扈特人。为了妥善安置归来的土尔扈特部众,清政府指派官员勘查水草丰美之地,将巴音布鲁克、乌苏、科布多等地划给土尔扈特人作牧场,让他们能够安居乐业。

居住在伊犁河谷特克斯河下游的蒙古族人,是随土尔扈特东归的大喇嘛罗卜藏丹增属下的沙毕纳尔及厄鲁特人,被划入厄鲁特右翼。在这里建立了砖木结构的呼图克图格根庙等3座寺庙。喇嘛僧咱雅班第达是一个蒙古族著名的历史人物,他一生不仅致力于喇嘛教的

沉稳肃静的蒙古族男人速写

  传播，而且积极参与各部的政治活动，一生还翻译了170余种藏文典籍，在呼吉尔特蒙古部族中享有极高的声望。

  在特克斯县呼吉尔特蒙古民族乡生活的蒙古人自称"沙比纳尔"，沙比纳尔原是僧侣徒弟的意思，到清代变成喇嘛的属下，成为寺院属民，处于被统治阶层。他们世代为寺院服务，不承担世俗的兵役、赋役、劳役。沙比纳尔主要来源于王公贵族等封建主的捐献，是准噶尔汗及其他蒙古王公贵族布施给咱雅班第达的"牧奴"，也有为了逃避不堪忍受的赋役或生活无路被迫投身寺院，成为佛的追随者。

  任由马匹进入历史通道，这一段感天动地的东归传奇，是土尔扈特人书写在大地上的沧桑。当我在呼吉尔特面对一张张淳朴笑脸的时候，他们清澈的眼神、坦诚的笑容让我感受到一个饱经磨难的民族，珍惜和感恩的心态。

通往上天的道路

每一个来到草原的人,一定都不会忘记自己接受过的一种尊贵的接待礼仪。当茫茫草原由远及近的时候,当那青草的气息喷涌而来,一种悠然和舒展的感受随即让心神灵动。一座座大小石块垒积而成的石堆出现在眼前,石堆上插着树枝,此谓神树,神树上系有随风飘扬、五颜六色的神幡,如同手臂召唤着远方的牧人,这就是敖包。当经过一个大敖包的时候,一群身穿蒙古族长袍的人已经在此等候多时。

悠扬的马头琴如梦如幻,明媚的歌声如风般响起。热情的笑脸,盛装的女子,她们一举手一投足都充满了蒙古族人的矫健和妩媚。托盘中一只盛酒的银碗,随着女子身体的起伏微微漾动。接过银碗,你就接过了蒙古族人最隆重的接待礼仪——下马酒。左手端碗,右手无

经幡飞舞的敖包是通天通神之地

名指蘸酒弹向天空，为"敬天"。右手无名指蘸酒弹向地面，即为"敬地"。右手无名指蘸酒向前方平弹，称为"敬祖先"。这时你会听到他们诗一般的语言："远方的客人请你喝一杯草原佳酿，这是我们民族传统食品的菁华，也是我们草原人民的厚谊深情。"在这种氛围下，即使你平时不怎么饮酒，到了草原，到了蒙古族人中，你会发现，酒是你与他们神交的通道。

双手端碗，一饮而尽。一饮而尽代表着你的接受和对蒙古族主人的尊敬。饮下这样一杯滚烫的美酒，继而被一种热乎乎的情绪牵引着，呈现在你面前的是闪耀着金光的草原、蒙古包和蒙古族人的笑脸。无论你走向草原的哪一个角落，一种昂扬的激情如同小鹿冲撞着内心的樊笼。

据说，下马酒是从成吉思汗时世代流传下来的规矩。成吉思汗有两件心爱的宝物，一件是象牙扳指儿，套在右手大拇指上做射箭时钩弦之用；另一件则是雕花的饮酒杯，喝酒时用。然而，这两件宝物却在关键时刻救了他的命。与他从小结义的兄弟札木合见成吉思汗如日中天的发展，很妒忌，就想杀了他。而他自知不是骁勇善战的成吉思汗的对手，于是就策划与他相聚的时候暗下毒手。聪明绝顶的成吉思汗早已洞察札木合的阴险，深思熟虑后，骑马去了聚会点。成吉思汗接过迎宾酒，用扳指一蘸，象牙扳指变了色，成吉思汗按捺住怒火，把酒洒向天空，说先敬天。札木合再敬一杯，成吉思汗洒向大地，曰再敬地。札木合还要敬，他大怒，拿出银酒杯来干杯，札木合斗不过智勇双全的成吉思汗，只好放弃。成吉思汗因此逃过一劫，而这下马酒也成为一种时尚和习俗在蒙古族人中流传下来。

喝了下马酒，依照蒙古族习俗要顺时针绕敖包三周，在心里许愿，之后添加石块以求心愿得偿。一般要放3、6、9块石头，寓意吉祥如意、六六大顺、天长地久。牧人每次经过敖包，都要在上面放几块石头，日积月累石头越垒越高。最初敖包是道路和界地的标志，有指路、辨别方向和行政区划的作用,后来逐步演变成祭山神、路神和祈祷丰收、家人幸福平安的象征。

敖包是蒙古语,意即"堆子",在开阔的地面,风景优美的山地高坡,草原上的人们用石头堆起一座圆形实心塔,顶端立着系有经文布条或牲畜毛角的长杆,意指神引领凡人通往上天的道路。每个草原蒙古部落都有自己的敖包,敖包又是宗教仪式的活动场所,平时路过此地定要下马,祭酒食,叩头祈祷,添土垒石,剪下马尾、马鬃,或将各色布条系于敖包,以求大吉。

敖包是蒙古族的重要祭祀载体,祭祀敖包的传统据说是源于古代的祭圣山,而祭圣山又与成吉思汗关系密切。《蒙古秘史》记载:成吉思汗在早期被蔑尔乞特人追赶时,藏在不罕山里,蔑尔乞特人绕山三圈没有抓住成吉思汗。蔑尔乞特人远去,成吉思汗下山后说:不罕山掩护了我,保住了我的性命,我将每天祭祀,每日祝祷,让我的子孙都知道这件事。说完,即"挂其带于颈,悬其冠于腕,以手椎

成吉思汗征战南北雕像

膺，对日九拜，酒奠而祷"。元代的忽必烈曾制典，封建皇帝与蒙古诸王每年必须致祭名山大川。由于有的地方没有山或离山较远，人们就"垒石像山，视之为神"。这种山只是"像山"，不是自然的山，是人用石头或土堆起来，蒙古语称之为"敖包"。敖包在牧民的心目中，象征神在其位，世代传颂。

祭敖包在每年水草丰美时节举行，敖包插上树枝，树枝上挂五颜六色的布条或纸旗，旗上写经文。供祭熟牛羊肉，致祷告词，男女老少膜拜祈祷，祈求风调雨顺，人畜平安。祭祀仪式结束后，一般要举行赛马、射箭、摔跤等竞技活动。这一信奉萨满教时最重要的祭扫仪式，如今在特克斯县呼吉尔特蒙古民族乡已演变成一年一度的节日活动。

古代的蒙古人把世间万物都看作神灵来崇拜，成吉思汗信奉萨满教，崇拜"长生天"。他和他的继承者对各种流行的宗教都采取了兼容并蓄的政策，除信奉萨满教外，也奉养伊斯兰教徒、基督教徒、道教弟子和佛教僧侣，并亲自参加各种宗教仪式。蒙古族的敬神习俗可追溯到古老的萨满教，崇拜多种神祇，而后蒙古人信仰的喇嘛教又吸收了其古老的民间信仰，把众多的神祇引入了喇嘛教的轨迹。

当我走进多勒肯村这座安静悠闲的村庄，喇嘛乌里宗的院子门前人气很旺，两辆大卡车一前一后停在门前，卡车上装着蓬松的草料，一群鹅仰着长脖颈嗷嗷地鸣叫着，踢踏着乡村的土路。门前一条水渠欢快地流向远方，苹果、海棠树树干茂密，一枝绿荫伸出土坯院墙。

院子宽敞，高大黑胖的乌里宗穿一件土黄色的衬衫，请我们进了他会客的房间。一进门正对的墙面上挂着成吉思汗和佛祖释迦牟尼的画像，还有不同颜色的唐卡，上面分别是白度母、宗喀巴大师等。供桌上摆着一尊黑色闪亮的石头，如同闪闪发光的树，乌里宗介绍说，这是从昭苏的山上挖来的。有趣的是，大红花、光荣证、代表证等林林总总地摆在成吉思汗画像下方的捻穗上，还有参加各种宗教交流的

喇嘛乌里宗的居室里充满了一种安静沉思的气氛

合影照片镶在镜框里，这俨然是一面荣誉墙，主人的信仰与成就都摆在上面。房间里有焚香炉，两组沙发两两相对，地面有三分之一铺着化纤的紫红色长条暗纹地毯，窗台上摆放着绣球和仙人掌植物。

脱了鞋走上地毯，和当地的喇嘛乌里宗进入了关于信仰的对话。他一边用抑扬顿挫的语音说着，一边手捻佛珠。主管文化的副乡长巴·图亚为我们翻译，这个有着大眼睛的蒙古族姑娘身上带着一种坚毅和刚强的气质，令人蓦然联想起斯琴高娃果断的眼神。

宗教对喇嘛自身的要求很高，个人修行与参悟是很重要的一部分。一年必须有45天静坐念佛，一年必须念303本经书，大年初一要举行大型活动庆典，过去的喇嘛不允许结婚，他们将自己的全部挚爱投入宗教中。说到这些，乌里宗认为现在的喇嘛已经很少有人可以做到这些了。身为农民的他，通过不断的自修取得了一定的成就，当地百姓慕名邀请他做喇嘛。平时他和老百姓一样，种地、放牛羊，养家糊口，要供孩子们上学，为他们将来的学习和生活操劳不已。喇嘛庙的重要活动他会去念经,平日里老百姓也请他去念经。一天三次经,诵经和焚香一起进行,每次15—20分钟,这是他个人修行中必须要做的一项,从不间断。

信仰喇嘛教的百姓一般善良淳朴,他们虔诚地信奉着佛祖,信奉着轮回、来生,世代遵循着喇嘛的精神指引,孝敬父母,遵纪守法,不偷盗不赌博不犯罪,勤劳致富,与人为善……近百年间,呼吉尔特蒙古民族乡一直保持着纯朴憨实的民风。

据乌里宗介绍,当地最大的寺庙呼图克图格根寺香火最旺的时候有385名喇嘛。清朝时期,不论王公贵族,还是一般百姓家庭,家里凡有2个以上儿子的,通常要送其中1人当喇嘛。出家当喇嘛的男孩,一般在七八岁时即行施戒。施戒后要剃头,不准留胡子,不准结婚;要学习藏文,掌握了拼音后,便自己念经。一般人见喇嘛,要用手按膝弯腰问好,喇嘛则用手抚摸其头。如果喇嘛至家,要让以尊位。有疑难问题,会求喇嘛占卜指点迷津,办理婚事、丧事都要请喇嘛选吉日,念诵经文。

在信仰之风浓郁的地方,空气中始终隐含着一种神的气息。无论是那经幡飞扬的敖包,还是那敬天畏地的下马酒,即使身居浓荫的农家小院,油绿的西瓜悄然地藏在瓜秧后面,满树沉甸甸的苹果包含着一种醉意的微醺……当地村民在这片土地上养成了对待自然万物的恭敬之心,仿如一条自然而然在他们面前铺开的通往上天的道路。

像扣子一样的琴——托布秀尔

弹起你的托布秀尔吧

让我们欣赏一番,

戴上你的托尔侧克帽子吧!

让我们仔细看一看……

这首流传于新疆土尔扈特蒙古族的民歌,提到了一种传奇的乐器——托布秀尔。托布秀尔,多么柔美缠绵的发音,而它的弦音亦如名字般美妙。这种弹拨乐器极像蒙古袍上的纽扣,琴箱是圆形的,琴杆像蒙古袍扣子的"西勒布"(指扣上的绳带),而西勒布上的两道缝线则像琴耳,即琴弦轴。

"托布秀尔"一词系蒙古语卫拉特方言的音译,原意为"敲的东西"。托布秀尔最初诞生之际,词意可能包含了弹、拨等多种演奏技法,这种在不断实践中完善的古老乐器,如今依然为蒙古族人约定俗成地使用着。

托布秀尔温婉的名字也许是来自制作琴身的特殊木料,这种木料取自高山上屹立挺拔的松树,由于站得高,迎风向阳,接受山间最灿烂的阳光雨露。松木上有一段长着特殊的纹样,剖开敲击时能发出清脆的响声。这种有着美丽纹样的木头被称作"托不舒拉",用托不舒拉制成的琴能够发出悦耳优美的旋律,于是人们就将之称为"托布秀尔"。

蒙古族的托布秀尔和哈萨克族的冬不拉、柯尔克孜族的库木孜、锡伯族的东布尔等民间流行乐器,被视作古代北方游牧民族所流传的

也许最好的托布秀尔就诞生在这些高山林壑之中

木质短颈拨弦乐器的后裔乐器。据乡文化干部尼克木介绍，在外形制作和演奏技巧方面，托布秀尔带有鲜明的个性特点。

　　我们在乡政府对面的一家回民餐厅吃饭，谈到这种古老的民族乐器托布秀尔。巴·图亚惊喜地告诉我，邻桌一位蒙古族女子的公公正是托布秀尔的传承人，可谓"踏破铁鞋无觅处，得来全不费功夫"。下午，就去拜访这位老先生。

　　民间艺人达·中尕的家在多勒肯村，与喇嘛乌里宗的家相邻。这个其貌不扬的老人与我在乌里宗的院子前相遇，他低头引我进入他家花红树绿的院落，果树茂盛，大丽花开得正艳，牵牛花紫色的喇叭向着太阳鼓起，好像吹奏着一曲欢歌。客厅里有一个五六十厘米高的土炕，炕上铺着花毡，七八平方米的房子里到处都摆着葱茏的花卉。一台老式的缝纫机诉说着主人的家事，电视机挂在墙上的木架上，木质衣柜显得朴素洁净。窗前林林总总地摆有二十多盆花，粉红色的大叶海棠娇艳可人，团簇热烈的绣球花火红一片，密密蓬蓬的三七叶片，晶莹剔透的"玻璃脆"，所有的花木显得温和而蓬勃，生动而不张扬。花给房间带来了温馨和暖的气息，也拉近了与陌生人的距离。

达·中尕自豪地告诉我他的名字，那个掷地有声的发音与汉语"中国"的音相同，并说自己是1949年10月1日出生的，与新中国同岁，言语中带着自豪，透露出蒙古族人那种骨子里挥之不去的傲骨和优雅。他的爷爷是木匠，主做乐器和马鞍子，制作托布秀尔是家族式的传承。他依稀记得以前的家住在木头搭建的房子，在爷爷的带领下举家从山区迁到多勒肯村，已经在这里居住近50年了。听爷爷的爷爷用讲故事的形式告诉孩子们，托布秀尔的历史传承在土尔扈特东归的时候就已经在民间流传。这种即兴式的弹奏，每一次的乐曲都是一次再创作，是根据弹奏者的心情和创作表现欲呈现的音乐。托布秀尔是天生亮嗓的蒙古族人离不开的宝贝，如同马匹、奶酒一样，与之构成了蒙古族人欢愉的精神世界。

达·中尕的父亲达娃是个能歌善舞、会弹奏亦会制作乐器的艺人，他从小耳染目睹，在浓郁的艺术氛围中长大，自然不可避免地爱上托布秀尔。他从13岁起跟着父亲学唱弹琴，16岁已经学会了托布秀尔12种弹法和一些民间小曲。每次他都会随着爷爷去参加各种聚会，在聚会活动中，可以听到不同的民间艺人的弹唱，这让他大开眼界，会一边模仿，一边操练。

托布秀尔在民间流传着一个优美的传说，中尕娓娓道来。很久以前，一个聪明能干的土尔扈特蒙古族小伙子，在草木丰饶的草原和山地间放牧。一天，他赶着羊群上山，坐在一棵大树下休息乘凉，突然听到一种美妙的声音，犹如天籁，他沉醉在这乐曲声中流连忘返。然而声音却时断时续，他四处寻找声音的来源，仔细一看，原来是树洞上挂着的几缕马尾被风吹动的声音。他感到惊奇又兴奋，为了保留这美妙的声音，他砍了树木掏成树洞的形状做成了音箱，上面挂着马尾弦，通过努力和对音乐敏锐的天赋，调制出一把会唱歌的乐器，取名托布秀尔。

中尕说着，拿出一把尚未完工的托布秀尔，整个造型与小提琴有些相似，采用胡杨树制作的琴身显得古朴典雅，他说材质也可选用樟木、榆树、桑树或松树的上好树段挖槽而成。顶部是马头造型，绘有蒙古族传统图案。琴面蒙着柔软的山羊皮，琴杆用红柳枝制成，琴弦过去采用秋季宰杀的山羊细肠制成，现在一般多用丝弦或尼龙弦。

在伊犁地区尼勒克县流传有这样一首歌谣——《托布秀尔的话》，形象地讲述了托布秀尔的制作材料："松木做琴身，柳木做琴面，红柳做弦轴，亚西勒（一种树的名称）做弦马，还要山羊肠做成弦，如果不用这些，我就不会唱歌、说话。"

中尕说托布秀尔可以单独演奏，也能多人合奏，还可以为原生态沙吾尔登舞（蒙古族民间舞蹈，广泛流行于新疆蒙古族地区）伴奏。当动人心弦的旋律、美妙的歌声响起，身穿盛装的蒙古族小伙如同雄鹰抖羽、雁翔长空，双脚踢踏着变换马步，抖动健美的双肩，显示出粗犷雄浑的原始力量之美。身着美丽红裙的姑娘翩翩起舞，与男子双双对对，摩肩蹭袖，叉腰抖肩。这种配合默契、气氛欢愉的舞蹈即使不会跳舞的人也会被感染，当你被热情的蒙古族姑娘带进舞蹈的热流中，便会跃跃欲试地加入这激扬的乐舞中。此时只有跟着托布秀尔的节奏拍手跺脚，欢快跳呀唱呀，舞蹈的狂欢将盛会一浪浪地推上了高潮。弹奏托布秀尔的艺人更是激情洋溢、不知疲倦地弹奏着，直到最后一个舞者倒下。

这把托布秀尔尚未完工，我无法听到这古老琴声的低诉。中尕说他制作的琴都已经被定主买走，这样一把纯手工的琴只需400元，但却要花费很长的时间和精力。他的儿媳为我播放了一段录制的托布秀尔演奏，激烈欢快的琴声蓦然将眼前的老先生点燃，他的眼睛里喷射出灼热的光焰，脸颊上飞起红云，音乐使他判若两人。琴中的世界浪漫飞扬，琴外的世界平和内敛，这也许是老人多年来的总结并行之有效的生活哲学。

民间传唱的托布秀尔原本有着几十种甚至上百种曲子，由于没有乐谱记录，每一次演奏完全是依靠听觉和感觉创作，所以大部分曲子因战乱等失传，即使在牧区的老人中也鲜有会弹奏这种乐器的。目前，中尕从事的托布秀尔传承事业，引起了多方重视。他受到广泛的尊敬，村里乡亲的喜事婚宴都会请他演奏助兴。一些人慕名而来，想向他学习这种古老的传承技艺。目前他已经收了四五个徒弟，这些学徒要先经过他的选拔才可以学习，他认为学习托布秀尔，首先看个人兴趣，喜欢的人就一定会努力付出；其次是看天分，这种先天的艺术资质决定一个艺人能够走多远，能够取得怎样的成就。

中尕的大儿子是音乐老师，他计划将父亲会弹唱的曲子完整地记录下来，做成曲谱，这样便于存留和弘扬。在他的精心培养下，另一个儿子也学会了制作乐器，几个孙子、外孙现在都在学习托布秀尔的技艺。在交谈的过程中，他的孙女金吉蔓始终乖巧地偎在膝下，一

托布秀尔是制造欢乐的源泉，有它就有快乐的人群（巴·图亚摄影）

双大而沉静的黑眼睛显得很有主见,只有三岁的小女孩每日跟随着老人,她的童年与中朶一样浸透在艺术的养分中。

临走前,中朶带我们去院后的苹果园,他说带些苹果路上吃。一株株的苹果树此时硕果累累,沉甸甸的苹果压弯了枝头。孩子们如同小鸟欢快地围着果树,个子高的先踮起脚尖摘下一个红苹果,在衣服上蹭了蹭,咔嚓一声,清脆的声响伴着苹果鲜美的汁液扩散在空气中。老人看见两个孩子为争苹果而发生了口角,于是敏捷地爬上树干,摇晃着苹果枝,一时间摇落了无数苹果。苹果那纷纷坠地的厚重声音此起彼伏,如同一场密集的托布秀尔高潮曲调,在这如同天籁般坠落的音调中,我嗅到醉人的芬芳。

一把琴让能歌善舞的民族眼睛发亮,心神合一,只要乐曲响起,便如同号角唤醒其血液中沉睡的欢乐源泉。在蒙古族人漫长而坎坷的历史中,托布秀尔就是那把琴,是伴随着游牧民族一路走来的精神羽翼,与天地通灵。

民间老艺人敏捷地爬上树干,摇落了一地苹果

天籁与心籁之混声——蒙古长调

　　风是草原上的另一种歌声，在每一片草叶间回旋，它将一种从胸腔里、从血液里、从心里的声音，传诵至更远更辽阔的天空。草原、马匹、奶酒是蒙古长调的摇篮，它们助长了歌手的辽阔、悲怆和诗意的宣泄。

　　耳朵捕捉到了一丝声浪，就会凝神静气地将所有的力气都用来倾听。那声音一经入耳就像磁石，人会不由自主地跟着它游走，仿佛灵魂都被它抽走了。在听蒙古族友人其达拉图的蒙古长调的时候，除了要闭上眼睛倾听之外，其他任何声响都是多余的，或者都会引起被打扰的不快。那声音干净得如同草原上的风、空气和阳光，你会不由自主地静下来，心随着悠远的音调一起飞翔、上升。

　　长调，蒙古语称"乌日听道"，即"悠长的歌曲"。随着马蹄嘚嘚的声响、勒勒车（勒勒车，古称辘轳车、罗罗车、牛牛车等，是中国北方草原上蒙古族使用的古老交通运输工具）的颠簸，广阔的草原及游牧的行旅，自然而然地诞生了。如同一粒种子找到了适合生存的土壤，长调是牧人行旅中倾尽全力表达心声的歌，所以一经唱出即可抵达心灵，犹如站在苍茫草原倾诉思念的天籁和心籁之声。

　　顺着蒙古长调寻访草原游牧文化的基因和脉络，那蕴含着丰富语境的曲调，述说着蒙古族一幕幕风云激荡的历史文化和直指人心的生活哲学。据考证，蒙古长调自蒙古族形成初期就已经存在，产生于人类狩猎时期，形成于游牧阶段，至今已有两千多年的发展历史。早在西汉时期，马背上的匈奴人在游牧中即创造了这一独特的民歌形式，从河西走廊败北，他们在《祁连山歌》中悲伤地唱道："失我祁连山，使我六畜不蕃息。失我阙支山，使我嫁妇无颜色。"北魏的乐府歌辞中记载了大量鲜卑人在草原的牧歌，至于《敕勒歌》，则是长调民歌发展史上的千古绝唱，是民歌中的一座里程碑。

歌腔舒展、节奏自由是蒙古长调的显著特点，这与游牧民族质朴豪放的性格和宽广纯净的襟胸有关。天苍苍野茫茫，风吹草低见牛羊，在这样的大场景下诞生了蒙古族和长调这种独特的民族和文化现象。草原、骏马、骆驼、羊群、蓝天、白云、绿草是长调中表达的主要内容，那连天连地，连着蓝天白云，连着日月星辰，连着辽阔无边的草原绿海的长调，唱出大自然的壮美景象，唱出草原牛羊遍野、骏马奔驰的苍茫气势。长调一般为上、下两长句，四句歌词分两遍唱完，字少腔长，适宜叙事，擅长抒情。情歌、赞歌、叙事歌、牧歌，长调将草原上勇猛的英雄、彪悍的骏马、肥美的羊群及草原的辽阔、牧场的欢歌、家乡的情思、爱情的甜美、婚礼的喜悦、生活的感悟，通过歌声直抒胸臆，赞美自然，祈祝未来。

其达拉图告诉我，长调唱法以真声为主，蒙古族人天生就会使用一种叫"诺古拉"（蒙古语音译，波折音或装饰音）的特殊润腔方

蒙古族歌手

法，使得悠扬的歌声更富有草原味道和辽阔的生命力。长调的乐句都有一个长长的拖音，加上起伏的波折音，唱起来有激情豪放、一泻千里之感。演唱中的气息是重中之重，气息饱满圆润，把控得体自如，声音由强到弱的交替呈现，即可产生高亢悠远、舒缓自由的美感。希腊神话中有歌声蛊惑他人的女妖，听到女妖歌声的人会不由自主地寻她而来，即使前方是无尽的深渊和沼泽。哈萨克族民歌里的"歌声使我迷了路"，与之有异曲同工之妙。

当歌声响起，语言已经成为蛇足，聆听才是一种至尊至美的享受。当你听到和着青草、奶香、牧羊气息的歌声涌来，那淤积已久的心胸被歌声蓦然敞开，天地在音符中变得辽阔透亮。坐在毡房里，手捧一碗香浓的奶茶，长调似乎变成了一段走入蒙古族人生活中的阶梯，只要是有歌声的地方，灵魂高度就有一只鹰在盘旋。

最热闹的是婚宴，几乎是歌声不断、敬酒不断、祝福不断。一只牛角杯在歌者手中传递着，一曲唱罢敬给老者，受敬者不会推辞，一饮而尽后，歌声再度响起。即使鬓发苍苍的老者，唱起歌来也音若洪钟，高昂激越，与其苍老的外貌毫不相称。一曲歌罢，酒杯又传给旁人，循环往返，酒杯与歌声始终不会间断，甚至通宵达旦。歌词内容是每一位歌者根据自己的感受表达的心声，祝福美满，吉祥如意。每个人所选用的曲调也各不相同，几乎没有重复。当过新娘的尼克木和巴·图亚都对婚礼上的歌声记忆深刻，那是有生以来听到的最丰富、最吉祥的长调，因为这样的歌声是为自己而来的，所以感受大不相同，记忆也格外深刻。

每次想听其达拉图唱长调，还得看他的心情，他说在窄逼狭小的城市空间，有时会出现短暂的失声，找不到感觉是不可能唱出长调的，长调永远属于心灵和血液深处的脉搏。但在他的家乡，在草原上，他的声音自然而然地复归了原生态的悠扬与华美，他认为那是草原赋予的神奇能量。一个牧人离开了草原，逐渐地就变成了另外一个自己都不熟悉的人，那种感觉是一种无助的煎熬，而如今这种痛苦蚕食着更多无法回归草原的游牧人。所以蒙古长调也渐渐地变成了一种回忆和印象，很多步入城市的游牧人已经忘记了长调的发声，只有老人才会在婚礼和聚会上一展歌喉，让人猛然警觉自己的祖先曾经创造过那样一段无敌的辉煌。

他在唱长调的时候，总是闭着眼睛，如同沉浸在梦魇中。那金属般的声音乍然滑响，听者仿佛和他一起进入神的通道。他完全在自己营造的世界中游走，不为外界所动，他的气息才能浑然一体，与天地神合。

14岁的吾·布仁巴依尔在父亲吾力杰巴图的陪同下敲开了我的房门，还在特克斯县初级中学上八年级的蒙古少年，已经是当地有名的小歌唱家。小小年纪就已经学会了唱六七种蒙古长调，他立志将来要当音乐家，弘扬民族音乐。布仁巴依尔还在三四岁的时候就会唱歌了，据说是拿着扫把当吉他，站在桌子上学唱腾格尔的《天堂》。在学校当老师的父亲敏感地发现了孩子的艺术天分，力所能及地给孩子提供良好的艺术环境和鼓励支持。布仁巴依尔7岁学习电子琴，在学校里主动参加各种活动以锻炼自己的胆识，也参加演讲比赛、唱歌、当主持，他在一次次的登台表演中为自己积累了经验；13岁向外婆学

蒙古族小歌手

习托布秀尔，喜欢参加蒙古族人的婚礼聚会，在其中可以了解到很多民间艺人的不同演奏技法。虽然地处边远，然而父亲带着布仁巴依尔四处拜师学艺，参加了很多的活动和大赛，从特克斯到伊宁，从伊宁到博乐，从伊宁到乌鲁木齐，渴望得到名师指点和认可的步伐让他愈加成熟。

他带来的获奖证书摊了一桌子，父亲还特地带来了一本相册，给我看他小时候和登台表演的相片。这个神清气爽的蒙古族少年为我唱了一首蒙古长调《都仁扎纳》，他的音质清亮圆润，音调高亢，显示出良好的艺术禀赋，唱完他告诉我这首长调讲述的是力大无穷的蒙古族摔跤手的故事。后来我推荐他参加了"美丽新疆"少儿才艺展示大赛，父亲陪着他从白雪皑皑的特克斯县城坐夜班车赶到乌鲁木齐，身穿蒙古族长袍的少年在台上一曲惊人，唱得高昂激情，唱得明亮持久，赢得了几个评委的交口称赞。

一首来自吾·布仁巴依尔家乡的古歌这样描述自己的居所，简单质朴的语言也许就是情感最直接的表白："名叫特克斯的地方，是多么平的地方啊。你生在那里的家乡，是多么好的家乡啊。在上面地方耸起的，是金顶的庙啊。在人的心里藏着的，是多么美好的希望啊！"

有人说，无论什么样的演唱风格总是万变不离其宗，最终都要归到混声上来。混声使得声音更具有威慑力和穿透力，那是一种天人合一的气场。歌手如果获悉了这种气息，就可以随时随地地感受到长调直抵人心的灵动和华彩。它能够带你扑向大地、草原、河流深处，将天籁和心籁之声融会，倾听流淌在蒙古族人血液里最深沉、最炽烈的乐章。

好像那苹果到秋天

"你的脸儿红又圆啊,好像那苹果到秋天。"欢快的新疆民歌响起,眼前似乎能看到蓝得透明的天空下,一颗颗红润饱满的苹果挂满枝头。红彤彤的苹果很容易让人联想起姑娘明媚的脸蛋,那是恋爱中期待圆满的情人的目光。

四月的苹果花如同绿叶上的覆雪,一夜之间打开了闭合的花蕊,轻盈地撑开了自己洁白的花房。当你徜徉在圣花馥郁的苹果园里,呼吸都会变得甜美轻盈。当苹果花的芬芳飘落渗入泥土,青色的果实娇滴滴地吐露在枝头,如果用分镜头表现这整个过程,苹果似乎是摇身

含苞待放的苹果花,
娇羞如同少女

一变就长成了水灵灵的姑娘。秋天的苹果如同一个个待嫁的新娘,丰美的果园就是它全部的陪嫁。哲人说:一沙一世界,一花一天堂。而在伊犁的苹果园,苹果就是整个脆爽甜美的秋天。

  伊犁是世界苹果起源地之一,西天山下的伊犁河谷中如今仍存有14万多亩野生苹果林。作为第三纪古温带阔叶林的残遗群落,它经历了诸多植物灭绝的蛮荒时代,如同远古的遗腹子,艰难存活,天山成了它的"避难所"和再生的摇篮,躲过劫难,顽强地保留着2000万年前的精气、呼吸、形态、口感和基因密码。它们顽强地在春天生根,在夏天开花,在秋季结果,日复一日,年复一年,遵循着花开花落、果实成熟的自然规律,自生自灭、自娱自乐。直到直立行走的人们发现它,抬手从树枝中摘下,用它充饥果腹,繁衍发展。经过一代代的"驯化"嫁接实验,脱胎换骨的野苹果变成了产量、品种、品质丰富的优质水果,它已经形成了一个庞大的品种群,一个丰富的基因库,并成为人们佐餐、致富、幸福生活的一部分。

成熟的苹果象征着秋天、富足和丰收

伊犁河在元代称亦剌河，"亦剌"是苹果之意。《大唐西域记》中所称阿耆尼国(焉耆)、屈支国(库车)出产的"柰"，是指一种古老的"绵苹果"。古人将苹果称为柰、林檎、苹婆等，突厥语称苹果为阿勒玛。公元3世纪，晋代学者郭恭义在《广志》中记载："柰有白、青、赤三种，张掖有白柰，酒泉有赤柰，西方多柰，家家户户腌制果脯为食，谓之'苹婆粮'。"寥寥数语，即勾画了一条由天山引向河西走廊，再到中国内地的苹果栽种路线图，那也是丝绸之路的路线。

有观点认为，苹果的原产地在欧洲东南部、中亚、西亚及中国新疆一带。这一观点经过实践和考察得到了修正，植物学家茹赤科夫认为：欧洲东南部只是苹果的二级发源地。最古老的起源地应该在中亚山区，也就是说，横亘于亚欧大陆中部的天山山脉才是苹果真正的故乡和源头。

打开一张天山地图，那上面有着许多与苹果有关的地名，包括首都、城镇、村落以及消失的古城。哈萨克斯坦前首都阿拉木图，意思是"苹果之父"，那里到处都有丰美的苹果园，洁白的苹果花和沉甸甸的苹果。伊犁霍城县的阿里玛勒古城是察合台汗国时期的首府，西方史书中称察合台汗国为"中央帝国"，当时这座古城极尽繁华，蒙古人在这里走向了它辉煌的顶点。志费尼在《世界征服者史》中甚至称"察合台的宫阙成了全人类的核心"。然而，曾经辉煌的阿里玛勒古城已经成为历史的遗存，这座元代的苹果城消失了。而苹果树，依旧在伊犁河畔，在果园里，在百姓的院落里，繁衍不息，花开果落。

"阿勒玛勒"一般是指野苹果。阿勒玛勒乡、阿勒玛勒村，都是盛产苹果的好地方。当然还有摘苹果的姑娘阿勒玛勒古丽，否则苹果园的情歌何以代代流传。当我喊着一位叫阿勒玛勒古丽的女诗人名字的时候，她用笑吟吟的苹果般的脸颊告诉我，阿勒玛勒古丽就是苹果花的意思，她出生时院子里正开满了晶莹雪白的苹果花。她很为自己这个美丽的名字自豪，也许是苹果花的佑护，少女时期的女诗人就拿起笔在苹果树下写诗了。

喀拉阿勒玛：黑苹果；查易阿勒玛：茶叶苹果；卡勒都什卡阿勒玛：洋芋苹果；斯塔克阿勒玛：枕头苹果；布都尔格阿勒玛：酒瓶子苹果；索尔格阿勒玛：犁尖苹果；乃什普特阿勒玛：香宝宝苹果……阿勒玛古丽一口气给我介绍了如此之多的苹果种类，是我闻所未闻的，这些翻译成汉语的奇异鲜活的文字效果，让人浮想联翩。当我将它们一一分行对照排列敲击在电脑的时候，作为一道奇异的句式，似乎可以用诗的方式来朗诵。

没有确切的资料显示，伊犁河谷从何时开始栽培苹果。据考证，具有农耕意识的人们开始"驯化"这种适宜栽种的果树的时候，已是2000多年前了。苹果树已经饱经风霜地经历了漫长的时间校色。人工的2000年与自然的2000万年间漫长的时间跨度，使人已经无法想象和揣测苹果的经历，那嫁接在时间基石之上的硕果绝非偶然的呈现。

天地初始，夏娃在蛇的引诱下，偷吃了禁果，突然变得眼明耳亮，看到彼此赤身裸体会心生羞耻。这种开启智慧的果子，长在亚当和夏娃必经的路上，等待着人类的成长。美好的苹果是诱惑、原欲的象征，而人类却总是满足不了自己的好奇心，也许正因为这种不断探索的精神，人才可以成为天地之间的灵长。在西方文化价值体系中，苹果的双重性在文学作品中比比皆是，因为妒忌而产生的毒苹果，成为童话中狠毒皇后毒死白雪公主的凶器。

一位植物学家说苹果是"真正的民主的水果"，它乐意在任何地方生长，不管是被忽视、被虐待、被放弃，它都能自己照管好自己，并且硕果累累。时至今日，苹果已经成为世界范围内仅次于香蕉的第二种"大众水果"，整整半个地球几乎都是苹果树繁盛的生长地。它不仅仅是水果、点心、饮品，还是地名、时装、手机品牌及爱情、团圆的象征和思想的顿悟。砸向牛顿的苹果是科学家发现万有引力定律

苹果是智慧启迪的果实，牛顿就是被这样的一枚果实点醒了

的契机，苹果树也由此成为智慧启迪之树。被乔布斯咬了一口的苹果，竟然成为风靡世界的"爱疯"手机，就连暴徒袭击商铺，他们只直奔货架上精美的苹果手机。

  苹果亦是"温驯"和"甘甜"的化身，苹果作为全球十大长寿食物排行榜首位的水果，已经是居家餐桌上最为普遍的水果。苹果的性情也如同它的名字一般，是人们求吉利求平安的一种美好寓意。行旅的路途中，一个苹果就是一份营养丰富的餐点和水分能量的补给，没有苹果相伴的旅途总觉得缺少滋润和愉悦。

  从长途旅行车走出，在特克斯县城的一家四川人开的小餐馆的院子里，我惊讶地发现几株苹果树上吊着密集的小苹果，青色表皮，小巧体态，其貌不扬的模样并没让我把它和能吃及的美味联系到一起。然而好奇的虎儿先尝了一口，说好吃极了，从未吃过这么好吃的苹果。的确，一口咬下去，那青色的苹果上留下一排清晰的齿印，水分糖分虽然不过分夸张，却唇齿留香，滋味清冽。当我们视野中又红又大的红富士苹果猛然取代了这种青苹果的时候，我们已然逐渐忘却了苹果的真正滋味。

  也许是对甘甜、硕大、红润、完美的无限追求，苹果已经按照人们的意愿转变了自己的个性。甜脆大的红富士垄断了苹果市场，那些原本自生自灭的野生苹果，只能在山野中看到。如果你尝到了有甜、酸、苦等多种滋味的苹果，也不应为奇，其实那是苹果原本的味道。苹果并非没有方向地甜蜜到头，味觉的启示令人惊醒，也许这就是生活的味道，盲目的甜蜜只能使人更加迷惑。

在特克斯县土生土长的乡村教师赵云鸿带着女儿来看我，带着家里院子里种的野苹果，她说这苹果看起来不甚好看，却非常好吃，是绿色的放心果。还带了一兜苹果干和杏干，说是她亲自晾晒的，当地人有的用它们泡茶喝。我有幸参观了她家的果园，那些在庭院里肆意伸展枝干的苹果树，如同教孩子画画的赵云鸿老师那干净憨实的性情。也许我们会习惯性地在纸上画下一枚圆形的苹果，涂上红彤彤的颜色。而在生活的果园中，那扁的、长的、卵形及圆锥形的苹果比比皆是，那青色、绿色、黄色、黄绿色的苹果随处可见，虽然我们曾经固执地认为那些不红不大的果子，是长得不好及营养不良或有病虫害的问题，然而现实的多样性和丰富性修正了观念单一的固执和盲从。

而这种野生苹果的滋味，在美国学者迈克尔·波伦看来，"就像是上帝关于苹果是什么的最初的一些草稿"。这个"草稿"就是"驯化"苹果的祖先，也即"苹果之父"，它们至今仍隐藏在绵延的天山深处。它们是一个生命力强大的物种，是在天山深处活着的"植物化石"。对于地理和物种的选择与被选择的结果，在年年硕果的丰收时节，苹果呈现给人们的是一种思考和力量。

离开了多勒肯村，带走的是一大袋苹果，手里、口袋里、包里都塞得满满当当的苹果，这是淳朴的村民一种祝福和关念。伴着弥散着果香的路途，一个个苹果成为路上最好的伙伴。直到虎儿在苹果的芬芳中醒来，告诉我他梦见满树的苹果纷纷坠落，排着队似的落在他的头上，而且一点儿也不疼……

篇七

昆仑山下的
绿洲神话

昆仑山下的和田玉龙喀什镇
达瓦巴扎村

神山脚下的昆仑神话

中国古籍中有一座名震天下的山，名曰昆仑。传说是天帝的下都，山上有壮丽的宫阙，是天帝诸仙朝会的宴乐之地。共工怒触不周山、女娲炼石补天、精卫填海、夸父追日、羿射九日、嫦娥奔月、禹鲧治水……中国人最初的神话都是以此山为场景展开的。如果顺着神话的脉络寻找先民的图谱和渊源，那么神乎其神的昆仑山可谓是华夏先民的精神坐标。

在古人的想象中，世界的主导——天帝是住在天上的，但凡间定设有他的宫殿，那宫殿一定是建在极高的山巅。于是身处黄河流域的先民们把目光投向大地西北的一座高山，他们认为昆仑之墟高与天接，那天庭必定设在高入云间的昆仑山上。

无论是《山海经》《楚辞》，还是《穆天子传》，上古书籍中几乎无一例外都有这座山的描述和记载。昆仑山曾是古代文人墨客最喜欢驰骋其神思幻念的地方。

在《山海经》中，昆仑山被描述为"其光熊熊，其气魄魄"异景，并有人面兽身的神兽"陆吾"守管着天帝的苑囿。这昆仑之丘有壮丽的宫阙，食人和噬木的异怪鸟兽，有奇树异木神草，有令人长生不老的灵芝仙草和神泉，还有帝王、神仙食用的宝玉。在"凡二十三山"中是"百神之所在"，是神话中黄帝、昊帝、伏羲、后羿、嫘祖、女娲和西王母等华夏赫赫先祖的原住仙境。

"河出昆仑"。中国古人始终认为，华夏一脉的母亲河——黄河的发源地在昆仑山，曾有"黄河潜行八百里"之说。《西山经》说河、赤、洋、黑四水皆出于昆仑，这四水均为天帝的神泉，天帝用这神泉之水调和百药，滋润万物。

无数神奇传说并非空穴来风,昆仑山绵延2500千米,横亘中亚,东起帕米尔高原,西至四川西北部,被西方地理学界称为"亚洲脊椎"。7000米以上的高峰就有五座之多,是"世界屋脊"之一脉。

　　从飞机上鸟瞰新疆大地,一座座连绵不断的山峰云雾缭绕。山脉顶部铺满了晶莹的雪峰,黑色的山脊蜿蜒着,伸向无尽的远方。毛泽东在《念奴娇·昆仑》的诗词中,用"横空出世,莽昆仑,阅尽人间春色。飞起玉龙三百万,搅得周天寒彻"将昆仑山的雄伟壮阔,描述得淋漓尽致。

　　这些辽阔天宇中的擎天巨臂,曾是登山探险家梦想中的极致和登上天堂的台阶。而那些由巨大冰川孕育出的河流,从冰峰冲流而下,涌向山下的沟谷、台地、平原和沙漠。昆仑山有着世界最壮观的冰川群,面积为3000平方千米以上。公格尔峰有20多条冰舌舔吻大地,雪线在海拔5600—5900米,雪线以上为终年不化的冰川,高山下的沟谷是冰川融水的河道。昆仑山的冰川融水是几条主要大河的源头,黄河、长江、澜沧江(湄公河)、怒江(萨尔温江)和塔里木河都由此而来。浩浩荡荡的大河共同构成中华文明的流域文化集群,西南部有印度河恒河流域文明,东南方有长江文明,东北方有黄河文明,南部有藏域文明,北方有西域文明,正是这源源不断的冰川河流孕育了人类的文明。

　　每一条河流都有挡不住的方向,当它一泻千里地从山涧中迸出,扑向大地的时候,那看似迂回曲折的流向就是一条河的际遇。河走到哪里,就给哪里带来了绿色、生机和希望。河流向哪里,哪里就成了人类文明的发源地。四大文明古国无一例外,都是由一条伟大的河流孕育而出。

　　冰川融水汇成的河流从山顶顺势而下,一路蜿蜒。在昆仑山北坡,一条条河流流向茫茫的塔克拉玛干沙漠,如果没有这些河流,那么塔里木盆地将是怎样的景致?不驯的河流如同脱缰的野马,如同银

183

色的玉带游走在沙漠戈壁之间。塔里木河、喀拉喀什河、玉龙喀什河、克里雅河、尼雅河、安迪尔河，河流如同血脉，渗入干涸的沙地，拯救着脆弱饥渴的生命线。河流两岸由于水的滋养，形成了有着生命痕迹的绿洲，一块块绿洲沃野便得以在高山与荒漠间沿河而生。远远望去，在巨大的塔克拉玛干沙漠旁，绿洲好像黄色宣纸中洇开的一团石绿颜料。

这座神山赐予的河流银链好似塔克拉玛干沙漠最稀缺的宝物，给整个塔里木盆地带来了生机与活力。人类总是选择依山傍水生存和繁衍，考古学家在昆仑山上发现了距今七千年的人类的遗址，由此说明昆仑山始终是人类文明的发源地。沿河而居的人类世世代代喝着神山的冰川水，悠然自得地守候在塔克拉玛干沙漠这座过去的家园。

昆仑山孕育了无数条河流，其中有一条白色的河从源头奔向和田绿洲，河水携带着无数白玉，它流向哪里就将这无尽的宝藏和福祉带给沿岸的土地。古人云：河中有璧。这条神奇的河流就是玉龙喀什河。

从昆仑山发源的玉龙喀什河是一条神奇的玉河，是和田白玉的主产地，这里因为和田玉形成了一片绿洲和古村，人们世世代代沿河而居，为和田玉而生死劳作。坐落在河东岸的玉龙喀什镇，古代为于阗六城之一。史书上记载：清光绪八年（1882年）玉龙喀什村隶属和阗直隶州，光绪二十八年（1902年）置洛浦县后玉龙喀什改为洛浦县辖地。中华人民共和国成立后，这里一度称为铁流公社，后来改称玉龙喀什公社、玉龙喀什镇。达瓦巴扎村依着玉龙喀什河恬静地铺展着，关于这里的传说无论是捞玉、踩玉还是盘玉，无论是神话还是现实，都充满了奇异的光泽。这条传说中流玉洒金的河流已经在古村沿岸流淌了千年万年了。虽然如今由于和田玉价格的暴涨，过度开采使得玉龙喀什河下游出现了断流现象，然而，这个古村依然在清晨鸡鸣、狗叫和喊经人的亮音中醒来，年复一年。

神山脚下的和田绿洲，每一株绿草的枯荣，每一条嫩芽年年岁岁的抽穗，人们的喜怒哀乐都与这条河流有着密不可分的关联。如果沿河而下，你可以看到丝绸之路上的古驿站、残损的烽燧和废弃的佛教寺院，还可以看到如今在伊斯兰教的新月俯视下的绿洲居民、盈盈的瓜果和热气腾腾的歌舞。

河流带来希望和生命，也带来死亡和厄运。历史上由于河流改道导致国破城亡的记录数不胜数。在塔克拉玛干沙漠沿岸，有许多由于河流改道而废弃的城池，楼兰古城、精绝古国都已经被风沙淹埋。曾经沧海的罗布人，由于干涸的罗布泊，不得不从渔猎改为牧猎，再改为农耕，他们被干旱驱赶着，一退再退，远离着自己的家园"阿不旦"。

据统计，另一条源自昆仑山的河流喀拉喀什河，年均流量为22亿立方米，每立方米携带的悬浮泥沙为2.02千克，一年将给塔里木盆地带去640万立方米的泥石和沙砾。在100万—200万年间，33万平方千米的塔克拉玛干沙漠就这样形成了。这个世界第二大沙漠，一千多年前被经过这里的玄奘法师心有余悸地称为"死亡之海"，当地人也将这个曾经的家园视为"进去出不来"的恐怖之地。

神山脚下的绿洲被严酷的自然环境包裹着，背靠着昆仑山，面对着瀚海，是世界上离海洋最远、最干燥、蒸发量最大的地方。绿洲如同黄沙中的一块块地毯，沿河铺展。如果将沙漠比作黄澄澄的金子，那么神山脚下的绿洲就是镶嵌其上的一块青翠欲滴的阳绿翡翠。

和田就在这被称为"万山之祖"的昆仑山脚下，滋养和田的河流都是来自昆仑山的高山融雪，流入绿洲的河流大大小小共有30多条，自南向北流入沙漠深处，或汇入塔里木河。众多城郭依着这些大大小小的河流分布在绿洲，以一座城堡为中心，周围形成村落，组成政治实体，古代的西域三十六国即是沿河形成的绿洲城郭。

最初关于和田的记载充满了神话色彩,古籍中的于阗古国据考证即是今和田地区的和田县。当于阗还是一片大海的时候，世尊命令北方毗庐舍摩那和比丘舍利子二人说："这个地方是三世佛的另一个世界，以后将成为人众居住的地所。现生长莲花之处，以后是一座寺庙，会有许多菩萨。你去把海水淘净，让它成为人神共居的地方。"于是，北方天王毗庐舍摩那和比丘舍利子到盛昆山用锡杖的下端和尖矛将海底刺穿，海水流干了，露出大片土地，于是，这里就成了人可以居住的地方。

印度王子流放的部落和戴罪的东方皇太子因种种曲折经历流落在荒无人烟的于阗，当东西两部人马相遇，自然出现刀剑相逼，一决胜负，争夺王者。在争战中，东方的皇太子打败西方的印度王子部落，于是皇太子决定将都城建在于阗的中央地段。正在国王对建设王城一筹莫展的时候，一个背着水葫芦的人来到国王面前，说："我了解这里的地形。"说着就把葫芦里的水倒在地上，水弯弯曲曲地流动着，汇成了一个圈，来回循环。随即，这人突然奔走，消失不见了。人们按照水流的印记，筑起了一座城池，这就是于阗国的都城。

东方的皇太子统一了两个部族，建立了自己的国家。可是到了晚年，却没有子嗣。于是就到本国的保护神毗沙门天神庙去祈祷，祈求赐予其后代。他的虔诚感动了毗沙门天。突然，毗沙门天的额头裂开了一条缝隙，一个胖娃娃跳了出来。国王大喜，捧着天赐的孩子回到宫殿，国人为之庆典，岂知这孩子竟不吃人乳，国王担心孩子养不活，就到神庙中祈求养育之法。这时，神像面前的地面突然鼓起一块儿，如同妇女的乳房，这个婴孩看见了，就爬过去吮吸。靠着地上的乳汁，这婴孩奇迹般地长大了，并且聪明绝顶、勇猛过人。这个王子传奇的身世，令人惊叹，他和国家都以这神奇的地乳而命名。

《穆天子传》记载，周穆王曾经在昆仑山下游历，与昆仑山的土著首领西王母在瑶池相会，并接受了西王母赠予的玉石。虽然周穆王曾经深情款款地答应西王母会再来西域，可是回到中原的周穆王并未实现自己的诺言，而带回去的玉石却成了中原统治者梦寐以求的通灵宝物。

西汉时期，张骞通衢西域，游历西域三十六国。他将于阗国盛产玉石的记载汇报给汉王朝，曰："于阗国王治西城，去长安九千六百七十里。户三千三百，口万九千三百，胜兵两千四百人。辅国侯，左右将、左右骑君、东西城长、议长各一人。东北至都护治所三千九百四十七里，南与若羌接，北与姑墨接。于阗之西，水皆西流，注西海；其东，水东流，注盐泽，'河'源出焉。多玉石。西通皮山三百八十里。"

汉朝在西域设立了西域都护府，在与匈奴对抗的百年间，金戈铁马，战火纷飞。东汉时期，班超曾来到于阗国，那时于阗国臣属匈奴，巫风盛行，巫师甚至可以参与朝政和国家大事。巫师编造谎言，企图杀死班超的坐骑祭神，以阻止于阗国归汉。谋略过人的班超识破了巫师的诡计，要巫师亲自来取宝马良驹，那不知天高地厚的巫师竟

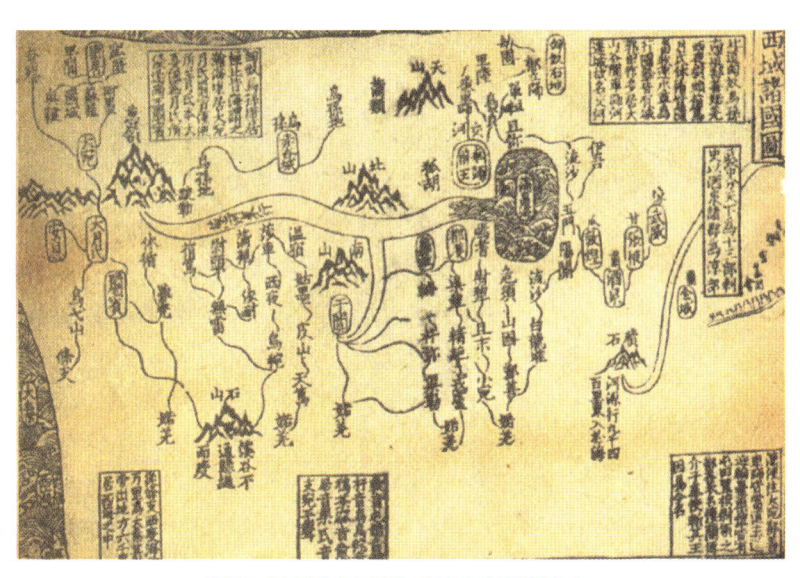

西域三十六国分布在沙漠、雪山交错的绿洲之中

然去拉班超的坐骑，被班超大喝一声，手起刀落，砍下人头，将首级交给于阗王。从此，于阗国归顺汉朝，班超以于阗为立足地，招服了疏勒国，为丝绸南道打开了新的局面。之后，汉文化逐渐渗入了西域诸国的土著文化中，汉文成了官方文字之一。在出土的木简中，于阗国及其他西域诸国均出现了多种文字并存的现象。

佛教从印度东进率先扎根并落户西域，于阗国是最早接受佛教的地区，自公元2世纪末，佛教传入西域后，于阗逐渐成为大乘佛教的中心。魏晋至隋唐时期，于阗作为小西天、佛国著称于东西方。由于佛教的鼎盛，于阗国力增强，成为当时丝绸之路南道的重镇及西域诸国最有实力的国家之一。公元2—3世纪，来自犍陀罗的行僧多为月氏人，他们游历西域，传译了大量的佛经，途经于阗又一路东去抵达长安。东进的僧侣在于阗弘扬佛法，讲经传道。去西天取经的和尚僧侣源源不断地汇集到于阗，他们在这里获取佛教真经。从公元5世纪到7世纪，中原各朝高僧如宋云、法显、朱士行、玄奘等都曾来到于阗，并在于阗常驻。从僧侣留下的记载看，当时的于阗佛寺众多，寺院建

曾经香火鼎盛的热瓦克佛寺如今只剩下一座残损的土坯房

敦煌莫高窟壁画中的于阗国国王像

筑宏伟富丽，香火繁盛，被誉为"小西天"亦名不虚传。

晋代高僧法显是第一个从东北向西南穿越塔克拉玛干沙漠到达于阗的僧人，他看到"其国丰乐，人民殷盛，尽皆奉法，以法乐相娱，僧众数万人，多学大乘"。三国时代的朱士行则把于阗作为习经修行的圣土，在这里终老一生。

唐代玄奘法师从印度回国，在于阗旅居八个月，他饶有情趣地游历了于阗绿洲，并在《大唐西域记》中述及此"国人性温恭，知礼仪，崇尚佛法，伽蓝百余所，僧徒五千余人，并习学大乘法教"。他在书中还记录了许多民间传说。有一位装束怪异、相貌丑陋的云游僧人到此国礼佛，国王听到当地居民的禀报时居然下令大家对僧人扬沙驱逐，僧人满身尘沙，饥饿不堪。有一位心地仁厚的人于心不忍，私下向他提供食物。僧人离开之前对此人说，因为城中居民的恶行，七日后将有沙雨把城市淹埋。僧人随即消失。七天后，沙雨果然从天而降，城市变成了巨大的沙包，曷劳落迦消失了。据说这个被黄沙淹埋的曷劳落迦国在塔克拉玛干沙漠边缘也寻到了废弃的城池。

佛教从丝绸之路传到中原，在中原落地生根，成为人们远离苦海的精神支柱。而在公元10世纪末至11世纪初，于阗国与疏勒国久战不息。最终信奉伊斯兰教的疏勒国征服于阗国，于阗佛教随之衰颓，昔日庄严盛大的寺院佛塔，在战火中被毁坏，在天灾人祸中被埋入沙土之中成为废墟，梵音袅袅的绿洲佛国逐渐为伊斯兰的新月和诵经声所笼罩。

在严酷的高山与大漠之间，哪怕是巴掌大的绿洲，也是极地之旅者的天堂。没有比在绝望、死亡的威逼下，看到一叶遮挡着的绿荫更令人欣喜的事。这神山脚下的绿洲连接着古代丝绸之路上的驼队，传递着东来西进的文明，演绎了人神共欢的和谐。这片绿洲脆弱，似乎稍不留神就会被虎视眈眈的沙漠吞噬殆尽；这片绿洲坚强，几千年来已将自己的根系牢牢地扎在沙土中。

希望，死亡。脆弱，坚强。如此对立尖锐的极致都在这座神山脚下的绿洲。神山之上，众神欢聚。神山下的绿洲神话，沿河而居，展开了一幅活生生的绿洲人家的画卷。

玉龙喀什河的踩玉之旅

来到和田，最吸引人的是被神话了的和田玉。在这里随处可见的是石头，县城与县城之间会以一块巨大的玉石为标界，宾馆饭店门口会立一块镇店之宝的石头，有的店铺连牌匾都是用油润水亮的青花玉做的，更别说男人腰间别的腰牌玉佩，女人手腕上的玉镯手链，脖子上的挂件。玉无处不在，在这座沙漠边缘的古都仿佛是绿洲的灵魂。如果在和田，你不了解和田玉，就像一直在门外徘徊，始终进入不了真正的和田一样。

这传奇而疯狂的石头，如同和田的神经内核，渗透在和田绿洲的古今不同领域。如果你对和田玉只是道听途说，那么和田玉就是一部百科全书，这块石头汇聚着人文、地理、历史、民俗，其中的故事和看点一天一夜也说不完。

"玉出昆冈"世人皆知。那些在古籍文献中记载的和田玉，在历史烟云的掩映下更显得扑朔迷离。在丝绸之路开通之前，从西域到中原，就有着一条路，以运送玉石的方式贯通于东西方之间。

五代时期的平居诲在《于阗国行程记》写道："玉河在于阗城外，其源出昆山，西流一千三百里至于阗界牛头山乃疏为三河，一曰白玉河，在城东三十里；二曰绿玉河，在城西二十里；三曰乌玉河，在绿玉河西七里。其源虽一，而其玉随地而变，故其色不同。每岁五六月大水暴涨，则玉随流而至，玉之多寡由水之大小。七八月水退乃可取，彼人谓之捞玉。其国之法，官未采玉，禁人辄至河滨者。故其国中器用服饰往往用玉。今中国所有，多自彼来耳。"

在和田有两条同时出自昆仑山的大河，古往今来，这两条河一直都是和田玉特别是籽玉的产地。一条是喀拉喀什河，在此河中捞取的玉石多为黑色的，史称墨玉河。另一条是玉龙喀什河，从河中冲刷滚落的石头是白色的，色质雪白、晶莹剔透的玉石被视为白玉籽玉中最好的品种，产出十分稀少，极其名贵。这条河就是传说中的白玉河，是和田玉的主产地。《新唐书》描述道："有玉河，国人夜视月光盛处，必得美玉。"

来到和田，最先安排的就是去玉龙喀什河捡玉，听着就令人两眼发光。玉龙喀什河桥头即在和田市的东侧，从市区出发不出几分钟就看见一座其貌不扬的桥，通往远处的是无尽的白杨绿荫。当地的朋友说："这就是玉龙喀什河。"我却怎么也无法将传说中价值连城、神乎其神的和田玉与眼前这条灰蒙蒙的干河床联系在一起。河床几乎没有水的痕迹，在微明的晨曦中，河床显得疲惫而苍凉，如同一个整夜未眠、忧心忡忡的老人。

玉龙喀什的维吾尔语释意为"白玉"，因玉龙喀什河在和田市的东部，太阳升起时最先照亮其岸而得名。很多有经验的游客都会选择将玉龙喀什河看日出及采玉活动放在清晨，和田中午的阳光哪怕是在深秋十月也依然暴烈，干涸的河床没有一处可以庇荫的地方。

此时，太阳从一抹遥遥地平线中涌出，远远的河床闪着晶晶亮的光斑，一条窄窄的小溪流与偌大的河床极不成比例地呈现在眼前。河床里已经有了三三两两的人群，有的在石块中低头翻拣着玉石，宛如嵌在灰土中移动的石块。几排车停在干河床上，同行的司机说现在这里也成了二手车交易市场。

河床两岸的土台上，一侧是低矮的土坯房，我曾来过这里，土坯巷中停着豪华轿车，土坯房里正热火朝天地加工着玉石。数不尽的玉石在这里等待着梳妆打扮，之后开始它们的旅程，流落在不同人的手中，派作不同的用处，根据成色标价高低不同，这玉石的命运如同人的命运一样，千奇百怪。

河床的另一侧是人头攒动的玉石巴扎。石头，大大小小的石头，

石头在玉石巴扎里被标上了天价

摆满了货架和玻璃橱柜，店前的台地上随处可见石头，成堆成筐成麻袋的石头。摆在玻璃橱柜的玉石在灯光的照耀下显得晶莹夺目、扰人眼球，各种形状的奇石令人眼花缭乱。热情的店主会主动向你展示她的宝物，被海娜花儿染红手指的女老板一笑，满嘴金牙和耳坠上的金项链，晃得人眼晕。她用流利的汉语招呼着我们："喂，朋友，上好的和田玉，带一块回去嘛，辟邪驱灾保平安。"

日头渐高，玉石巴扎的人越来越多，黑压压的人群成堆地聚扎在一起。我好奇地上前观看，只见一个头戴黑色皮帽子的中年男子掌心摊着一块石头，周围的人围观着询问着，大家各抒己见。原来他们正在用自己的方式做着玉石交易。三五成群围坐在一起的老乡看似拉着家常，而我注意到他们每人手里都反复摩挲把玩着一块或者几块石头。一笑眼角都是鱼尾纹、美须长髯的中年男子向我示意，并用手中的一块石头放在脸颊上摩擦着。同行的向导说："他在告诉你玉能养颜。"

193

上午十点多的桥头显得热闹非凡，拖拉机、摩托、三轮车、驴车、破旧的夏利车，还有呼啸而过的越野车，都奔向这里。三轮车上的十几个小伙子大声地唱着歌，快乐的样子像是去赶巴扎。赶毛驴车的长胡子老爷爷抡起鞭子，小毛驴撒开蹄子，"嘚嘚嘚"的蹄声欢快地踏在水泥桥面。河床里已经密密匝匝地挤满寻玉的人，男人、女人、老人、孩子，几乎每个人的手里都有工具：镢头、十字镐、铁锹、铁钩……挖掘机、推土机、铲车发出骇人的声响，举起利爪一次次伸向干瘪的河床。烟尘四起，这个位于城郊的喧嚣河道与和田市区的安静形成了鲜明的对比。

据说在玉龙喀什河河床范围内，最多每天有5万多人参与挖玉，人和机械各据一方，对着河床进行采挖。当地人说："一到周末，几乎所有的上班族都涌向了河坝，不为别的，只为能寻得一块和田玉。"和田人不管卖不卖玉，自己都会有那么一两块好石头留着，仿佛有了和田玉当家底，底气显得更足。

从玉石巴扎的人流中走向玉龙喀什河的河床，一群七八岁的维吾尔族孩子围了上来，变戏法似的在手心摊开一两枚乳白透亮的小石头，大小如纽扣、杏核，形状不规则，说："要不要？真正的和田籽玉，就在这个河坝里挖的。"其中一位皮肤微黑、大眼睛的小男孩扯着我，向远处指了指。

漫无目的地在玉龙喀什河的河床上走着，到处都是卵形的石头，大大小小，然而哪一块才是传说中的和田玉呢？进入玉龙喀什河就能捡到玉石，并非人人都有这样的运气。据说很多捡玉人都有这样的心态：能否捡到玉石就看运气了，碰上了，就发财了；碰不上，那是真主不给你运气。

虽说冬天不是拣玉挖玉的好季节，然而冬日的和田，天气晴朗，气候温和，河床所见之处都是扛着铁锹、十字镐的采玉人。有的携家带口、三五成群；一些人在卵石裸露的河床上来回寻找，不时地弯下腰，捡起一块石头，摸了摸，然后随手扔掉，这个动作让我蓦然想到人和石头的相遇，就好比人和人的际遇——这就是你和一份机缘的关系。石堆里一个衣着褴褛的男子正闷着头抡着坎头曼在深坑里猛刨。不远处一位挖玉人紧握一把十字镐，浓眉凝神片刻后，猛地垂直砸下来，沙砾四溅，过一会儿又蹲在土坑里，用手在沙砾中细细翻找着。

据说，一场洪水下来，会给沿岸冲刷下来很多玉石。沿岸的人们避过急流，站在浅滩，站在水里"踩玉"，经河水冲击，在河床中反复磨滚而逐渐剥离杂质的玉石显得圆润光滑，与一般石头的触感有着本质的区别。有经验的采玉人凭着脚底敏锐的感觉，即可踩出一块玉石来，踩到一块玉石的狂喜，即可赶走所有的疲惫和艰辛。

"哗啦——"，铲车将挖起的沙石倾倒在沙地上，所有人的眼睛都盯着倾泻而下的沙石，期待的眼神交织成的密网，过滤筛选着每一块石头，哪怕是一粒米粒大小的玉石。

一个两鬓浓发的中年男子穿着黑胶鞋，手拿皮管站在齐腰深的坑道里，正对着挖出的坑洞冲刷着，抬头看见我，嘿嘿一笑。我问他在干什么呢，他憨憨地对我说："找玉石。""能找到吗？"他依然用生硬的汉语说："原来嘛，有。现在，少得很。"

这时，一个浓密眉毛连成一线的男子，向我伸出掌心，问："和田玉，看一下啊。"掌心粗大的纹路衬着一块晶莹剔透的石头，可是同行文友陈琳拿过石头，对着太阳光眯着眼睛一看，就摇摇头说："好的，拿来看嘛，这个不是和田玉。"那男子看遇到了行家，忙又掏出两块石头，石头虽然不如他原来的那块巴基斯坦玉好看白净，但不规则的形状带着褐红色的糖皮。"这个好东西。"他示意我们看，又从口袋里掏出好几块石头。

他很健谈，汉语说得比较流利，在交谈中一双骨碌碌的大眼睛显得很聪颖。他叫多里昆江，是玉龙喀什河边玉龙喀什镇达瓦巴扎村的村民，爷爷的爷爷就在这河边捡玉。他小的时候并不知道玉石能卖钱，洪水过后，就像过节一般地到河坝里玩儿。捡到的白石头，用来玩游戏、砸核桃，有的还用作院墙下的基石。他初中毕业后去学开车，当了一名中巴司机，起早贪黑、披星戴月地艰难养家。在一次意外中不慎把人撞了，家里人很担心，就不让他再干这个危险的职业了。可是不开车能干什么呢？家里三个娃娃，老婆没工作，他是家里的顶梁柱，于是他用所有的积蓄开了一家修理铺，修理铺的工作又脏又累，一年忙到头也赚不上什么钱。后来，同村率先做起玉石生意的人突然暴富，他一边修着皮鞋锃亮的同乡的桑塔纳轿车，一边向同乡取经，衣着光鲜的同乡看着满身油污的多里昆江说："干这个很简单，比修车简单多了。"于是，多里昆江就开始跟着同乡干起了玉石生意。

多里昆江说："2005年之前，河里的玉石很多，在这儿能找到好石头。可是之后，大家都知道玉石赚钱，都来挖，现在一天忙到晚，有时什么都挖不上。"我问他是如何学会鉴别玉石的，有没有看

玉龙喀什河的河床上被人翻拣了几遍的石头随处可见，米粒大小的玉石早已被人过滤了

走眼过。"刚开始当然有受骗上当的时候,因为不懂嘛,现在,一个米粒大小的和田玉,只要在河床中出现,我都能看见。"他不无自豪地说,并指着远处停车场,"我的比亚迪车停在那儿,老婆子高兴得很。"

告别多里昆江,他已经陪了我一个上午。我举起镜头要给他留张照片,面对镜头他却显得有些拘谨。当我准备上车的时候,他突然在人群中冒出来,手里捏了一块指甲盖大小的石头说:"这个,送给你。"看着我不解的样子,他结结巴巴地说:"这个,是你刚才站的地方,我捡到的,给你作纪念,是真的。"小权把石头拿到手里看了看说:"这个还真是一块和田玉,就是太小了。"这更让我惊讶,我也有些结结巴巴地说:"这个,给你多少钱?"多里昆江的大眼睛眨了眨,说:"不要钱,给你的。"一时间我不知道该说什么好。小权说:"当地的维吾尔族老乡非常淳朴,他们对感情的表达很直接,这块石头不是多么好,却是真家伙,现在真的和田玉越来越少了,你就收着作纪念吧。"

"热合买提。"我用刚学会的维吾尔语致谢,并用手放在胸口,他也回礼。烈日熔金下,在玉龙喀什河的桥头,我看到他黝黑的肌肤,一双幽深黑亮的大眼睛。

从玉龙喀什河桥头出发,直奔玉龙喀什河的总闸口,总闸口的玉石巴扎虽然很简陋,却有着令人窒息的人群,黑压压一片将浓烈的阳光压在影子下。那些头戴皮帽子的人们看到你,一个个神秘地伸出手,摊开掌心,掏出一块石头,问你要不要。车子继续向前开,沿玉龙喀什河逆流而上,在河床上随处可见翻挖造成的沙石堆和坑洞,浅浅的河水在土台下流转,偌大的河床只有一弯窄窄的溪流孤单无助地穿行在土洼中。

河床中依然有人在土堆中刨拣,摩托车停在路边,成麻袋的玉石从这里运到批发市场、卖玉人手里,进入加工作坊、店铺,有的进入北京、上海、深圳、香港甚至国外。和田玉使得一些穷小子暴富，一夜之间改变了命运，于是很多人都跃跃欲试，想尝试一下这个无需太多技术和知识含量又充满了暴利的行业。

据说一些内地老板来到和田，买下一段或者一块河道，购置大型机械，雇用工人，开始了和田玉的机械化采挖时代。目前由于过度采挖，山洪冲下的玉石根本没有形成籽玉的时间，和田籽玉的绝迹已成为不争的事实。

玉龙喀什河的源头在昆仑山卡尼拉克河的源头，最低海拔5600米。整个山顶几乎被厚厚的冰层覆盖，其下就是珍贵的和田玉原生玉矿。黑山地区是籽玉发源地，虽然开采难度极大，可是仍有人铤而走险。高海拔的采矿无疑让生命的极限受到了挑战，仿佛一脚在天堂，一脚在地狱。

古时采玉，玉作为贡品，官府严格管制开采运输的每一环节。采玉时必须有官吏亲临现场，两岸有兵卒把守，官采之后方允许民采。采山玉时，先在玉矿下燃火，待玉石炽热，以水浇淋，玉矿因热胀冷缩而崩裂，即可采玉。玉石在古代主要靠牲畜驮运，为保证途中玉石不受损坏，须用鲜牛皮或驴皮将玉石包裹起来。官府查验玉石时，往往要看玉石表面是否有血丝。采得大块玉石的时候，要在冬季修路泼水，使路面结冰，将大块玉石拉推运至大道后装车，马拉人推，穿戈壁越沙漠，翻崇山涉河流，运至中原，可谓千里迢迢，历尽千辛万苦。

我们要去的是玉龙喀什河的中游地段，一路被高高的白杨和绿荫中的农舍引领着，进入由远及近的山区，一条路通向皱褶纵横的山峦，河床渐渐缩小，渐进峡谷的河水清亮亮地回旋在越来越深的峡谷中，两旁的山如同刀劈过一般棱角分明。越过盘山公路的一个个"S"弯道，海拔渐渐升高。山间的阳光显得更加明亮而炽烈，风从峡谷深处吹来，挟裹着雪山的寒气。大大小小的石头躺在寂静的山谷中，路通往无尽的远方，远方在云雾缭绕的山间。路旁停着一辆大卡车，装满了煤，车上几个维吾尔族老乡正在卸煤。

突然，我看到河谷沿岸有几座简易的帐篷，就喊了布亚乡中学的阿不力克木老师停车。车停在路边，我打算去看看这些岸边的采玉人。虽然看到的帐篷距河谷不远，可是要真正下到那儿却不是一件容易的事。河岸陡峭，除了石头就是虚土，一脚踩下去，裤管沾满了金色的尘土，我跌跌撞撞地冲下一个大坡，前方还有一个落差十几米的陡坡。简易帐篷建在一处较为平坦的坡地上，这个位置距谷底至少还有20米的落差。我在帐篷外喊："喂，老乡。"哗啦的水声从谷底传来，还有翻拣石头的声音，可是帐篷里没有回音。

掀开门帘一看，帐篷里窄小的空间凌乱不堪，不到6平方米的帐篷里面架着土炕，土炕上还铺着花毯，铁皮炉子里煤火未熄，锅碗瓢盆一应俱全。帐篷外面堆放着煤炭和木块，还有一个装水的塑料大桶。

"喂，老乡。"阿不力克木冲着谷底大声喊着。除了眼下翻拣石头的声音和水流声，估计河谷下的人听不见我们的呼喊声。谷底的路更为陡峭艰险，由于没有找到下去的路，我们没有贸然前行，只好返回。在路上遇到了几个卸煤的小伙子，其中一个戴帽子的看到我们，问我们是不是要回和田市。吾尔古丽说一会就走，小伙子显得很惊喜，问："我可以搭你们的便车吗？"我让吾尔古丽帮忙翻译问他在这里做什么？那小伙子却用流利的带着京腔的汉语对我说："我哥哥在这儿挖玉，我从单位请假来看他们的，今天必须回去了。"

这个叫阿不都拉的维吾尔族小伙子称自己是和田策勒人，从策勒县古勒哈马中学考上南京的内高班，又考上重庆大学土木工程专业，现在分到了于田县工作。他的哥哥是策勒农民，冬天没有农活就到河坝里挖石头，想试试自己的运气，看能不能发大财。

我问阿不都拉这里能挖到玉吗？他摇摇头说："这里石头多得很，玉石找不到。玉龙喀什河就像一头乳房干瘪的奶牛，已经没有乳

199

汁可以挤了。"他的哥哥已经在这儿住了几个月，每隔半个月回一次家，取些生活用品和物资再上来。这里的生活条件很艰苦，到河里打水至少要花半个小时，等把一桶水提到帐篷那儿，晃晃荡荡地只剩下半桶水了。蔬菜等物质的缺乏导致伙食简单，中午一般都吃不上热乎饭，有时喝点水啃几口干馕就过去了。现在河床严禁使用机械挖掘机，这个重体力活只能用铁铲、坎头曼挖，用手刨，寻找玉石完全是靠手工。

山间早晚温差大，早晚穿皮袄还觉得冷飕飕，午后烈日的紫外线极强，白天和夜晚的温度相差二十多摄氏度。天气阴晴不定，一会儿阳光四射，一会儿又雪花飞舞。山间没有手机信号，更别说其他的娱乐了。许多人满怀憧憬、信心十足地来了，只在这里待了十几天就垂头丧气地下山了。挖玉人普遍存在一种赌博心理，他们赌的只是三顿饭和自己的身体。

挖玉人从不同的地方来，操着南腔北调，成群结队，在玉龙喀什河中游沿岸，在河谷阶地、浅滩及古河道的砾石层中挖寻玉石。由于这些地方的玉是由流水带来的，砾石层之上有或多或少的沙石覆盖，有的已被石膏和泥沙胶结成半胶结状，须用铁锹、十字镐等利器辅助。干这个重体力的活儿，除了要忍受劳累疾苦之外，还得给自己不断打气。有时挖累了，大家会蹲在洼地里晒太阳，说说挖玉的事。他们身边还没有出现挖玉暴富的范例，却不断地听说有人一夜暴富的神话，那些故事刺激着耳膜，激荡着内心，一次次地诱惑挖玉人挑战着自己心理和身体的双重极限。他们将寂寞孤独化作动力，将举起的砍头曼，一次次挖向河床。

阿不都拉快速地冲下河谷中的帐篷，不出几分钟，一个洗尽脸上煤灰、背着双肩包、穿牛仔裤的小伙子，判若两人地出现在我们面前。太阳已经西斜，风愈加寒凉，我回头望望雾霭层层的山峦和深不见底的河谷，不知道这沿岸还有多少寂寞的挖玉人？

挖玉人在荒野中忍受的是无尽的寂寞和狂喜狂悲的心理压力

　　沿河而下，一路上从河坝里爬出的三三两两的人，有的跨上摩托车，有的扛着锄头走在路边。身穿黑色棉衣、头戴皮帽子的背影，衬着白杨树干枯的树叶，一天的疲惫在此时夕阳的余晖中变成了回家的渴望。

　　我问阿不都拉，哥哥在这里采玉利润怎样？

　　"利润？"阿不都拉显得有些无奈，"对于挖玉人而言，根本不能用'利润'二字。挖和经商不一样，大部分的人是迫于生计，他们大多没有工作，没有稳定的经济来源。对更多的人来说是一种无奈、期盼、辛酸甚至是无路可走的选择。"

　　看着我惊讶的样子，他继续说："有时，挖出一块大一点的玉石，还得想方设法地保密。找到适当的买家才可松口，因为各种敲诈和欺骗举不胜举。"

　　玉龙喀什河以诞生美玉而著称，殊不知深山里的采玉人是冒着生命的危险将一块块玉石，背驮着下山的。沿途是万丈悬崖、滔滔巨流，一不小心随时就有葬身谷底的可能。这条用双脚踩出的玉石之路，铺满了寂寞、期待、艰难和血汗。

艰难造就了奇幻，在价值连城的背后隐藏着多少苦难和泪水，在吉祥如意的背后又隐含着多少欺诈与不测？那深山玉河里隐藏的美玉带着永恒的秘密和美好的寓意，永远吸引和暗示着岸上的人，在刹那间崩溃，又在刹那间狂喜……在真假混淆的时代，什么才是和田玉原本的面貌？望着车窗外渐浓的暮色，玉龙喀什河渐渐沉没在无尽的雾霭中。

除了多里昆江送我的玉石，我没有捡拾过一块玉石。在离开和田的夜晚，总能清晰地听见玉龙喀什河的水流声和翻拣玉石的巨大声响。

人欢马叫逛巴扎

逛完玉巴扎，不由自主地拐向旁边人声鼎沸、烟雾缭绕的和田大巴扎。"巴扎"一词来源于波斯语，在维吾尔语中是"集市"的意思，但在实际的生活中，"巴扎"的内涵极为丰富，已经超越了"集市"的限定，成为世俗世界的概述和生活乐趣的象征。每个星期五是维吾尔族穆斯林的礼拜日，维吾尔族的男女老少趁这个日子上街赶集，就叫赶巴扎。

赶巴扎是维吾尔族人古老而美好的习俗。远在一千多年前，赶巴扎就成为当地人生活中的一部分，在这里除了有令人垂涎的美食、新鲜的货品，还能会见熟人和朋友。有人总结说：巴扎是手艺人的舞台，美食的盛宴，新闻和小道消息的发源地以及恋人约会的地点。巴扎总是带着食物热腾腾的香气和五光十色的色彩，让人不由自主地聚集在一起。这个巨大的磁场，吸引着男女老少从四面八方源源不断地赶来，我也是其中的一个。

巴扎旁停靠着各种行路工具，四轮驴车一般是老人喜欢的代步工

逛巴扎

具，跟了一辈子的牲畜，它的脾气主人了解，主人的意图它也明白。很多老乡天还没亮就出发，等到了巴扎已经天光大亮，从驴车上跳下来，掸掸灰土，给驴子喂些草犒劳，即开始了新的一天。这样的毛驴套车在几十年前是比较富裕的维吾尔族人赶巴扎用的，一家人坐上毛驴车，毛驴车比一般的马车略小，敞式无棚，平时运粮、运柴、运肥，赶巴扎时，一家五六口人全坐在上面，快驴加鞭，大声唱着歌快乐地向着巴扎奔去。

有骑着自行车赶巴扎的，还有开着手扶拖拉机的。趾高气扬的摩托车嘀嘀鸣叫着从你身边驶过，还有亮闪闪的小轿车，它们和驴车、摩托车、拖拉机一起步入巴扎。当然一定还有徒步来赶巴扎的，早年经常可以看到赤脚背靴往城里赶巴扎的老乡，他们舍不得穿长筒皮靴子，许多人打着赤脚度过一生，只有赶巴扎时，到了巴扎外才穿上自己的靴子，来显示他们应有的尊严。

远远望去，巴扎人头攒动。巴扎旁似乎永远都有一座清真寺，穹顶上闪着俯视众生的新月。清真寺旁停着一辆小货车，走近一看居然是一车热气腾腾的粽子，包着花头巾的维吾尔族妇女向我和善地笑着。此时不是端午时节，江南一带都把纪念屈原的粽子收起来了，这个季节却在沙漠边缘的绿洲看到了粽子。当地摄影家高方勇说："粽子在内地只有端午时节吃，而在和田，一年四季都有。"我们坐在一个小吃摊上，看着包花头巾的女子，一边麻利地解开粽叶，一边用一块木板在剥开的粽子上一压，她像变戏法一样地先在碗里浇一勺酸奶，又加一勺金棕色的糖稀，还加一勺用蜂蜜炮制的木瓜块儿。吃到嘴里甜而不腻，酸甜适宜，口感绝美。这独特的吃法引发了我的好奇，内地的粽叶是用粽叶或蓼叶包的，以四角形居多，里面放有红枣、豆类或肉类等。而和田的粽子是用芦苇叶包成三角状，除了糯米，里面很少加其他的东西。有人说粽子原本即是西域和田之产物，是通过丝绸之路传到中原去的，目前专家正在搜寻有力的佐证。

热气腾腾的粽子不仅是江南的产物,也是沙漠边缘的老百姓喜闻乐见的美味小吃

独特的吃法、独特的味道,令人念念不忘

  孜然烤肉的香味和着迷烟飘散而来,架在通红火炭上的铁签子烤羊肉喷香扑鼻,卖烤肉的小伙子在烟熏火燎中撒着红的辣面子、白的盐、褐色的孜然粉。一眼望去,前面的巴扎都是小吃。晶莹剔透的凉粉、凉皮,撒上红的辣皮子、绿的香菜,拌上醋汁和调料,是女人们的最爱。一大盆米肠子、面肺子是巴扎上最可口的小吃,来一碗吧,这种将米和面灌在羊肠子和肺子里的新鲜吃法,风味独特。

  加工了一早晨的烤全羊在中午被热气腾腾地推上木架子,香味扑鼻、外焦里嫩,已有人在此等候多时了。这是新疆最为名贵的菜肴之一,一只地道的烤全羊可以卖到千元以上。椭圆形的烤包子,金黄透亮,跟在我身后的小巴郎("孩子"的意思,来源于维吾尔语)手里拿着的就是烤包子,他一边吃,一边笑眯眯地看着我。

205

那种焦黄的切成月牙形的南瓜是刚烤出来的，这不，一端出来，络绎不绝的手就把铁盘子拿空了。鸡蛋也可以烤着吃，没见过吧？鸽子蛋、鹌鹑蛋、鸡蛋、鸭蛋、鹅蛋大大小小的蛋埋在木炭里，最大的是一只鸵鸟蛋。围着热烘烘的烤炉，剥开皮，蘸些盐和孜然味道真是独特。

热烘烘的馕坑一走近即倍感温暖，看那打馕的主妇表情虔诚地跪坐在馕坑之上，悉心侍弄着这金贵的食物。和田的馕和其他地区的略有不同，种类丰富，有的是玉米面制成的，有的还掺有洋葱条、南瓜条、肥羊肉丁等，闻着就有一股天然的清香。那些在馕坑旁绽开笑脸的孩子，馕将伴随着他们长大，甚至老去。递一个馕给几个月大的婴儿，被笑容可掬的父亲怀抱着的婴孩，还没学会走路，就会用稚嫩的小手拼尽力气地抓馕，抓向他的世界。

老人和孩子围坐在简朴的桌边吃饭，头戴黑色帽子的老者听着巴扎的喧闹声，俯身低头喝着一碗热热的药茶，半块馕放在桌上。和田药茶是美食中不可或缺的一部分，药茶根据不同季节、不同人的特性而配置，有热性茶、双益茶，不同的原料调制出不同的功效和味道。我在和田用餐时喝的每一道药茶的滋味都不同，有的可以尝出茴香、肉桂、丁香的味道，有的带着玫瑰、黑胡椒的味道。这药茶需用沸水冲泡，在你吃完羊肉之后喝上这么一口，解油又解腻。

一嘟噜一嘟噜的葡萄闪着七彩光泽，衬着绿色的心形叶片摆放在柳条筐里，穿坎肩的小伙子向我眨眨眼睛，并不过分推销，一切让葡萄说话吧。黄澄澄的南疆木瓜上面沾满了灰土，这种沙土中生长的果实和南方的木瓜有着完全不同的外形和味道，却是维吾尔族人用以佐餐的美味，木瓜放在抓饭里，放在糖稀粽子里，别有一番滋味。走过红艳艳的西瓜摊，清凉的气味直扑鼻息，不由自主地停下来，在冬天的街头能尝上一牙西瓜，沁凉沙甜的滋味比冰镇西瓜还好吃。还有黄澄澄的甜瓜，如果吃完甜瓜再吃西瓜，自然就觉得没滋味了。

白纱巾半遮面的中年妇女专心致志地坐在一堆红艳艳的辣椒和圆鼓鼓的土豆中间，成堆的西红柿闪着成熟的光泽，饱含着炽烈的阳光。硕大的白菜，饱满的大葱，编成辫子的白色大蒜，虎头虎脑的圆头椒，形如圆鼓的南瓜，长着嫩叶的恰玛古（也叫蔓菁，是一种出产于当地的蔬菜）……翠绿、油绿、姜黄、凝白、火红、金黄、橙黄、茄紫、赭石、熟褐……这是一个鲜色夺人的菜市巴扎。红衣少妇手里握着一棵新鲜欲滴的白菜，向她的孩子和丈夫走去。

　　面貌和善的中年妇女手里捏着一枚鸡蛋，坐在一堆鸡蛋后面，还来不及向我招呼，口袋里的手机响了，她用维吾尔语接起一个电话。成块的冰糖像一串串冰雕，晶莹剔透地摆在四轮马车上，等待着一批又一批走过它的人。

　　花花绿绿的儿童棉裤摆在地摊上，在都市的街头是见不到的，这样的棉裤小孩子穿上一定可以很暖和地过冬。一车子油光锃亮的皮鞋，好像都是一个模样，据说这种手工套鞋结实得很，很久都穿不烂的。日常用品林林总总，卖的人悠闲，逛的人惬意。

　　摄影家高方勇拿起一个圆形的木盆，问我知道这是干什么的吗？木盆见得多了，而这椭圆形的木盆中间还有一个圆形。我摇摇头，高

巴扎上高声叫卖的小伙子（高方勇摄影）

207

方勇说:"这是吃拉条子盘面用的。"在餐馆经常吃到的拌面拉条子总是做得那么筋道、细腻,而自己在家如法炮制的却粗细不均,原来是缺这个盘面的工具。他又举起一个形如烟斗的木头管子,问我:"猜猜看,这是干什么用的?"接过来一看,做工精细的木管上端隆起一个弧形的凹槽,"烟斗?头饰……"我疑惑地猜了很多自己也觉得不着边际的答案。"呵呵……"浓眉朗目的摊主指着一个木质的婴儿摇床,"知道这是干什么的吧?""摇床。""这个和摇床有关。"他晃了晃手里的木管,这更让我不知所以然了,他笑嘻嘻地说:"这个叫摇篮尿管,是维吾尔族婴儿用的,根据生理构造的不同,男婴和女婴使用的器具也不同,在摇床上垫一层沙土,再把这个导尿管固定在婴儿的身下,婴儿的尿顺着导管流到摇床外,可以始终保持着婴儿小屁股的干燥,不长褥疮,比现在的尿不湿还科学。"

作家陈琳拿起一根木棒,带着狡黠的笑问我:"再猜猜这是干什么的?"七八厘米长的一个褐色木棍,一端露出里面的木头纤维,这次我可不敢再轻易下结论了,翻来覆去地看,也没找出它的破绽:"不会是木笔吧?"我想起了在沙漠边缘发现的千年木简上那些字迹和在楼兰古城发现的木笔。"呵呵……"摊主用这个木棍做了一个刷牙的动作。"天,居然是牙刷!"这支用一种芳香植物枝条制成的牙刷被当地人称为"密丝瓦克",主产在巴基斯坦,据说当时是释迦牟尼在讲经时发现弟子有口臭,便要求他们用这种印楝树的枝条刷牙,用这种植物刷牙不仅显得牙齿洁白而且能消除口臭。德国探险家雅林在19世纪的吐鲁番地区考古探险的时候,曾发现当地的维吾尔族人也使用此物。

如同走进了大观园,我在和田巴扎上好奇地东瞅瞅西看看,做月饼的木头模具上压着古朴的花纹,木头纺车上还缠绕着一缕丝线。摆放经书的雕花木架可折叠活动,还有一个个憨态可掬的葫芦,被绘上精美的花纹图案……

抱在手里的婴孩生动鲜活，是母亲向世人炫耀的成果，那双乌溜溜的大眼睛仿佛要把眼前的一切都要记录下来，她还这么小就开始被母亲带着逛巴扎了。戴着花头巾的妇女层层包裹着，只露出深眉美目和鼻梁高挺处的一寸凝白肌肤，她并不自知地坐在正午的阳光下，一颗颗形如地球的薄皮核桃在她眼前摊开。戴着皮帽子、留着美须长髯的老人背着手悠然地东张西望，贪婪地吸吮着这醉人的市井气息，有的会停下来凝神饶有兴趣地打量着我，褐色的面庞像一朵绽开的菊花。即使面颊上有深深的皱纹折痕、银白的发须，但神态并无市井的污浊之气和沧桑失落之感，相反却显得怡然自得、明朗宽容。有的当街遇到了老相识，就走上前去热情地寒暄着。

我去过乌鲁木齐国际大巴扎、喀什巴扎和库车巴扎，还有南疆大地一些大大小小的恰巧在我的游历漫行中碰到的巴扎。城市的巴扎，热闹繁华带有明显的人工雕琢之气，乌鲁木齐大巴扎里的小商贩可以用几种不同的外语招徕生意，笑得灿烂而市侩，热情得让人生疑。而和田的巴扎，却是民间百姓的即兴之作。维吾尔族人生性豪爽开朗，喜欢热闹和聚会，哪里人多哪里就热闹，哪里就会有巴扎。巴扎就是这样诞生在维吾尔族人中间，只要有一块地方，铺上毯子即可摆上新鲜的蔬菜、刚出窝的鸡蛋、热乎乎的馕，自己手工做的衣服、鞋帽……不在乎什么设施。他们在巴扎中交换着各自的果实、物品和欢乐，换取着自己的所需。巴扎在人声鼎沸中拉开盛大的帷幕，又在人们心满意足、恋恋不舍中息市，刚才热闹的巴扎被太阳一起带走了。

这个巴扎纯朴简单，让陌生人没有生疏之感，任何一个人来到这里都会感到愉快。果实丰美光亮、菜蔬饱满鲜泽，孩子童真欢快、老人和善健康，男人坚实勤劳、女人妩媚端庄，而这一切均在人们不自知情形之下自然而然地发生着。驴子和马行走在自己的蹄印中年复一年，巴扎在日升日落中每天常新。

铺满锦绣的和田地毯

看到这块从和田山普拉汉代墓葬中出土的毛织鞍毯时，不由得惊叹古人的智慧。几何形边框里填织着排列有序的花卉图案，对比鲜明的色泽，至今尚未褪却原本的光华。据考古学家介绍，这块地毯是中国最早的栽绒地毯，采用马蹄扣或剪刀扣的工艺，令人称奇的是几千年前的地毯工艺居然与现代和田地毯的民间织法一致。

在出土的佉卢文书简中看到这样的记载：汉唐时期于阗国的地毯作为能够交换货币的实物，可以替代金币、土地、儿女和回礼；而且僧侣在当时佛教盛行时期具有很高的社会地位，他们有购买华丽毛织物于阗地毯的记录，由此可见于阗地毯在当时是价比黄金的名贵物品。丝绸之路上流动的驼队是以贩卖汉家织锦为主，在这条古代商贸沿线中出土的大量丝绸制品已被证明来自长安、成都等地。那么，古于阗国是否在当时织物盛行的时期研制出自己的纺织业？

尼雅古城出土的几块地毯残片，经考证为东汉时期的织物，其经纬密度、编织方法、图案等都与近代和田民间地毯相似。那么，是否可以推测早在2000年前，和田民间已经可以熟练地用羊毛为主要原料编织出色彩绚丽、图案别致的毛织地毯？据《新疆图志》记载：清代和田地方官吏向朝廷进贡的贡品之中都有地毯。至今故宫博物院尚陈列有典型的"石榴花"和"卡其曼"等图案的古代和田地毯。

来到玉龙喀什镇的纳克西湾手工地毯厂，推开黑色铁门，时间恍如隔世，定格在放大的经线和纬线上。还未进入车间，就被一群生动鲜活的小孩子在大门口围住了，他们用好奇发亮的眼睛看着我手中的相机。这个有着葡萄般大眼睛、忽闪着长翻翘眼睫毛的小姑娘，看人看得如此认真专注，面对这样坦诚、洁净的眼神，我不由得低下身子

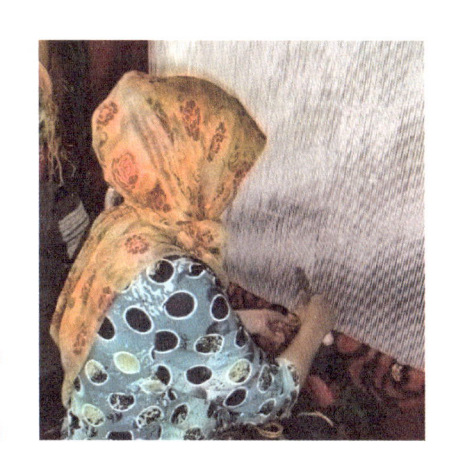

灵巧的手指把自己的华年紧紧地织入线毯中，自己则定格成了一幅画

和她交谈。穿红毛衫的小女孩很自然地就成了我的模特，她和她的小伙伴兴高采烈地排成行，在镜头前摆着造型。我还没来得及弄明白这里为什么会有这么多小孩子，一扇挑开的门帘将我引进略带着毛线气息的车间。

说到车间，这里其实更像一个手工大家庭作坊，织地毯的妇女依靠着自己一双灵巧的双手工作。高大的织毯铁架上纵向挂满了白色的线，像一幕双层屏障，中间夹着绘有图案的纸样。戴着花头巾的妇女们坐在铁架前，正聚精会神地忙碌着。铁架上端挂着红、黄、绿等各色毛线团，她们手里交换着拿起各色的毛线，熟练地缠绕到白线上，手中的弯刀闪亮一划，动作敏捷迅速。妇女们照着纸样上的图案，将各色的毛线织上去，一幅绘有毛泽东诗词《长征》的地毯已经织了一半。据厂里的技术人员说，这张地毯是订单加工，根据广东客户的要求制作，5个配合默契的妇女需连续织一个多月才能织完。

有着一双明亮大眼睛的买合木热提是这里公认的织得最快最好的能手，她一边向我介绍情况，一边手上麻利地忙活着。我担心她和我说话分神会伤了手，她笑笑说："就算闭上眼睛，我也知道哪一个步骤该用什么颜色的线，哪一步该压线了。"买合木热提会织的几种简单图案的地毯,大都是在她出嫁前向妈妈学的,小时候跟着妈妈坐在木架子前学织地毯,时间久了就成了妈妈的好帮手。那时候一家子人都会织毯,谁有空谁就坐在架子前织一段。她很怀念那种家庭温馨的织毯场景,看着心里的图案在手里一点一点地变成现实,心里别提有多高兴了。阿娜古丽(石榴花)、开力肯(波浪式)和卡斯曼(散点排列式)这几种图案的地毯,她至少已经织了20多年,已经烂记于心。

买合木热提像变戏法般地双手上下飞舞着,线、刀、回旋、打结,整个过程一气呵成,我看得眼花缭乱。她告诉我说:"我手里这个带钉子的弯刀叫'乌斯提热',用来压线的叫'盘架',长剪刀是专门织地毯用的,这些工具都是从铁匠那里定制的。"

地毯架旁挂着一个维吾尔族特色的摇篮,摇篮里的孩子睡得正酣,买合木热提告诉我说,这是她的儿子,还不满周岁,因为家里无人照看,只好把他带在身边,他刚吃完奶正睡得香呢。35岁的她是两个孩子的母亲,大女儿已经6岁多了,正和一群小伙伴玩着游戏。在这个车间里,带孩子织毯的女工几乎有一多半人,这让沉闷的织毯有了很多乐趣。每天要在织机前工作8个多小时,编织1平方米地毯可挣200多元,但每人每月只能织2.5平方米的地毯,因为编织一条30平方米的地毯需要6个人干2个月。

她显得有些疲倦地说:"这活要得紧,大家都在往前赶,自己不能拖别人的后腿,所以就得抓紧时间。"看着她认真的样子,真不忍心再打扰她,也许下了班她从这里带着两个孩子回家,还得冲进厨房,生火做饭照顾家人。

据说在玉龙喀什镇达瓦巴扎村,几乎家家户户都会织毯,地毯在维吾尔族人的生活中是重要的生活物品,不仅有美化装饰的作用,更多的是实用功能。家家户户的炕上都铺着有花朵的地毯,睡觉时贴着它进入梦乡,梦也变得悠长丰盈;吃饭聊天时坐着,避寒隔热,地毯舒展了生活的优雅。爱花草植物的香气，爱瓜果的甜蜜，就把自己的喜好织入地毯，让植物的花、果、枝叶不分季节地缠绕在自己身边。还有那些饶有情趣的动物纹样，加以夸张变形，采用格律体的形式，使图案花纹充满了韵律感和美感。那么，生活更是如此。

"昆仑山有多少玉石，和田的夜空有多少星辰；天上有多少云彩，和田有多少地毯。"在和田地区，流传着一个关于"地毯之父"那克西宛的神话传说，那克西宛是玉龙喀什河畔一个穷苦农民，痴迷于织毯，屡屡失败也不灰心。他沉浸在自己的世界中，对其他事情充耳不闻。乡邻们嘲笑他是"撒郎（傻子）"。不知过了多少年月，终于在一个圆月当空的夜晚，那克西宛成功地用棉纱做经线，用毛纱结扣栽绒，用核桃皮、石榴花、红柳花、沙枣皮、苹果叶和锈铁皮等物混合发酵后染色，创造出一种独特的织毯法。那一方舒适惬意的私人空间是他亲手营造的，他写书传经，带徒授艺，桃李满疆。人们使用着他的创造发明，以往灰暗的生活即刻充满阳光和花朵，笑得乐开了花，村民们对那克西宛崇拜有加。就在那克西宛功成名就之时，他突然杳无踪迹。有人说那克西宛骑着神兽飞上了天，而他的发明却永远地留在了新疆大地上。

这种据传由神仙传下来的技术在民间根植保留下来，代代传承。农闲时分，一家几口人坐在木头架子前，一边聊天一边编织着自己的希望。据说在达瓦巴扎村，不会织地毯的女孩是没有媒婆上门说媒的，当然，不会织地毯的小伙也讨不到老婆。

而今在家里织毯的人慢慢走进地毯厂，他们不再满足于自给自足的家庭小作坊式的加工制作，进入地毯厂集体合作会有更多的交流和销售途径，至少订单来源稳定，因为织毯厂会有专人做地毯营销和推广工作，收入也相对稳定。现代手工地毯车间的妇女们有着很具体的分工：有的绷线，有的织毯，有的剪去杂毛。几个妇女坐在一起一边聊着天，手上一边忙碌着。车间的设备先进，绷毯子的架子全是金属制的，要比家庭的木架子大得多，可以织更大幅面的地毯，而且铁架子绷得紧，织出的地毯会更结实。农闲时分，妇女们三三两两地，有的带着孩子，有的骑摩托，有的坐驴车，聚集在一起。对于织毯车间的这种工作氛围，张助理说："目前和田的地毯厂就是把很多织地毯的人集中到一起，是个规模更大的家庭手工作坊。"

张助理说带我去展厅看看比我年龄还大的地毯。大厅里一幅挂毯显得与众不同，绘制的是毛泽东在20世纪50年代末，接见和田维吾尔族农民库尔班·吐鲁木的场景。为了能够亲眼看到毛主席，库尔班大叔曾试图骑毛驴穿越塔克拉玛干沙漠去北京，还给毛主席带去自己种的葡萄干。当在北京见到日思夜念的毛主席时，库尔班大叔高兴得紧紧握住毛主席的手不放，挂毯定格了这一感人的瞬间。

一幅幅地毯悬挂在展架上，张助理如同一个布景师，从左右分别推出一幅幅地毯供大家欣赏。他如数家珍地介绍着这些美丽的地毯，如同讲一个个孩子的故事。一幅地毯的诞生从原材料的选择到成品，要经过许多程序，每一个环节都需要勤劳的手和智慧的脑。和田羊的毛是世界上最好的羊毛纤维之一，但依然得经过拣毛、开毛、梳毛的严格工序，好的原料就是好的开始。纺纱、扣捻，要完成最初的基本程序。

古代的彩色织毯都是采用天然植物染料染色，染料源自植物的天然色泽，这种传统的染色方法既可使羊毛不褪色，又能防虫蛀。用槐花、石榴皮等天然植物染黄色，用青核桃外皮染草绿和黄绿色，用红花、茜草染绯色和红色，用红柳花、杏树根染赭石、土红，用靛草染蓝色，用葡萄干染紫色，用黑花、铁锈加面汤的发酵液染深棕和黑色。还有一种古雅隽永的本色地毯，是利用和田羊毛本身的色泽编织，不添加任何染料，如同一个天生丽质、素面朝天的女子，反而独树一帜。

织毯的老奶奶不用图纸就能熟练地织出多种图案样式，她会告

色彩艳丽的传统丝织品艾德莱斯绸诞生在木头架的手工作坊里

诉你这是她心里的图案。和田地毯传统图案有着八大样式，从一代代能工巧匠的手里编织着梦的羽翼。现代地毯更多地运用了新元素——大漠、胡杨、雪山、草原。一幅好的地毯要经历的是上经、编织、下机、平毯、洗毯和后整等工序，有了漫长而琐碎的经历，一幅地毯才可以完成它的锻造，才能流光溢彩地呈现在你面前。

展厅的地毯除了纯羊毛的，还有丝毛合织，价格从上千元到几十万元不等。眼前这幅据说比我年龄还大的地毯，一经展开就吸引了我的目光。时间仿佛在波浪起伏的图案中凝固了，我已经被时间磨损成一个身心俱疲的中年人，而这幅古老的地毯却依然散发着鲜活的生命力，和刚从织工手中诞生时别无两样。

当一架古朴的木轮纺车从汉代古墓中浑身沙土地出世时，上面还缠绕着一缕丝线，这足以证明，两千年前，人们在那铺满锦绣的和田地毯中辛勤地耕耘着，耕耘着未来。

从地毯厂出来，晚上做了一个梦，梦见地毯上铺满了数不尽的石榴花，地毯在空中飞舞着，仿如一艘诺亚方舟，带我周游世界。

旋转在美味中的饕餮

从玉龙喀什河的桥头穿过，还不到吃饭的时间，国道315旁的一个不起眼的店铺门前已坐满了食客。这家烤包子店名气之大，令人咋舌。一位朋友带着内地友人到和田慕名吃桥头的烤包子，赞不绝口。此人吃过一次后，再来和田时，竟然下了飞机直奔桥头，点名要吃烤包子。知道我来这里采风，一再叮嘱我一定要来尝一尝桥头的烤包子。

门前的洗手池，盆栽的无花果树，香味扑鼻的馕坑，挂满羊肉的铁架，大声吆喝迎客的堂倌……这里与在南疆任何一个饭馆的场景没有太大的区别。食客们坐在露天的餐桌旁就餐时，身旁一二十米处的公路上，不断有车风驰电掣地经过，远处可以看见玉龙喀什河灰色的河床，尘土、阳光，还有一碗热热的药茶。

这里的烤包子果然不同凡响，像焦黄透亮的圆面包，小香瓜般大小，黄灿灿、香喷喷的，堂倌用铁笊篱把烤包子从后堂端上来，并热情地向过路者吆喝一声："来，热热的烤包子，好吃的烤包子。"户外一张铁皮桌子上的烤包子刚被码成了一道金黄色的"包子墙"，等

客人很有耐心地等待着烤包子出炉

馕坑的中烘烤着的烤包子
已经散发出诱人的香味

  在旁边很久了的食客,装了一大兜带走,他说自己已经等了半个多小时了。一个小男孩站在那儿垂涎欲滴地看着烤包子,他的妈妈将一个热气腾腾的烤包子递给他,小脸立刻露出欢欣鼓舞的表情。

  戴着小花帽的堂倌还未收起铁笊篱,一堆刚出炉的烤包子即被一抢而空。我们被让进里间餐厅,典型的伊斯兰风格的装潢,窗明几净。当地干部夏光强说这家阿克达烤包子店已经开了20多年,是和田五大名食店之一。每天的食客络绎不绝,很多人慕名而来走很远的路,就为吃一个烤包子,吃饱了还要带上一些走。有些人隔些日子不吃这家的烤包子,就会想得慌。

  由于中午人多,烤包子一出炉就被一抢而空,所以要吃烤包子还得有点耐心。最先上来的是烤羊肉,长长的铁钎子上,热气腾腾的羊肉上撒满了芝麻。焦黄色的肉馕外焦里嫩,亮晶晶的凉粉上撒着几颗金黄色的鹰嘴豆,端上来的每一道食物,都能引发人的食欲和欢呼。最后上来的是皮色油亮、撒满芝麻的烤包子,刚烤好的烤包子,烫得几乎无法用手拿起来。

  看着这全身圆鼓鼓的烤包子一时不知从何下口,夏光强拿了一只小铁盘,示意我把烤包子翻过来,翻过身的烤包子底部被烘烤得硬邦邦的,还沾着些馕坑上的硝土粒。他用手向下拍了几下,然后顺势一旋,就揭开了包子底。一股热气蹿上来后,鼻间充斥着浓浓的肉香,盘里的"小圆碗"里简直就是一碗满是肉馅的浓缩羊肉汤。我才明白刚才在进门时的餐桌上,看到一个小孩子手里正端着这样一个"小碗"喝汤。海扎提·吐尔逊用随身的一把英吉沙小刀,沿着包子底切了一圈,然后揭开包子底。这烤包子看起来油腻,吃起来却皮脆肉嫩,味鲜油香。那特殊的香气让人连油腻、连有高血脂等问题都顾不得了,喝光了肉汤,吃光了羊肉,再把那"小碗"一口一口地吃下肚去。那个滋味啊,只有吃过才知道。

"怕油腻,喝一口热茶。"维吾尔族姑娘阿曼古丽为我换了一碗热茶,她告诉我这个药茶是解油腻的。这个具有传统美的年轻姑娘谦和而恭顺,在我们吃饭的时候,忙着照顾每一个人。这碗带着茴香、肉桂等味道的维吾尔族药茶,除了红褐色的茶水,不见一点儿茶渣,喝下去,顿感一点儿油腻也没有了,只剩了美味后的踏实和舒爽。

老板买买提伊明·图尔迪笑容满面地坐在我对面,问我好吃吗?看着我连连点头,他沉静地笑了笑。他的家世代居住在玉龙喀什河河畔的达瓦巴扎村,爷爷伊地利斯就会做烤包子,这一手绝活是爷爷教给他的,他从小就吃着爷爷的烤包子长大,成人后潜心地向爷爷学习两年烤包子的技巧。一开始他的店铺在铁流公社的十字路口,加上后堂不到80平方米,现在的店铺超过250平方米。他非常自豪地说,103岁的爷爷虽然腿脚不太灵活了,可是仍很喜欢吃他做的烤包子,并认为买买提伊明做的烤包子已经超过了他当年的水平。他带的徒弟已经分别开了6家烤包子店铺,前不久在叶城还参加了徒弟店铺的开张仪式。他欣慰地说自己每个徒弟在开店之前都会来感恩谢师,给师傅买一套新衣服,准备一份小礼物,价值大约2000元。

带一个徒弟,学习掌握烤包子的技巧和经营管理店铺必须要用两至三年的时间,他说自己喜欢勤快、能干的人,偷奸耍滑的人他看不上,是不会收做徒弟的。学徒的第一步先从和面开始,用上等白面加上新鲜酵面和成的碱性面团,再揪成一两百克的剂子揉好。我在后堂看见一个满身面粉的小伙子拼尽全力,在案板前和着一大团面,瘦弱的双脚离地,看来这是个力气活儿,考验耐心和体力,这一程序一般要学习10天左右。

学徒的第二步是要学会擀皮,必须擀成椭圆形,越薄越好。木褐色的擀面杖在白色的面团中飞舞,一个个椭圆形面皮旋转成形。第三步是学调馅,这是烤包子的核心技术,目前阿克达烤包子店的肉馅都是老板亲自调制的。虽说包子馅都是用羊肉丁、羊尾巴油丁、洋葱、孜然粉、精盐和胡椒粉等材料,加入少量水拌匀而成的,可是不同的人调出的味道却各不一样。第四步则是学包包子,将肉馅放在包子皮上,皮的四边折合成方形,捏紧即可。为了让我看得更加清楚,买买提伊明·图尔迪让人从后堂拿来几个带馅的包子皮,包子在手中一折一折飞快地旋转着,像变魔术似的,不到一分钟的时间,一个椭圆形的包子就出现在他的手中。最后一个步骤就是将包子放入馕坑里烤,一般需要三十至四十分钟即可出炉。

买买提伊明大方地说:"你可以看看我的后堂,看看我的阿克达烤包子是怎么诞生的。"说着挑开后堂的门帘。一般餐馆的前厅装修豪华干净,而后堂则脏乱差令人无法踏步。然而这个后堂虽然忙碌,却显得有条不紊。和面的白案,剁肉的红案,调馅的大铁盆,还有擀皮的案板都设置得井井有条。伊斯兰教的信徒对待食物非常讲究,尤其是肉类,一定要选择新鲜的刚宰的羊。木架上挂着新宰的羊,锋利的刀割下一块块肉,切成玉米粒大小,在木墩上剁馅。几个穿白大褂的后堂人员正紧张地忙碌着,一个个圆润的包子就这样在他们的手中诞生。

露天的院子里有6个椭圆形的馕坑,这馕坑是用硝土砌成的落地式烤炉,炉膛口小腹大,如一口倒扣在地的大水缸。我发现一个炉膛内点燃着熊熊火焰,这里面却没有一个烤包子。一个围着围裙的小伙子在另一个馕坑边上,馕坑里只剩下即将燃尽的木炭还一闪一闪地冒着红火星。他将包子皮上蘸上水,用手掌将面团封口的一面贴在馕坑壁上。一个个椭圆形的包子依次贴上去,像暗夜里的星星。最后,他又往包子表面上甩了一些水,盖住了馕坑口。

焖烤了大约半个小时,小伙子打开馕坑的通风孔,馕坑中的火炭立即发出红艳的火光。一会儿,烤包子表皮发红发亮了。他用特制的铲子把烤包子铲下来,再将一个个滚烫炙手的烤包子放进一个大笊篱里。有趣的是,当烤包子从馕坑中取出时,厨师常提高嗓门,拉着声喊:"依布拉音·艾利克斯拉木包子哎——"据说这个依布拉音·艾利克斯拉木的圣人是一千多年前主管食品的神,他的烤包子、薄皮包子名震西域,所以维吾尔族厨师从馕坑里取烤包子时,要拖长声音,抑扬顿挫地呼喊他的名字,表示这是圣人风味的烤包子,以此来招揽顾客。

热气腾腾的烤包子从后堂倒在前厅的铁皮桌子上,立即引来等候已久的食客。据说,不光是当地的维吾尔族人喜爱吃这里的烤包子,连内地来打工的汉族人都喜欢。有的一大早赶来,花5块钱买一个烤包子,扎实地吃下去,之后即使干上一天的体力活儿也可以不用再吃饭了。

海扎提说这个老板是个有心人,他喜欢旅行,去过国内外的很多地方,在伊朗、巴基斯坦、阿联酋迪拜等国家和地区,观察研究中亚各地的美食。前不久,还特地到乌鲁木齐一家很有名的烤馕店取经,回来后即改进了自己的馕坑。陈琳问他一天能卖多少钱?他笑了笑显得很谨慎,他想了一会儿说,这个店一天可以卖掉2000只烤包子,每天光做烤包子就要用光10袋20千克的面粉,宰5只羊。

买买提伊明说他的家在离店铺不远的村子里,可以去他家看看。他开着自己的黑色皇冠车带我们进入达瓦巴扎村,经过一个清真寺,

旋转而上的宣礼塔仿佛
抵达了通神之道

  他说这是他经常来做礼拜的地方。银光闪闪的新月旁一座旋转而上的宣礼塔，他告诉我这是买曾（宗教人士）喊经的塔。每到周五居玛日，沐浴净身后，人们来到清真寺聚礼，一排排地站好，由阿訇引导做礼拜。整个达瓦巴扎村有5个清真寺，全村的人都虔诚地信仰着伊斯兰教。

  村子里多数还是土坯平房，家家户户的院落里都搭有整齐的木架子。白杨树的叶子已经落尽，笔直地插在农舍与田野之间。巷道内还是沙石土路，农舍旁边即是沉睡的田野。

  穿着皮大衣的老人惬意地坐在门前晒太阳，放学回家的孩子花花绿绿地飞奔而去，飞驰而过的摩托车扬起一阵尘烟。打馕的母子在馕坑前忙碌着，戴花头巾的姑娘回眸一笑，怀抱婴儿的少妇面纱遮不住她脸上的笑意。

  买买提伊明的家门是一扇传统厚重的雕花木门，两旁的墙壁上装饰着仿真绿叶植物，想象一下，顶上的木架子若爬满了葡萄的绿叶和果实该是多么美妙。院子极其宽敞，地上铺着花地砖，三四个小孩子正在阳光下玩着捉迷藏的游戏，金色的笑脸、亮晶晶的眸子，快乐地像一阵风一样跑来跑去。

　　这个民居是典型的和田特色"阿依旺"（维吾尔语，意为开敞明亮的地方）建筑形式。不同的单元围绕光线构成一个整体，阿依旺是这个民居整体的核心。从外观看似乎是封闭的，而站在这里从内部看却是对大自然敞开的，当你仰望顶部的光时，好似一个人打开的心怀。通风而透光的天窗，明亮的光如同一束光柱从这里流泻下来，形成一个光圈，甚至可以看到隐隐上升的浮尘顺光而上。这好像是居室与外界的神通，带着一种灵性的气息，时时萦绕在居室内。光与影，如此鲜明地呈现在散发着清香气息的地上。

　　宽大的外廊下精美的洗手壶如同工艺品，两处铺着花毯的炕台似乎还有人来人往的欢声笑语，木头柱子之间的木雕和石膏纹样相辅相成，精致华美。门的左右两侧都是房间，门上挂着刺绣的挂帘。房顶一排刨光的木椽排列紧密，圈梁上几何纹样的木雕，配以带有波斯风

从顶窗流泻下来的光与隐隐升腾的浮尘形成了一道奇异的光柱

格的精美吊灯,显得古朴雅致。买买提伊明说天热的时候一家人在这里纳凉休息、吃饭聊天、唱歌跳舞,好不惬意。

主人把我们迎进正对大门的房间,花帘一挑,屋里仿佛藏着另一个花团锦簇的世界。宽大炕上铺着团花地毯,墙上挂着各种图案质地的壁毯。木质的壁柜与屋顶装饰浑然一体、相得益彰。沙土中诞生的艳丽花朵在民居里无处不在,地毯、壁毯、坐靠毯、窗帘、门帘、姑娘的头巾和衣服上处处都有盛开的花朵。葡萄、巴旦木、石榴这些圣果的枝叶和藤蔓,带着舒展优雅的韵味缠绕在房间每一个角落,花朵、果实、藤蔓似乎是一种神的媒介,引人恍惚间仿佛置身于一个五彩斑斓的阿里巴巴宝库。这些价格不菲的精美地毡和壁毯,体现了一个家庭的殷实境况。

几乎每个房间都有一个高约一尺的实心土炕,占房间三分之二的面积。人们一般要脱鞋上炕,盘腿而坐,在炕上吃饭、聊天、歌舞、睡觉,一个炕有多种用途和功能。当然,还有一间中西合璧的房间里摆放着绿色的真皮沙发,墙上镶着一面巨大的镜子,茶几上摆放着镶花的玻璃果盘,精美的刺绣纱帘、盖布与紫红色团花地毯显示出一种艳丽协调的视觉效果。

对于生活在干燥、景观色彩单调的沙漠戈壁中的人来说,家居要与户外恶劣环境形成对比,才能让人对生活充满希望和憧憬。维吾尔族是个乐观生活和善于享受的民族,无论外面的世界如何苍凉,家始终是温暖快乐的窝。

这间房子里的铁皮炉子引起了我的注意,这种炉子在城市已经绝迹了,可是却那么执拗地根植在成人的记忆中。大雪纷飞的冬天,这个铁炉子包裹着家的温暖,展开了又有饕餮美食的香气。包着头巾的妇女端着一大盘红艳艳的西瓜,买买提伊明说这是自己家储存的,以便在冬天尝一尝和田夏天的西瓜。经不住西瓜的诱惑,拿起一牙,沁凉沙甜,真是验证了那句新疆民俗:围着火炉吃西瓜。冬天能在炉火边吃上这样的西瓜怎么不算一种幸福？有人做过调查，说经济相对落后的和田地区人民的幸福指数居然是全疆范围内最高的。我想如果你来到这里，当午后的阳光暖洋洋地覆盖着你，土路两旁笔直的白杨夹道相迎，古老的村庄散发着宁静的神话气息，一个香气四溢的烤包子，一牙沁凉爽甜的西瓜，还有那数不尽的笑脸，内心会为一种宁静的幸福感所洗涤。

告别了买买提伊明和他的家人，在主人的盛情下，随身带着几只烤包子上路，伴随着美食馥郁的浓香，我在古村的巷道穿行。经过的每一扇门都是不同的，雕花木门上爬满了古朴的花纹，豪华的绿色铁艺大门上镶着金色的花朵，有的门楣上镶着带图案的瓷砖，有的采用传统的木雕。有的门前停着一辆现代轿车，有的门口一辆电动摩托车上坐着抱孩子的妇女。有的紧闭，有的半掩，有的簇新闪亮，有的斑驳古旧，有的雕梁画栋，有的简朴古拙。门上贴着各种牌子，仔细看看有街道门牌、"平安家庭""对象户"，等等。有的门前种着一株株直插青天的白杨，还有的门前花架整齐……每一扇门后都是一出人间悲喜剧，每一扇门背后都有讲不完、说不尽的故事。

篇八

与沙共舞的
西王母之邦

昆仑山下的且末县托格拉克勒克乡
扎滚鲁克村

西王母在且末

当这座沙漠腹地的小城出现在荒漠之中，无论是沾满了厚厚灰土的树叶，还是简陋低矮的农舍都令人眼前一亮。从轮台穿越沙漠公路到且末，这段路途两旁少有植被，沙漠呈现着原始的状态，一座座金黄色的沙丘在静谧中埋藏着杀机。且末就在那一座座沙丘之后的远方，在那片被车尔臣河滋养的绿洲之上，在与昆仑山相连的出产玉石的地方。

行走在赤黄遍野的塔克拉玛干沙漠的边缘，能看到一棵树就能撑起一片希望，能看到一户人家就倍感亲切，更何况是这样一座孤零零的背靠昆仑山和阿尔金山、三面环沙的小城？曾经有人把且末比作"天边小城"，即是说远在天边的一座城池。在新疆境内，它被称为一个旅行"死角"，很多人都会遗憾地说，新疆除却且末哪儿都去过了。因为这里除了高山，就是沙漠，周边的生态环境几乎处于一片绝境之中。

这个浩瀚大漠深处的小城，南倚昆仑高山，北临塔克拉玛干沙漠，东入阳关古道，西去葱岭，是"玉石之路"的发祥地和丝绸之路南道上的重镇。这个被滚滚黄沙环绕着的沙海蜃楼，山藏金玉，地出棉粮，牧产牛羊，曾是古代西域三十六国中的小宛国、且末国的故都。

"且末"地名最早出现在《汉书》里，记为"沮末国"。后来的《三国志》则写作"且末"，隋代为且末郡；唐代为"播仙镇"，元代称"阇（音同舍）里辉"，明代叫"扯力昌"，清代光绪十年（1884年），新疆建省后称"卡墙"。1914年改为"且末县"。玄奘在《大唐西域记》中有关于且末的记载，称此地为"折摩驮那故

神话传说中西王母的
坐骑——神英招

国"。折摩驮那是梵语的原音译名,且末就是这个音名的缩写。

《山海经·海内西经》记载:昆仑山中居住着一位神仙"西王母",人面豹身,由两只青鸟侍奉,骑带翼神兽神英招出行巡游。后来的传说又为西王母配了一位"东王公"。在敦煌莫高窟的壁画中,曾有西王母的随队衣裾飘飞、旌旗猎猎地出行,神英招引路,凤鸟展翅,一路向东出迎;与之相对的顶壁上则是东王公骑着龙一路向西的列队,红衣侍卫弯弓射鹿。壁画仙气荡漾,满壁风动,定格了他们永远充满了期待的出发。

然而,《穆天子传》中的记载却是另一个版本的续写——周穆王在昆仑山"西巡猎,见西王母,乐而忘归"。

世居昆仑的西王母,乃当地土著,是西域部落的女首领。当穆天子西游寻访来到昆仑山,受到西王母的热情款待。在昆仑山的瑶池,吹笙奏瑟,鼓乐齐鸣,珍馐佳酿,仙果玉食,歌舞翩跹,欢声笑语。威武英俊的周穆王与神人皆不敢比美的西王母一见如故,彼此歌赋畅达,互表钦慕之情。美酒一杯接一杯,欢快的舞蹈把宴会推向高潮,临别时,穆天子曾信誓旦旦地表白,自己三年内还要来此地重游,来看望美丽的西王母。后来穆天子满载着玉石宝器美酒和西王母的期待,回到中原,却没有实践自己的诺言,再回西域,再上瑶池,看望那个集诗歌、舞蹈、美貌、权力于一身的西域女王。

西王母在西域几乎家喻户晓，民间对于西王母娘娘十分崇拜和敬仰。新疆几个地区均在争执西王母是在自己的地界里会见了中原天子周穆王，无论是天山上的天池，还是伊犁的赛里木湖都认为自己美丽的湖泊是传说中的瑶池，是周天子与西王母相会的宝地。

然而，这瑶池究竟在何地？且末的民间学者很肯定地告诉我，古籍中说的瑶池在昆仑山中麓，且末恰好处于这一地段。在昆仑山中麓方圆200平方千米的范围内，坐落着海拔6000米以上的高峰54座，木孜塔格峰恰似擎天的玉柱，翘首兀立，岩壁横截，常年为冰雪覆盖。"木孜塔格"为维吾尔语，意为"冰山"。木孜塔格峰周围分布着诸多的高山湖泊，如同天庭散落的大大小小的镜子，其中有一座无名湖在海拔4700米以上的无人区，是冰川融水形成的天然湖泊，湖水清澈，景色绮丽，仙气萦绕，湖边聚集着藏羚羊、野驴、野牦牛和一些珍贵的鸟禽。由于地图上没有标绘，到达无名湖除了需要勇气还需要运气了。由于地理位置不甚明确，该湖也被称为神秘之湖。这非凡人能抵达的仙湖，是否正是西王母宴会的瑶池？

从昆仑山上被洪水冲下来的古墓，据考证有六七千年的历史。那么，可以推测远在细石器时代，山上已经有了最初的土著居民，他们使用石刀、石矛、刮削器，狩猎、畜牧、采集食物。从史料记载得知，西域大地曾为母系氏族首领所统治，那么这个西王母即是西域母系氏族部落首领的代表人物。从《山海经》到《穆天子传》，西王母从人面兽身的神仙俨然转变为美轮美奂的女王，这期间已经物换星移，历经数代。

虽然目前关于西王母更多的只是神话传说，然而在且末民间，关于西王母的印记比比皆是。在玉沙酒厂的晚宴上，大家聚在满是当地美食的长方形餐桌上，旁边堆满了酒桶，却没有打开，人们品尝着主人精心准备的美味餐食，聊着天，惬意而随性。当宴席进行到三分之一的时候，大家正吃得半饱，一盘酒杯端了上来，斟满了晶莹剔透、酒香浓郁的美酒。当地人用自己的方式,用转杯子喝酒表达他们对感情的理解和敬意。当地女友李红哲告诉我,且末人在饭后饮酒的习俗,据说缘于周穆王与西王母相聚的盛宴。

据说穆天子走进瑶池赴宴,立即被瑶池佳酿的香味吸引得如醉如痴。然而瑶池佳酿连齐天大圣都能醉倒,何况仅为人王的周天子呢。细心的西王母既担心酒醉伤了周天子,又惧怕钟爱之人酒醉后忘记了所言所爱,就下令必先尝尽各色美味后方可饮酒。于是先吃后饮的食俗也就由此在民间流布。

西王母热情好客的习俗也影响着当地人,无论你来自哪里,只要到了且末绿洲,当地的朋友都会热情迎接,热腾腾的库麦琪肉馕饼、几串红柳烤肉、浓香的烤羊排,还有当地酿造的玉沙酒。有的上班族请假也要陪好远方来的客人,甚至会把自己的床铺腾出来让给你,一解旅途中的疲惫,因为他们了解这绿洲之外的险恶和不测,哪怕是一碗热腾腾的茶水、一个善意的微笑也能缓解旅人的焦渴和困顿。

据史料记载,鄯善国被强敌逼近,国破家亡,3万多楼兰人为了逃避战乱向西逃到且末绿洲,且末以宽容的胸怀接纳了这一批惊魂未定的楼兰人,他们在这里安家落户,世代相守。

周穆王西巡回朝,西域诸部落进献当地特产,有牛羊马匹、玉石美酒,贡物可谓丰富。作为昆仑山土著的西王母敬献给穆天子的自然是"玄圭白璧",这灵通美玉掀起了中原对玉石的追慕。早在五六千年前,且末先民就在昆仑山北坡开始了采玉的历史,东进中原,西输巴比伦古国,玉石之路的开通为丝绸之路横贯东西铺下了坚实的基础。

县城木孜塔格宾馆大厅前矗立着一块重达1502千克的玉石之王,这块玉石来自崇山峻岭的深山,探宝人用数十年的时间,锲而不舍地发现了它,掘进顽石百米深,终于使之出世。挖玉艰难,出山更为艰难,93位玉工用98天的时间,在陡峭的昆仑山修筑了一条22千米的山道,历经千辛万苦,才得以见到世人。且末玉为当地老百姓带来了福祉，靠着玉石改变生活、发家致富的人举不胜举。

西王母精心安排的瑶池歌舞采用了西域原始先民载歌载舞的特殊形式，浓郁的异域风情令周天子耳目一新、难以释怀，把那美妙的长袖回旋之舞从天上带到人间。唐诗中的胡舞风靡京城，美人舞如莲花旋，古代壁画定格了西域乐舞的神妙。这舞姿诞生于民间，长在民间，从古至今，只要有欢乐的地方就有沸腾的歌舞。在且末广场万人麦西莱浦的热舞中，红裙飞舞，曼妙生姿，莲步款款，窈窕婀娜，仿佛看到了瑶池仙女飘飞的衣裙。在明快悠扬的且末山歌里，在那穿透内心的音符中是否还能听到西王母昔日款款赋歌的曲音？

73岁的古丽莎汗从16岁就开始跳舞了，曾经当过歌舞团演员的老妈妈头戴一朵鲜红的玫瑰花，跳起舞来两条长辫子和飘飞的衣裙相呼应，犹如仙女下凡。她脸上的皱纹写出了其曾经经历的坎坷和磨难，可是艰难没有压倒她，在激越的歌舞中，她反而找到了生活的真谛。性情开朗的她和我一起照相总是调皮地歪着头，还要求和我像孩子一样亲昵地头挨着头照相。她21岁从和田嫁到且末，就再也没有去过别的地方，她最大的愿望就是能够出去看看，看看乌鲁木齐，看看北京是什么样子。

西王母这位"天姿掩霭，容颜绝世"的美人，使周穆王一见倾

如花的维吾尔族姑娘叫古丽

心。她在接待酒宴上盛装出行,体现了对来访者的尊敬和应有的礼仪。这种习俗在民间一直有所保留,在正式的场合,人们总是把自己最漂亮的服饰穿在身上。在且末玉石节上,我看到一群身穿艾迪莱丝绸的女人,花一般的丝绸衬托着花一般的容颜,长睫毛,黑眉毛,乌亮的大眼睛顾盼生姿。

在周穆王统治的时代,中原大地已经为男权社会所掌控,西域依然处于母系社会的管辖中,可以推测母系氏族统治西域的时间较长。迄今,在且末民间依然保留着崇母的习俗,母亲依然是一个家庭的顶梁柱。成年的妇女会穿上一种采用黑色丝绸或者绒面料做的宽松外衣,袖口、衣襟全镶有蓝边,最显眼的是胸前左右两边七道对称的蓝色条纹图案,这种典雅、高贵的服饰被称为"派里间",也叫箭服,据说是老祖先留下的。这种服装只能是结过婚,并且生了小孩的妇女才能穿。在穿之前要举行一种叫"居宛托依"的仪式,也叫"少妇礼"。仪式上,少妇的妈妈将早已准备好的一整套服饰交给自己女儿,亲眼看着女儿穿上。在母亲眼里,女人只有结婚并生了孩子才算一个完整、幸福的女人,送给女儿这套服装,是希望女儿能够独立、坚强,担负起家庭的重任。自从拥有了这套服装,妇女们也进入了一个最美妙的年龄,相夫教子,构建温暖的小家庭,让日子过得更加富足多彩。

从昆仑山融化的雪水也许是从西王母的瑶池中流淌出来的,这经年不断的车尔臣河将且末浇灌成了一个沙漠中的世外桃源。进入且末,被高山、沙漠环绕的绿洲沃野千里,良田万顷,牧场茂盛。

虽然且末之远令人咋舌,然而且末绿洲的幽美恬静也足以让到来的任何人无条件地爱上这里。进入且末,实则进入了西王母的地界,神话传说以及遗留下来的风俗人情,每一步都和神的脚印暗合。

且末古城你在哪里

当我踏进古陶片遗址，不由得凝神屏息。当地学者杨延龙告诉我，从扎滚鲁克古墓到来利勒克遗址的这段路，地底下都是尚未挖掘的古墓。四处眺望，荒野空寂，除了纵横交错的土台地和石子，就是几株稀疏的骆驼刺在风中摇曳。走到这里，突然发现，当空的日头散发出炽烈的白光，目光所及都是亮闪闪的热浪，质地粗粝的风吹得人睁不开眼睛。跃上一个土台，不由得被眼前的一切怔住了：这千余平方千米的空旷台地上，仿佛是谁刻意地打碎了一个制陶坊，满地都是破碎的陶片。

大大小小，颜色各异。有原始的加沙陶，有质地细腻的红陶、黑陶片，有黑色的铁块、炼铁渣，甚至还有彩陶片，杨延龙认定我发现的这片彩陶是唐代的。为什么这里会出现如此多的碎陶片？这个疑

干得裂口子的台地、粗粝的热风还有晃得睁不开眼的阳光让人恍如隔世

残留的土陶片

问不由自主地浮上来，从陶片本身的质地即可看出其出自不同年代。陶片的年代从春秋战国、西汉到唐朝，亦历经了千年的时间跨度。据说，来利勒克遗址地表陶片散布最密集处达每平方米116块，以面积最大的古陶片散布遗址而列入"大世界吉尼斯之最"。考古学家曾在此采集到磨盘石残块、玻璃片和料珠，以及女人用的精美耳环、铜镜、铜耳坠、印度琉璃装饰品等明显带有异域之风的物品。1985年9月的考古发现中，出土了一些古代毛织品、古尸及陶片、弓箭等物，证明这里是汉军屯田驻守城邑的遗址，古城墙已经全部坍塌，环城护河的遗骸几乎辨别不清。

且末古城处于玉石之路和丝绸南道的重地，是商贾驼队必经的驿站。陶器是古代居民不可或缺的生活用具，需求量相对较大，也许是一些陶器在运输过程中不小心被打碎，残留于此。另一种推断是在古河道的上游曾发现西汉时期的烧窑作坊，车尔臣河经常洪水泛滥，也许是洪水将烧窑连同做好的陶器一并卷入下游此地。

环顾四周，除了几个残破的已沙化的土堆，看不到与制陶作坊和古城有关的任何线索。当地人说这里曾经是车尔臣河的古河道，车尔臣河也称流沙河，历史上有三次改道的记载。据说，且末古城亦是由于车尔臣河的改道而废弃的，最终成为一座找不到任何遗痕的蒸发了一般的古城。

汉唐时期，且末一直是丝绸之路西域南道上的重镇。最早来到这里的是西汉使臣张骞，据考证，张骞第一次出使西域返程时途经且末至若羌楼兰国。《汉书·西域传》说该国位于鄯善以西720里，精绝以东2000里。北魏神龟元年（518年），宋云西行从吐谷浑到达鄯善国，从鄯善西行至且末国，他在《宋云行记》对且末古城有比较详细的记载："从鄯善西行一千六百四十里，至左末城（且末城）。城中居民可有百家，土地无雨，决水种麦，未耜而田。"唐朝高僧玄奘西行，公元644年自西向东返回长安时，经过折摩驮那故国（即且末古城），但这时的且末城已经废弃。这座且末古都城自唐朝之后便湮没无闻，迄今仍未找到。

元代，意大利探险家马可·波罗一路向东，经和田，沿车尔臣河经且末抵达罗布镇，他在《马可·波罗游记》中说，"沙昌省（今且末）境内有八条河流，出产玉石和碧玉。这些玉石大部分销往契丹，数量十分巨大，是该地的大宗输出品。"清代学者徐松在《西域水道记》中记载了且末的山川湖泊。1883—1885年，俄国探险家普尔热瓦斯基在且末考察，他关注的是当地的自然地理和动植物状况。1906—1907年，英国考古学家斯坦因考察了和田至敦煌沿线地区，他认为："关于新疆大漠南缘沿线隔绝着的聚落在不同时期遭受到的波折，且末的历史作出了清楚的说明。"1910年，日本僧侣橘瑞超第二次来到新疆，除了发现楼兰旧址，他还在且末考察了当地人淘金、务农、警务及探险者、流放者的情况。1928年，瑞典探险家贝格曼随中瑞西北考察团考察新疆，他在且末对当地的河道、绿洲、古城、古墓、干尸、民俗均有考察。1934年，瑞典探险家斯文·赫定在且末发现并带走了一具女性头骨，这具头骨具有典型的印度和蒙古人种的特征。

斯文·赫定在罗布荒原上发现了楼兰古城，斯坦因在茫茫沙海中找到了尼雅古城，而和楼兰、尼雅具有同等重要性的且末古城却鲜为人知。在古籍史书中出现的且末古城，如同一座幽灵般的城市，游荡在黄沙之间，直至现在也没有人能确切找到它。

20世纪70年代，中国科学院冰川研究所的专家们在塔克拉玛干沙漠且末县境内做科学考察时曾与且末古城不期而遇。他们在沙漠发现了一座古城遗址，因为专业不同，进入古城的专家们并未引起高度的注意，由于好奇，一位专家在满地写着看不懂文字的木板中随意拾取了几块，就离开了。殊不知，这几块写有文字的木板被带回去经专家鉴定后发现，竟然是珍稀的已经消失的死文字佉卢文木简，那上面反复出现的是"且末"这个地名，内容是公元3世纪左右，鄯善国且末州的一份法律文书。

这一发现遂引起了多方轰动，有关部门引发了寻找且末古城的热潮。遗憾的是当年无意识的发现并没有做任何地理位置标识、测定和记录，所以寻找且末古城成为一件极其困难的事。此后根据考察人员的回忆，在茫茫沙海中进行的寻找活动都以失败告终。这座谜一般的古城，幽灵般地显现又消失，给西域探险留下了一个挠人心痒的悬念。

且末民间也有关于古城的传说，当地的老百姓认为那是一座让人捉摸不定的城池，无意中可以走进它，而刻意寻找时，却求之不得。一位维吾尔族老乡曾经在风沙中走进一间屋子避风，那间奇怪的屋子里坐着白须长髯的老人、美丽的妇女和可爱的孩子，男人穿着麻布衣服，女人衣着艳丽，有的扎着长辫子，有的胳膊上还有纹刺花纹，有的脸上贴着花黄……他很想和他们交流，却像中了魔一般不知道如何开口。直到风沙息止，他才恍恍惚惚地走出了那间房子，回头望去，烟尘缭绕，那些连成一片的房子，如同一个繁华的集市若隐若现。回来后，他把自己的奇异经历告诉了家人，大家将信将疑，因为他避风的那个地方，根本没有房子，只有干涸的古河床。之后，他带着人再去搜寻，费尽气力，也没有找到他曾经避风的屋子。有人怀疑是他的南柯一梦，他挠挠头却清晰地记得每一个细节，最重要的是没有沉睡的记忆。究竟是梦是幻，最终连他自己也闹不清了。

且末古河道旁留下的残垣断壁已经无法分辨

  专家将古城的地理方位初步确定在今且末县城正北约40千米处，车尔臣河古河道大弯转的一个相对狭小的地域，并认为且末古都城是塔克拉玛干沙漠中唯一一个可能被发现，而迄今未被人触及的古代都城。由于特殊的气候条件和地理位置，其保存状态的完整性应该会令世界大吃一惊，这里一定隐藏了古代人类生存的秘密。未发现的且末古城将成为文物考古研究的处女地，探险家心中的极地，也一定是丝绸之路珍贵文物荟萃的宝库，其价值和影响可能不会低于埃及法老王墓、特洛伊城、楼兰、尼雅、秦兵马俑的发现。

  当然，这一切需要用脚步和汗水的丈量和智慧发现的眼睛，需要真凭实据确凿的依据，需要考察研究的耐心和执着。让我们期待有志者，去完成寻找和实证塔克拉玛干沙漠中最后一个伟大秘密的壮举吧！

  且末古城，你究竟在哪里？

扎滚鲁克古墓的一家人

当看守古墓的海力茜姆打开那座黑漆雕花的铁门时，在她拉开大门的慢动作的瞬间，仿佛是在打开一扇通往扎滚鲁克古墓群墓地和连接古且末人的通道。背景是寸草不生的黄土和那略微高出大门的弧形台地，一条车辙印伸向矗立在寸草不生台地中央的一间孤独的房屋。四周的地平线立着一带高大笔直的杨树剪影，影影绰绰地仿佛接到了天边。

且末的扎滚鲁克古墓群墓地处于车尔臣河西岸的堆积阶地上，东面与且末河古河道相邻。据介绍目前共发掘墓葬169座，古墓地按照年代划分为先且末国时期、且末国时期和东汉魏晋时期。

古墓地处于较高的台地上，塔克拉玛干沙漠边缘的气候干燥，降水量少，土质多为盐碱，墓葬修筑得十分牢固，所以尸体保存完好。与那些古人相伴的陪葬品也非常丰富，有木条穿制而成的羔羊烤肉、馕、木制品、毛制品、陶器、乐器及皮制品和石器。由此可见，几千年前的且末古地对于死者的尊崇和敬畏，他们尽可能地为亡者提供一个相对安静、封闭的环境，并将他们生前喜爱的物品安放在另一个空间依然为之享用。

一座黄漆斑驳的陈列室独矗在这方圆3.5万平方米的地界上，古墓的边界用铁栅栏围成了一个圈。且末县文体局的杨延龙书记说，我们现在经过的地下都是古墓地，这里至少还有300多座古墓尚未挖掘。土丘之下为何有如此之多的墓葬？是何人留下的？带着诸多的疑问和悬而又悬的心情，走近扎滚鲁克古墓群24号墓地的陈列室。穿黑T恤衫、戴墨镜的维吾尔族小伙子阿迪力，为我们打开了大门上的黑锁，光从门外射进，整个陈列室的景象令我目瞪口呆。

237

和我同样目瞪口呆的是那一个个躺在玻璃罩子下的古人，面对两千多年的光阴相隔，我看见了且末古人的模样。这个墓葬令人震撼，它不同于以往的独葬墓穴，这个墓葬中葬有多人，他们似乎不是在墓穴中，而是在家居环境中，有的正聊着天，有的正在酣然入睡，千年的光阴在他们中间凝固了……

陈列室中间的一座巨大的玻璃罩子将这座地下墓穴展示给世人，这个巨大的墓葬长约5米、宽约3米、高约4米。透明的玻璃罩子封在上面，让瞻仰他们的后人隔着生和死的界限，可以看到千年之前他们从容面对死亡的样子。仰身、屈膝，双手交叉搭在腹部，他们的样子好像是一家人靠在树下、倚着墙根，正在说着家长里短、乡里乡亲的事。当最令人尊敬的长者突然辞世，家人满怀悲痛地将老祖母依照生前常坐的姿态放入墓穴中，他们跪在老祖母面前，流着眼泪发誓生要在一起，死仍要在一起。

就这样，一抔黄沙掩没了一个温热鲜活的家族，这个墓穴中有14个男女老少，先后有200年的时间跨度，墓穴被反复挖开又回填过。

且末扎滚鲁克古墓的家族墓就在这座孤零零的房子里

他们活着的时候在一起相依相伴，死后仍要一起相互搀扶着奔赴天堂之路。这个被称为"世界最多的家庭成员干尸丛"的葬坑，埋葬了距今约2600年的一家人。

葬坑内有几株胡杨木桩，横梁上铺盖着芦苇、蒲草、麻秆和红柳编成的席子，陪葬品有羊头骨和马头骨，可以窥见那一时期，羊和马是家庭主要的牲畜，也是家庭密不可分的成员。

经科学鉴定，墓穴内的人种为欧罗巴人种和蒙古人种的混合后裔，高颧骨、深眼窝，几乎每个人都戴有帽子，身上的服饰及脚上的靴子很完整。他们头上戴着那种高耸的尖顶毡帽，用两片近似三角形的黑褐色毛毡对缝，上尖下宽，顶端特意缝成鸟头状，外翻的口沿和缝合处留下的细密而均匀的针脚成为帽子的一种装饰。这种尖顶高帽据说是古代塞人的帽子中最时髦的一种，曾在古代西域广为流传，直到唐代都盛行不衰。整个墓葬与相距几百千米之遥的楼兰古墓中的人种、服饰、陪葬品有着极为相似的地方，据称与塞人相似，与萨满教有关，与楼兰古国有关。

当扎滚鲁克古墓中的古人以彩色绘面、蒙面、金箔和面糊封口、羊毛塞鼻等模样呈现给世人的时候，其特殊的埋葬风俗及生前流行的手臂刺青、男女留辫、喜好戴帽、用毛布包脚、蹬皮靴或毡靴、穿袍裙或皮衣皮裤、戴项链、佩木腰牌和挂发饰串珠等生活审美习俗，为后人展示了一个丰富的想象以及推断空间。

幼小干尸旁侧倚着的应该是孩子的母亲，虽然时间无法复原当时的场景，却依然能从她侧卧的姿态上看出这个母亲面对小儿为疾病突袭时的担忧和焦虑。即使在去天堂的路上，妈妈依然护佑在孩子身边。葬坑中最外侧的一具干尸格外引人注目，他并没有和其他人一样采用传统的屈膝姿态，而是平躺着伸展了手脚，身高约有一米八，看来生前体格强壮。据推测此人可能是在外地去世的，被家人在异乡找到时，身体僵硬，已经不能依照家族中的习俗屈膝而葬。

239

这个庞大的家族将一个个离去辞世的亲人埋葬了，最后自己也安详地躺进来，枕着亲人的臂膀，在另一个时空隧道中与亲人再次相遇。那么，最后一个被埋进来的人是谁？又是谁将他埋在这里？这些都消失在时间的尘烟中。几千年前的且末大地，那时的人们就具有如此从容豁达的生死观，似乎早已把生死命题悟透了。

那只搭在腹部的修长手臂上，刺着玄妙的刺青图案，这应该是世界上最古老的刺青图案了。用雄黄、雌黄、铅黄或赤铁矿物质颜料涂抹的花纹纹面，衬着高颧骨的面庞，更显得神秘莫测。脸上绘有类似羊角弧形的图案，可否证明羊自古以来就是西域人民的最爱？昆仑山下曾是羌人活动的地区，羌人以羊为图腾，这种审美影响着周边的人们。在古楼兰、且末地区，人们最早使用的是已经消失的吐火罗语，相同的语系使得生活在这片地域的人们来往互通，联系不断。

脸上贴满花黄，有着两条粗粗的麻花辫的且末美人，微微上翘的嘴唇，一副无限憧憬的样子，似乎是个怀春的女子在期盼着自己的心上人。那么是谁为她辫起浓密的长发，将这位妙龄女子永远葬在这无尽的沙海中？

穿着绛红色长袍的中年妇女，鲜艳的红衫衬着两条又粗又长的麻花辫，让我不由自主地想起，在且末阿热勒乡见到的一位身着艾迪莱斯绸连衣裙的老妈妈，她抱着小孙子，脸上的皱纹像刻在皮肤上的历史一般生动，最引人注目的是那两条长及腰部粗黑的麻花辫。同样的麻花长辫子，在听且末山歌的时候，和着裙裾飘曳起伏。顾盼生姿的，除了姑娘如电的眼神，就是那摄人心魄的长辫子。

这个婴儿还绑着裹腿，头戴内红外蓝的羊毛帽，裹着红色毛布毯，身上用红蓝两色毛线合捻的毛绳捆扎。眼睛的位置放了两枚石头压盖，也许是他的父母不愿这个还未长大成人的婴孩，在离开父母呵护后的另一个世界里看到不该看到的东西吧？抑或是为了遮挡风沙入侵眼睛、保护灵魂免遭散佚？他的面颊圆嘟嘟的，生前一定是个人见人爱的胖娃娃,鼻孔里塞着红色毛线绳,脸上还有绘饰的纹样。身旁的一只牛角杯里还有残垢,一只用羊乳房的皮缝制的喂奶器用红色线绳捆扎着,里面还有食物的残渣碎块,据考证里面装的不是奶制品,而是用麦粒磨成的粉状制剂,难道这个小婴孩没有母乳喂养?是靠着麦粉生存的?年幼的孩子没有母乳喂养的庇护,是经不起任何风雨侵袭的,在生活医疗条件相对落后的古代,也许一场小小的感冒就可以轻易地结束一个幼小的生命。这个婴孩葬在一块弧形的胡杨木板中,躺在一块白毡上,小小的身体依然是仰身屈膝的样子,宛若刚刚入睡。

压着沉甸甸的两块石头,让人看不到他的眼睛,可我却分明能感受到那石块压盖下的一双灵活生动的眼睛是怎样地惹人怜爱。在扎滚鲁克村的巷道里,一扇雕花的大门前站着一位包着花头巾的少妇,怀里抱着柔软的婴孩正在静静地晒太阳。戴着白色花边软帽的小婴孩,睁着一双晶莹剔透的眼睛,毛茸茸的长睫毛,澄澈的黑眸正目不转睛地望着我,新鲜而好奇,仔细而专注。

古墓还出土了用长圆红柳木棍串起的羊排,肋骨仍然清晰可见,已经风干脱水了,成为真正的"风干羊排"。且末镇的李红哲书记带着我在且末客运站旁的一家维吾尔族餐馆,吃到了这种用红柳串起的烤羊排,脆香可人,堪为人间美味,看来这种吃法渊源已久。

古墓中最引人注目的是那只用木头做的竖箜篌,虽然弦和蒙皮已经缺失,但其他的部分保存完好。"箜篌"一词为波斯语,汉译名称有"空侯""坎侯"及"胡空侯""竖箜篌"等,公元前2000年就已经在亚述一带使用。在埃及、亚述一带曾出现弓形和角形的箜篌,在印度及两河流域出现过狮首箜篌和弹箜篌的艺人石雕。在阿拉伯壁画和敦煌壁画中都曾出现这种乐器的模样,而在扎滚鲁克古墓则出土了两件木质竖箜篌。

竖箜篌由三部分组成,即音箱、颈、弦杆。用一块整木刮削、雕

世界上最古老的拨弦乐器——箜篌曾经发出最动人心魄的旋律

刻出音箱和颈部，外表打磨得光滑圆润，弦杆用红柳木制成。古朴而简单的外形，让人难以想象如此简陋的乐器竟能弹奏出美妙绝伦的乐曲。千年的岁月在琴声中流淌，是怎样的一双纤纤玉手才可以拨响箜篌弦乐，还原一段古老而沉香的历史？这只世界上最古老的拨弦乐器曾经发出最动人心魄的旋律，遗憾的是现在已经奏不出任何声音了。古代诗人曹植在与亲友相聚时，举办丰膳，烹羊宰牛，听到箜篌美妙的旋律，诗兴大发，在《箜篌引》中诗曰："秦筝何慷慨，齐瑟和且柔。"唐代诗人李贺听了箜篌艺人李凭的演奏，激动不已，将箜篌的旋律描绘得惊天动地："昆山玉碎凤凰叫，芙蓉泣露香兰笑。"

箜篌复原，尤其使它原音再现并非易事。据说很多专家都在试图努力复原箜篌，让这古老的声音再一次响彻昆仑大地。那么，扎滚鲁克古墓中的那些先民，一定听过箜篌独特动听的乐曲。当箜篌再次奏响，发出惊天地、泣鬼神的音乐时，也许正是古人灵魂复活的瞬间。

河流的恩泽——车尔臣河

那跺脚的声响,好似破空而来的激烈密集的水声。我仿佛已经看到了山谷中咆哮而来的车尔臣河,那湍急浆黄的河水,泥沙俱下。从雪融的峭壁上奔涌而来,它们汇集在一起,由一滴滴柔顺的水汇成世界上最强悍的力量。

在且末县文工团的歌舞厅,我观看了一场男子集体舞《车尔臣印象》。十几个浓眉朗目的维吾尔族青年,头戴黑色高筒毡帽,脚蹬黑色的皮靴,随着舞蹈的节奏不时发出响亮的声音。回旋,徘徊,跃起,俯冲,随着他们沉醉的舞蹈,我回访了几天前走过的车尔臣河大峡谷。

车尔臣河发源于昆仑山北麓,全长813千米,是塔里木盆地东南地区流程最长、水量最充沛的河流。一江春水向东流,滔滔的车尔臣河从高山绝壁中涌出,一路向东,与塔里木河在若羌境内的台特玛湖相接,注入罗布泊,是古罗布泊湖的主要源流之一。车尔臣河与塔里木河在塔里木盆地形成了环状大动脉,如果没有这两条河流,就不会有塔里木盆地的文明和丝绸之路的辉煌。

作为且末的母亲河,车尔臣河孕育了悠久的且末绿洲文明。车尔臣一度也是且末的代名词,它从莽莽昆仑流进茫茫的塔克拉玛干沙漠,河流两岸花草密集,绿木成荫、芦苇金黄,将这里滋养浇灌成了一个世外桃源。车尔臣河从发源起,在且末绿洲的历史上几乎没有断流的记载,也正是由于这条宽容博大的河流,且末才没有像楼兰古城、尼雅遗址那样,被周边窥视已久的沙漠吞噬。

从市区往西南方向出发,十几分钟后就拐上一条沙石路面,两旁是焦黄起伏的戈壁荒原,时时可听见石子打在车身的声响。纵横交错的车尔臣河干河床就在路旁，可以想象洪水泛滥的丰水期，车尔臣河滔滔水流如同万马奔腾的壮观场景。

山路回旋，层层叠叠土褐色的山峦与荒地连成一色，天比山的色彩更浅淡更虚渺。黄滔滚滚的车尔臣河出现在右边的峡谷中，水和沙石的颜色，无论流动还是静止，并没有明显的区别。一个转弯，车尔臣河意犹未尽地消失在视野中。

细细的雨点打在窗玻璃上，车尔臣河大峡谷梦幻一般地又出现在眼前，灰蒙蒙的沙尘雾霭罩在峡谷之上。这座峡谷的模样仿佛是一座平缓的山脉突然从中间劈开，愤怒的河水冲撞而下。从坡顶到谷底有六七十米的落差，从此岸到彼岸最宽的地方大约有一百米的跨度。继续向前走，风携裹着若有若无的雨点，水声渐沥从谷底传上来，两条河从左右的峡道汇集于此，令人称奇的是左边的是浑水，携裹着滚滚泥沙，而右边是一条清水河，水流清澈湍急。两河在中间汇合，清水搅入浑水，至此也变成了泥沙俱下的黄浆，奔流向前。

车尔臣河如同所有出自深山的河流一般，充满了野性和不驯，属游荡性河道，河床摆动幅度较大。这里到处可见其干涸的古河道，它是如此肆意地跟随着天性游走。人们离不开这条河，自古以来沿河而居，跟随着一条河的走向构建着家园。于是没有水流的地方渐渐地没有了人烟，且末古城就是由于车尔臣河的改道而遭到废弃。

这条让人离不开的河流也被称为百年患河，丰水期时经常造成大洪水，狂怒的河水席卷沿岸的庄稼、农舍、人畜，毫不留情。我从且末离开不久，就在电视新闻上看到了车尔臣河百年不遇的大洪水，曾经走过的干河道注满了奔腾无羁的激流。据悉，在洪水中被困了一天的老乡在部队官兵的帮助下，才安然地回到了家。所有工作人员守在防洪堤岸，通宵达旦，彻夜不眠，唯恐一眨眼的工夫水漫堤岸，随时准备抗洪抢险。

在距离车尔臣河最近的阿热勒乡，我目睹了洪水之后重建的家园,有条不紊地搭建着葡萄架,老人安详,孩子伶俐,人们很快地从洪水侵袭的慌乱中恢复到原有的生活中,似乎洪水从未发生。一些枯木和埋在沙土里的种子,就等着这一年一度的洪水浸泡而发芽生长。

对于地处荒漠的人们,水的弥足珍贵不言而喻,他们比任何地方的人都更加珍惜水,又怎么会对一条河怨声载道、心怀不满?正是这样一条河,造就了且末人宽容、乐观、知足和感恩的胸怀。

傍晚时分,我们来到阿热勒大桥旁的车尔臣河畔,宽阔的河道流水悠悠,一排整齐的青杨仿佛站在地平线上,压着天与地的韵脚。水的气息和着沙尘的味道哗哗作响,赤脚走在柔软的淤泥上,那上面还有阳光的炙热。浅滩的水刚没过小腿,望着由远及近的水流,在漩涡处泛起的水花,它们从容地奔向下游的地平线。从外观上看,车尔臣河水流浑浊,岸边淤泥遍布,缺乏绿水碧波的诗意和灵动。然而这荒漠之中的一方水,却是沿岸人们的乐园。夕阳如金,涂抹在流金的水波上如梦如幻。且看那些在河中嬉戏游玩的孩子,这流水就是他童年的快乐。岸边垂钓的人,收获的是心境的宁和及悠然的自得;岸边林地里相依偎的恋人,车尔臣河是他们爱情的见证。

渔舟唱晚,鸭鹅弄波,河畔草丛中的牛羊准备牧归,水鸟与晚霞齐飞,在空中划出一道优美的弧线。据说且末的鸭子是经过驯化的绿头野鸭,养鸭如养鸟,人们任它们在水上自由自在地嬉戏,时而同飞鸟一样飞上堤岸。逐浪滔滔的河水中,有一种大头宽颚的鱼浮游在黄浪细沙的浑水之间。早年,人们捕食过这种味道鲜美的鱼,我有幸也品尝过清炖的鲜鱼,肉嫩,刺少,汤鲜,的确美味。这种筷子般大小的鱼由于数量逐年减少,被列为国家二级保护动物,当地人自觉地保护着这种只在且末段才出现的珍贵鱼种。

考古调查在车尔臣河下游发现一处古墓地,初步判定与小河墓地有着较为接近的文化内涵。在距今约4000年的光阴里,一群来自异邦的雅利安人种长途跋涉来到了中亚地区,在这里栖息,没有留下任何记载，只留下了他们谜一般的墓穴。

托乎拉克庄园是车尔臣河岸边最大的一座巴依（维吾尔语"地主"之意）老爷的住宅，是地主尼亚孜在1911年为自己的三姨太修建的一座庄园。这房子面积有780平方米，建造历时4年之久，工程浩大。据说，建房所用的木料青杨木柱必须在水中浸泡一年，放干一年后再进行精选雕刻。大部分工匠是从喀什地区请来的能工巧匠。然而这个当地最有钱的巴依，在修建庄园的时候就被盛世才"请"去乌鲁木齐，直到房子建好，也没有再回来。

走进这间正方形布局的居室，房屋结构由生砖墙体和木梁柱屋顶筑成，内部由居室、库房、回廊等几部分组成，壁龛、墙壁等部分装饰是用蛋清、冰糖、石膏混合物建成，有着精细的雕刻工艺。房间的布局体现着尊卑之分，三姨太的主卧旁边有着专门的洗理室，从给水道、污水排放到取暖方式都设计得相当科学。房间里的土炕上铺着

托乎拉克庄园是车尔臣河岸边最大的一座建筑

花毡和地毯，是如今典型的维吾尔族民居布置。长工的房间在回廊两侧，正门是不允许长工进入的，他们只能走后门。

同样的房间布局我在沿河的古村见过，推开雕花的木门，笑盈盈的主妇抱着鲜嫩的婴儿迎接我们。院子顶棚上爬满了葡萄叶，一地细碎的阴凉。板炕上铺满了浓烈团花图案的地毯，上面的小方桌上摆满了各色干果和馕子。好客的主人是个美须长髯的老者乌布里·库尔班，他清澈欢乐的笑容很能感染他人，你会不由得忘记生疏，对他报以发自内心的微笑。这是一个三代同堂的家庭，他告诉我他一共有十个孩子，现在孩子的孩子已经出生了。由于世世代代居住在此，老人甚至没有去过车尔臣之外的地方。大家盘腿而坐，喝一碗热茶，聊着家常，哪怕室外骄阳似火，房间里仍凉爽而惬意。

他12岁就开始唱歌跳舞，打萨巴依（一种维吾尔族民间乐器）已经有20年之久。他的谋生之技是铁匠，凭着为乡亲们打造农具等器械养活一家人，他摊开掌心让我看他手心里的老茧，那硬硬的带些黑色的茧纹是时间镌刻上的。随身带在身边的这个萨巴依大概有1千克重，是他亲自打造的，如同两道弯镰的铁器上面挂着数只小铁环，挥舞起来发出有节奏的声响。他满怀激情地打起了萨巴依，眼睛微闭着深情地唱着一首歌。经尼加提翻译，乌布里·库尔班唱的是且末赛乃姆中的一首歌："车尔臣河正在流，无论如何跟不上。若你见着我爱人，请你替我问声好。"

沿河而居的村落，显得幽静而寂寥。包着头巾的妇女，提着河水一桶桶地泼在巷道的土路上，他们用自己的方式和着车尔臣河的节拍生活着，一代又一代。

火焰中诞生的美味

当火种降落人间，人类在火光的映照下度过了寒冷的黑夜，驱避凶猛的野兽，同时也用火烤制食物，烧制陶罐。人类掌握了取火的技巧，就是掌握了文明的天机。

在沙漠腹地生活的且末人，从古至今，习惯于围在火堆旁，一边烤制着猎物，等待着美味在火焰中飘出诱人的香味；一边弹着阿拉其热瓦甫纵情唱歌。随着日月交替，他们在焰火中掌握了一套烤制美食的方法。

在新疆，无论乡村还是城市，街边随处可见的是馕铺。无论是被装饰得华丽一新，还是只有一个简陋的草棚，里面的核心总有一个其貌不扬的馕坑，围在馕坑边上的人，无论是兄弟、父子，还是夫妻，总是配合默契地一个擀面、印花纹、撒上芝麻，另一个将圆盘般的面饼仔细地贴进馕坑里。不一会儿的工夫，焦黄的馕热气腾腾地出炉了，它们从冒着焰火的馕坑中诞生，旋转着飞向馕坑前的桌子，滚烫又可口，黏附着沙土的芬芳。许多第一次来疆的人，如果吃不惯羊肉，那么馕这种老少皆宜的食物，就成了他体验新疆、喜爱新疆的第一步。

"馕"字源于波斯语，流行在阿拉伯半岛、土耳其、中亚细亚各国。起初，维吾尔族人把这种在炭火中烤制的馕叫作"艾买克"，直到伊斯兰教传入新疆后，才改叫"馕"。馕的一般做法跟汉族烤烧饼很相似。在面粉中加少许盐水和酵面，和匀，揉透，稍发，即可烤制。添加羊油的即为油馕，用羊肉丁、孜然粉、胡椒粉、洋葱末等佐料拌馅烤制的乃肉馕，将芝麻与葡萄汁拌和烤制的叫芝麻馕。因和面及添加剂成分、面饼形状、烤制方法的各不相同，馕的名称也就相应而别。

有经验的行者喜欢在背囊中
带上这种易保存的食物

  我在且末巴扎上见到了各式各样的馕饼，有的大如车轮，有的小巧如圆球，有的用白面烤，有的用苞谷面制，有的撒芝麻，有的放药材。一种只有几毫米厚度的叫"三合板"薄馕，是蘸酸奶吃的美味；另一种馕包肉，是馕包裹着清炖羊肉，汤把馕浸透，馕里裹着肉香，吃完了肉，再吃泡软了的馕。在乡村，一些家庭把馕当盘，盛装茯茶和方糖。南疆和北疆的馕因一座天山相隔出现了迥然的差别，就连几百千米相隔的两个沙漠小县城，馕的形状和原料制作都有着微妙的区别。

  传说当年唐僧取经穿越沙漠戈壁时，身边带的食品便是馕，是馕帮助他走完充满艰辛的旅途。馕吃起来香酥可口，富有营养，久储不坏，便于携带，特别适宜新疆干燥的气候；作为新疆各民族的主要面食之一，馕已有两千多年的历史。

  与馕相伴的另一种美味则是烤羊肉，用红柳枝串出的羊肉串，气势磅礴地摆在烤肉炉上，嫩红的羊肉刚放在炭火上，肉上的油脂就吱吱直往外冒。在且末广场的烤肉摊上，大都是漂亮的女人主烤，她们一边翻烤着红柳枝，一边从容地用一种自制的木头扇板，扇着烤肉的烟雾，盐、孜然、辣椒面一撒，肉香伴着红柳枝的清香味直冲鼻孔，

249

引得人驻足停留,不得不来上一串尝尝鲜。和乌鲁木齐的烤肉相比,且末的烤羊肉调料用得不多,更注重羊肉本身的鲜香。

考古专家在鲁南临沂市内五里堡村出土的一座东汉晚期画像石残墓中发现两方刻有烤肉串的画像石,经研究发现这两幅画中所见的人物形象皆为汉人,他们烤的肉串应是牛羊肉串。西汉出使西域的张骞驼队在西域尝到了这种焰火上烤制的肉串,就把它作为西域风味带回长安,这种美食一经传入即成为百姓喜爱的食物。且看如今在各个城市流行的烤肉串,无论融入了多少当地饮食元素,最终离不开四个字"新疆味道"。新疆烤羊肉的烟雾和气息,仿佛已经成为西北边城特有的气息和景观。

烧烤中最重量级的美食是烤全羊。38岁的维吾尔族帅哥买合木提江做烤全羊已经有15年,今天他带来了7只小羊娃子。焦黄欲滴的烤全羊热气腾腾地从馕坑中取出,他在桌子上先铺一层白菜叶,再将鲜绿的芹菜叶衔入羊的口中,仿佛羊还在吃草,羊头上系着一朵大红花,桌子下摆围着鲜艳的艾迪莱丝绸。买合木提江精心装扮他的作品,围观的人除了被美味吸引,也被这种庄重而新鲜的美食扮相折服。

买合木提江告诉我,他的烤全羊一般只选用五六个月大的小羊羔,保证肉质鲜嫩。馕坑里的炭火最好用以果木或落叶松木屑为原料,烤出的羊肉才带有植物和泥土的清香。将一只小羊宰后剥皮,去头、蹄子和内脏,用一头穿有大铁钉的木棍,将羊从头至尾穿上,把羊脖子固定在铁钉上,再用蛋黄、盐水、姜黄、孜然粉、胡椒粉、上好白面粉等调成糊,抹在羊身上,再将羊头部朝下放入炽热的馕坑中。盖严坑口,用湿布密封,焖烤一小时左右,揭盖观察,木棍靠肉处呈白色,全羊就成金黄色,即可出炉食用了。不一会儿,五只烤全羊就被一抢而空,一些没有饱口福的食客,等在一旁,等待着最后两只烤全羊从焰火中生成。

维吾尔族的美食离不开馕坑,烤馕后剩下的炭,再用来烤制馕

维吾尔族烧烤中最重量级的
美食是外脆里嫩的烤全羊

坑肉。28岁的艾力卡斯木从12岁就开始学习制作馕坑肉了，在他简朴的院子里，一个土砌的馕坑散发着诱人的肉香。这个简陋得连牌匾都没有的餐馆里，食客络绎不绝，慕名而来的人们排队等着馕坑里的美味。他把羊肉切成块状，磕开鸡蛋加姜黄、胡椒粉、孜然粉、精盐和上好面粉，拌成糊状，均匀地涂抹在肉块上，将肉块贴入馕坑内壁，堵住坑口，连焖带烤，约莫30分钟后即可出炉。这馕坑肉是利用馕坑火的辐射和坑壁的高温烤制加工而成，将柴禾置坑内点燃，渐渐地坑温达120℃至150℃，放入肉块，取出明火，如此烤制的羊肉才能外脆里嫩，食色诱人。

羊肚子烤肉最近在巴扎上已经很难见到了，这种高营养、高热量的食品看起来比较原始，是在没有任何辅助器材下利用羊本身的资源烤制出的美食，它体现了沙漠深处居民的聪明才智。羊肚子是这道美食的关键，宰羊后将羊肚子取出洗净，再把切好的碎羊肉拌上盐和孜然等调味品，塞进羊肚子里面，然后用羊肠子将羊肚子的口捆绑好，再将羊肚子埋在火灰里烤，烤三四个小时就可以食用。这道美食可谓天然食材，取之于羊，用之于羊。

在塔提让乡有一种用大锅大盘和长柄勺制成的肉馕，叫"库麦琪"。肉馕做法简单，先在一张面饼上放剁碎的羊肉和皮牙子，用另一张同样大小的面饼覆盖在碎肉上，合上两张面饼的缝，一个肉饼就完成了，肉饼大小可随人的多少而定。随后在沙坑里用胡杨或红柳枝燃一堆火，待火熄灭，将肉饼直接埋进热灰中，大约一个小时后，取出肉饼，拍掉灰尘，一个金灿灿的库麦琪就诞生了。这张在沙土中诞生的烤饼，是一种高营养食品。据说吃了库麦琪后，在早晚温差较大的沙漠里睡觉不盖被子第二天也不会感冒，被人誉为"沙漠比萨"。

在且末玉石节上，我看到了一张巨型的库麦琪，被几十个厨师抬到圆形的台子上，随后几个人合力用特制的巨大刀刃将其切开。这是世界上最大的肉馕，已被列进世界吉尼斯大全。烤制这个库麦琪要用巨大的烤炉，埋在沙土中的炉台，人还未走近即感到热气熏天。

沙漠中的每一样美食都离不开火焰的淬炼，当鲜香的美味透过沙土扑面而来，谁也挡不住这种诱惑。沙土，炭火，朴素而热烈，却诞生出世界上最美妙的口食。

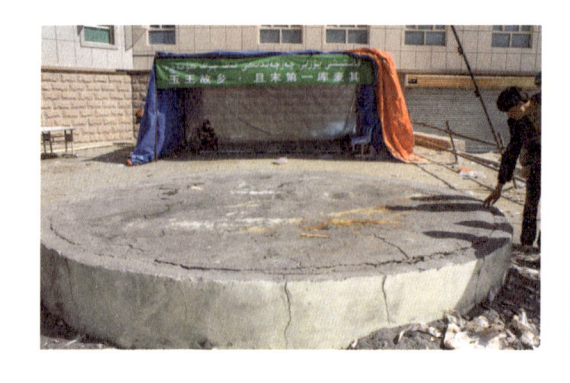

巨大的烤炉是世界上最大库麦琪的温床

与沙共舞

清晨，窗外灰土弥漫。县委宣传部的尼加提打电话说"今天有沙尘，出门一定得戴上口罩、纱巾"，以及"这样的天气不然就休息一天，有支气管、呼吸道方面疾病的人容易病情加重"。5月是南疆扬沙浮尘天气最多的季节，季风将塔克拉玛干沙漠的沙子旋起，给绿洲罩上了一笼土沙罩。有人形容这样的天气是下土，"白天不够用，晚上还要补"。外出，看到门外大理石地面铺了一层黄色的沙土，有五级左右的风力，树木在风中摇摆，细沙飞舞，稍不留神，就迷住了眼睛。

天与地昏黄混沌一片，这样的天气对于开车的司机是一种考验，很容易造成视觉和时间上的误差。我们先去了且末河东防沙站，居来提·库尔班站长在低矮的沙拐枣林地迎接我们。黝黑发亮的皮肤一看即知是被沙漠的阳光染成的。他告诉我们这个治沙站是1998年建成的，最初只有400亩实验林，种红柳、胡杨、沙棘和沙拐枣等沙漠植物。在沙漠上种树，先要打机井，种活一棵树完全依靠人工浇水，一场大风就可以连根拔起刚种下的小树苗。拔起再种下，治沙站的工作人员像照顾孩子一样照顾着每一棵小树苗，就是这种不服输的精神，那400亩实验林奇迹般地扎下根，发出嫩芽，长成绿荫。直到2002年，引进滴灌项目之后，实验林的种植面积扩大且成活率提高，目前已经有面积2万多亩的实验林的根系牢牢地锁住地下土层和水源，它们在风沙中支起了一道道屏障，遮挡着铺天盖地的沙尘。原本风沙肆虐的5月，一个月有16.6天都是浮尘扬沙天气，现在降到了一个月只有6天如此。

这个城市与沙漠仅有1千米之隔，是全国风沙危害最严重的地区。且末古城被淹埋在沙海中至今难寻踪迹，沙尘暴虎视眈眈地逼视着这

居来提在风沙中
查看着他一株株植下的心血

座绿洲孤城。在恶劣环境中生存的且末人发誓要保住自己的家园，他们将治沙行动称为"一公里决战"，与沙漠展开了生死较量。

　　站在那张"敢向沙海要效益，誓将荒漠变绿洲"的标语牌前，我再次想起了居来提站长潮湿的眼眶，他的父亲曾任且末县副县长，因为治沙显著，被评为"全国劳动模范"，然而由于劳累过度，49岁就英年早逝。居来提站长接过父亲未完的事业，继续与沙共舞，除了种植沙漠植物，还在实验林中成功培植了寄生植被肉苁蓉。肉苁蓉是一种昂贵的中药材，原本生长在红柳、梭梭的根部，通过多次实验，向专家取经请教，他成功了，并且取得了一亩地的肉苁蓉可达两三千元的经济收益。这个举措可谓一举两得，沙里来土里去的居来提站长，治沙有方，也被评为"全国劳动模范"。

　　种活一棵树就是种下一个希望，他把树当成自己的孩子，天天都要到林子里看一遍。可是他却内疚地说，自己准备高考的女儿在库尔

精致细小的花朵是为了适应在沙漠中的蒸发量而缔造的

勒上学，因为工作忙，已经8个月没有见过面了。

在"国家防沙治沙综合示范县30万亩总体规划"的示意图上，我看到车尔臣河东岸的广大地区将在不久的将来，披上绿色新装的模样。那绿林中的梭梭，开满了灯笼般的粉红花朵，还有红柳纤细的枝干上盛放着粉紫色的小花。这些在风沙中依然鲜美娇嫩的花朵，有着顽强的生命力，正与沙共舞。

顶着昏黄的沙尘，我们走进了防风治沙站的办公室，美丽的帕提古丽是我提前预约采访的治沙能手。她参加全疆的主题演讲比赛才回来，汉语口语和书面表达都非常流畅的帕提古丽是单位的骨干。她非常坦诚地告诉我，曾在乌鲁木齐上学的她，回乡后被分配到治沙站当护林员。在7年的工作中，每天面对单调的沙漠和肆虐的风沙，曾有3次思想波动。起初感觉很新鲜，可是半年后就后悔了。一个女孩子每天用铁铲挖土、种树，割苇子、打纱帐，柔嫩的手掌起了血泡，磨出老茧。她出现了消极情绪，这时一个叫苏莱曼·依沙克的小伙子走近了她，每天早晨骑摩托车去家门口接她上班，给她讲笑话、鼓气，开开心心地笑一路，在干活的时候又主动帮助她。铺设滴灌的时候，皮管是靠人工背进沙漠里的，男人背粗管子，女人背细管子，把管子背在背上，一圈圈地缠在腰上爬上一个个大沙坡，走在沙上，几乎是走一步退两步，一圈管子40米长，越走越重。同样的风沙在苏莱曼眼中就像他唱歌的伴奏乐，顶着风沙哼着小曲，怡然自乐。无论怎样恶劣的环境他总是笑呵呵的，从不埋怨，从不叫苦。这个比她大三岁的男人自然而然地成了帕提古丽的老公。

第二次思想波动源自家庭发生的一系列灾祸，她的哥哥骑摩托车出车祸去世了，妈妈患肺心病已经有三四年，得此噩耗病情急剧恶化，父亲也承受不了这样的打击，双亲在20天内相继过世。不到一个月的时间，几个重要的亲人都离去了，刚生完小孩的帕提古丽陷入无尽的苦痛中，坐月子时一个人以泪洗面，40天几乎是哭着度过的。爱人、亲属和治沙站的同事们，嘘寒问暖，向她伸出友爱和援助之手，慢慢地把她从悲恸的情绪中解脱出来了。

然而祸不单行，27岁的她在体检的时候发现患有脑瘤，她简直不敢相信自己的耳朵，四处求医几经证实，她发出无助的哀号："命运为什么要这样对待我？父母亲、哥哥接二连三地离开，自己又得了脑瘤……"病情严重、身体虚弱的时候，她甚至想到了死，可是看到年幼的孩子、疼爱自己的老公，还有那么多关心帮助她的人，她决定与其终日忧忧戚戚，不如勇敢面对。心态调整了，她积极治疗，很多好心人给她的偏方也愿意一试。听说喝熬蛇汤可以治病，老公、同事、朋友就去沙漠中抓旱蛇，剥皮熬汤。经过一年多的调治，她的病情稳定了，重新回到了工作岗位，于是更加卖力地投入工作。而同事们都不让她干重活儿，站长把她安排到办公室做些写材料的文案工作。在一次次的磨难中她倍加珍惜真情，对待工作更是兢兢业业，从不怠慢。

在听这朵沙漠之花讲述的时候，我情不自禁地流下了眼泪。当我擦拭眼泪的时候，才发现自己满脸沙尘，甚至连嘴唇上都沾有细细的沙子。

当我走进民间艺人的舞台，才发现那些从漫天浮尘沙土中骑着毛驴、骑着摩托，从四面八方赶来的艺人们，唱歌、跳舞在他们的生活中是件多么重要的事情！他们慎重地掸净身上的沙尘，在后台认真地整理着自己的妆容，梳理着头发，换上干净的演出服，立即容光焕发地出现在台上。

8个身穿红色长裙、头插长羽毛的女子，优雅地手持阿拉其热瓦甫，莲步款款，亭亭玉立。这种小巧玲珑的乐器是维吾尔族从古代保留下来的最原始的乐器之一。古籍《唐会要》《妙法莲花经》等史书中有西域人民弹奏热瓦甫的记载，阿拉其热瓦甫和史书中记载的形状相似。由此可见，且末很久以前就有阿拉其热瓦甫弹奏的民间歌曲。用桑木制成的阿拉其热瓦甫，只有三根弦，无把位、无节拍，它有自己的音律，旋律尽在艺人的手指间和心头。修长的指尖拨动琴弦，琴声悠扬，带着依稀的久远气息，听来荡气回肠，犹如远山里的呼唤。

"有人说，山上有雪，但我看不见。我远方的爱人，我去看他，他来接我⋯⋯"

旋律优美，带着古典音色的且末山歌，是居住在昆仑山脚下的人

弹奏阿拉其热瓦甫，
古风悠然

们对着高山大漠的抒情。那些对于爱情的渴望和执着，对劳动、生活的赞美，是那么自然而然地出现在歌中，如同山风，如同清泉，如同车尔臣河的流水，流进阿拉其热瓦甫的琴声，流进民间艺人的心里。且末山歌的代表性传承人卡迪尔·艾合买提已经七十多岁了，至今依然每天抱着阿拉其热瓦甫在山里唱上一曲，唱完了就觉得心里快乐，他的嗓音醇正清澈，唱到感人之处甚至泪流满面。在牧区，农牧民个个能歌善舞，他们没有经过专业的训练，没有上过学，不识谱，却有一副天生的好嗓音，有着对音乐歌舞特殊的艺术天赋和独特的领悟力。听风而唱，遇水而歌，欢乐的时候唱，悲伤的时候也唱。在盛大的节日中演唱，对着黄沙独弹独唱，边走边唱，且歌且舞。几个老友见面，大家坐在山里的草滩上都可以高高兴兴地唱上一个下午。"让你拿起热瓦甫，在荒漠中好好弹。你我共同有孤独，我愿与你共陪伴。"

且末山歌里的方言鲜明，与和田语的音调相似，一般用阿拉其热瓦甫伴奏，也有用都塔尔、弹拨尔、手鼓等乐器合奏。在且末山歌的形成过程中，古老的民间乐器阿拉其热瓦甫产生了很大的作用，山歌中的即兴成分通过阿拉其热瓦甫体现得淋漓尽致。专家认为，且末山歌的曲调、旋律从唐代就已经形成，在相对封闭的环境中，古代的文化遗存得以完整地保留，并从唐代一直传唱至今。

研究且末非物质文化保护遗产的亚库甫江·克热木认为，从扎滚鲁克古墓挖掘出春秋战国时期的古老乐器——箜篌，说明且末音乐舞蹈的历史悠久。约5000年前，在莫勒切河谷的岩画上，且末先民用原始的雕刻方式，刻下了简单形象的舞蹈、狩猎图案，形象地记录了当时生活在这里的人们，欢快跳舞及狩猎的生活场景。岩壁上的一个个生动有趣的野生动物形象——野牦牛、马、骆驼、羚羊、狗、狐狸、雪豹，笔法简练生动，体现了人与动物之间的和谐关系。

远古人的动物崇拜反映到且末人的现实生活中是动物模拟舞。

从扎滚鲁克古墓出土的3000年前的织物上，凶猛的老虎在古代的织锦上栩栩如生。塔里木盆地曾经有一种凶猛的老虎，人们称之为"新疆虎"。据说在罗布泊古老的氏族部落中，人们以给心爱的女人献虎皮为荣。在100多年前的且末阿羌牧区，人们曾经看到过这种老虎。而随着环境的恶化，新疆虎消失了。民间流传的"老虎舞"是对新疆虎的动作及生活方式的模仿，人们渴望能像老虎一样威猛，也许是在战胜老虎意念的推动下，"老虎舞"逐渐在民间形成发展。

《旧唐书》等史籍中记载过当时生活在塔里木盆地的人民表演动物模拟舞的相关内容。可见，当地人认为老虎是兽中之王，是凶悍、勇猛的象征。模仿老虎动作的表演，最初是通过舞蹈进行较量，后来渐渐演变为取乐、游戏的节目。千百年来，"老虎舞"一直是由民间艺人口传心授、代代相传的民间传统保留舞蹈。

"老虎舞"代表性传承人努尔·艾则孜已是白发苍苍的精瘦老者。目前，且末县只有这位80多岁的老艺人能跳完整的"老虎舞"，传承人几乎断代，后继乏人。演出"老虎舞"的时候，他穿着虎纹服饰，先进入席地而坐的观众中，随着都塔尔弹奏者的"上台，我的老虎"的指令登上舞台，伴随着都塔尔演奏的音乐，踏着节奏舞蹈，在地上模仿着老虎的样子爬来爬去，故意吓唬人；按照民间艺人的"鱼似的跳着我的老虎""羔羊似的跳着我的老虎""兔子似的跳着我的老虎"等指令，幽默诙谐地模仿鱼、羔羊、兔子等的动作舞蹈。观众席中不时发出欢快的笑声，在快结束的时候，老虎装出口渴的样子四处找水喝，围观的观众给老虎一点水，喝完水了的老虎突然提起一只脚，模仿撒尿动作，引得众人哈哈大笑，老虎憨态可掬地下场了。"老虎舞"采用夸张幽默的艺术手法，面对强大的自然力量而斗智斗勇的艺术创作，充满了民间的智慧和维吾尔族人幽默乐观的个性特点。

除了歌舞，我们还饶有兴趣地看了双人舞表演、葫芦舞、民间游

在风沙中长大的
且末女子窈窕优美

戏和小品，那些来自深山大漠的人们，在舞台上充分地展示着自己的表演天赋，虽然多是自娱自乐，却有着直抵人心的艺术感染力。这些表演虽然出自民间，却证实了艺术来源于生活又高于生活的真谛。

窗外的风沙微息，而室内的麦西莱浦已经迈开了欢乐的曲步。热烈的人群、沸腾的海洋，没有人能够拒绝。只要活着就要纵情高唱，只要快乐就要尽兴跳舞。那美妙的音乐和节奏如同沙砾般一阵阵拂过，掀起了一浪浪愉悦的激情。

后记

幸福在路上

在 2012 年，我在路上。

从首都京城到西北边陲，从海拔 -154 米的吐鲁番盆地到海拔 5160 米的高原，从碧波荡漾的渤海海滨到黄沙漫漫的塔克拉玛干沙漠。从天山到昆仑山，我的脚步编织出一条在世界屋脊的高度中寻访丝绸之路古村的路径，与古老的玉工、僧侣、使臣、驼商及探险家的脚步叠加。我行走在丝绸古道上，行走在古老的传说与现实之中，行走在深山旷野、绝壁危峡之中，行走在桃花源的密境之中。行程约 10 万千米，可谓行万里路、读万卷书。在行走的丈量中我读到了大地最深刻的读本，在行走的路途中遇见了形形色色的人，那些淳朴善良的笑容给予了我太多的帮助和感动。也许，跋山涉水，只为今生与你相遇。

德国哲学家海德格尔针对人类的无归宿状态，为人类指出了诗意的生存道路：诗意地居住，诗意地生活，人类才不会再有无家可归的感觉。他说："哪怕是静静听着风声亦能感受到诗意的美好。"这是日益受到现代文明冲击的人们所期盼的。当我走进一座座古老的村庄，亦感受到了哲学家的指引，村庄正以千百年亘古不变的朴素哲学实践着这种诗意的穴居。

对于古老的乡村，最好的亲近是在路上。在不断抵达田园乡野的路上，诗意的乡村是前方目标的一个不断接近，却又注定了永远无法抵达的驿站——因为，传统意义上的古老乡村正在流失。而在行走探寻的过程中，能够领略远方和家园的情怀和意义，也许这就够了……

在路上精彩的见识和感受给我打开了新的一页，无论是创作还是生活，我找到了自己的主脉。一路上丰富翔实的民间素材让我如获至宝。我在行走中感受体悟着，那份在"一带一路"历史背景下浓郁的归属情结和对田园牧歌般的恬静生活的向往，以及对古老传统文化的乡愁与忧患意识。在此感谢蔡安博士独具匠心的选题策划，他鼓励我用脚步丈量、用心体会，完成丝绸之路中国西部新疆段古村落的书写，由此我才得以在那片传奇的丝路上，在高远的山区、密林中寻找悠远的历史和人文，寻找诗意的桃花源。

新疆是全国面积最大的省份，古村之间的距离颇远，出行的季节性有一定的要求和讲究。从五月到十二月，我的采访行程安排得满满当当。在上路之前的大量工作是先要熟悉当地的民俗民风及地理概要，要提前做好采访提纲及行程规划；而在路上则是全身心地感受和投入，全副武装，倾力而为，不放过任何一个有看点的素材。

至今还记得大雨滂沱中避雨的哈萨克族民居，在哈密魔鬼城丢失的一本采访笔记引发了多人多次寻找，在高原上绝望之时犹如神灵载我上路的村民，将自己毕生研究的资料无偿交予我的深藏于民间的学者，以及在被毒虫叮咬后乡村医生的土办法……出于时间紧、路途艰难及其他各种原因，让我遗憾的是许多地方并没有如愿深入，许多采访过的人和事也没有如期呈现。但是，那些没有见诸文字的感动，仍在心底，伴随着记忆经年不忘。当然，我知道由于步履有限，我可能仍没有抵达到最美的乡村，那些深藏在丝路上山野民间的美丽村庄，它们还在那里等待着我的探寻。

  从天山到昆仑山，寻访的古村均在人烟稀少的深山大漠及乡野僻壤，能亲力亲为地走完一路，能顺利完成采访、调研等基础工作，完成这样一部厚实的书稿，离不开各方人士的帮助和支持。感谢在采访中为我提供便利支持的所有单位部门，还有那些遇到的可敬可爱的人们，他们以淳朴干净的笑容，感染着我的旅程，使得这丝路传奇古村的采访之路溢满了金色的祥光。结束采访之后，我还不断地接到来自伊犁深山、来自草原、来自大漠的问候和牵挂，在准备去哈密的九月，来自特克斯山里的马德喜老师电话告诉我那里已经下了两场雪。我推荐了蒙古族少年吾·布仁巴依尔参加"美丽新疆"少儿才艺大赛，因为我清楚地知道机会对于深山里渴望走向舞台的孩子有多么重要。还有青青草原上的哈萨克族小姑娘赛尔旦，她还给我的虎儿写来了问候信。

  感谢新疆维吾尔自治区文物局的王卫东先生和郭梦源先生为我提供了新疆古村落的方向。感谢伊犁哈萨克自治州的马康健老师，是他将我引进伊犁最美的古村落，并由此在工作中结识了许多生动鲜活的人。感谢伊犁哈萨克自治州特克斯县委宣传部的支持，感谢田浩、黄江勇、杜殿卿、孙涛、居马·别克、叶尔肯一家以及在琼库什台村接触过的所有人，感谢巴·图亚、尼克木、李海军、乔里潘、仙拜·巴铁勒哈孜以及在呼吉尔特蒙古民族乡和阔克铁热克柯尔克孜族乡相遇的人们；感谢伊犁哈萨克自治州察布查尔锡伯自治县委宣传部的支持，感谢那英、阿苏、盛丰田、谢海涛以及为我提供方便的人们。

  感谢哈密市委宣传部的支持，感谢文切木·赛都拉、李炜、谢源湘、周小明、姚新书、王晓龙、阿不来提、斯坎旦、陆主任、郑洁、宋大夫等人，在东天山脚下进行了一次喜忧参半的寻访。

感谢巴音郭楞蒙古自治州文联及且末县委宣传部的支持，感谢其达拉图、江海波、许晓华、张清伟、原洪、李红哲、杨延龙、尼加提、亚库浦江、刘刚等人，让我从高山至盆地，深访了一块极致的处女地。

感谢吐鲁番市文联和市旅游局的支持，感谢刘迎春、陈书国、李荔、李保民等人，甜蜜的火洲无论去多少次，永远都是我的向往。

感谢和田地区地委宣传部和地区文联的支持，感谢孙冀、陈琳、高方勇、于忠胜、张华杰、夏光强、海扎提·吐尔逊等人，淳朴的民风、火热的真情及悠久的历史遗存，是我今生淘不尽的福祉。

感谢我的虎儿在9岁的夏天陪我去天山深处的牧区采访，是我途中的玩伴、小保镖、小摄影师及开心果，本书很多图片都是他的杰作。在途中，他结识了各民族的小朋友，见识了多民族的文化场景。

感谢广东旅游出版社刘志松先生的慧眼识珠，感谢编辑陈吉老师的辛苦付出，因为你们，这部历经八年的书才得以出版面世。

还有诸多给予我无私帮助和鼓励的人们，因篇幅有限无法一一提及，在此深表感谢，是你们的关爱和温情支撑着我一路走下来！

无论是孔子、圣贤还是佛陀，思想不可能与行路分离。路是无尽头的剧场，永不谢幕。我期待再一次上路！期待再一次与你相遇！

毕然

2024年1月